智能化时代下的智能财务建设研究

张荣静 卫强 著

延边大学出版社

图书在版编目（CIP）数据

智能化时代下的智能财务建设研究 / 张荣静，卫强著. -- 延吉：延边大学出版社，2023.6
　　ISBN 978-7-230-05166-8

　　Ⅰ. ①智… Ⅱ. ①张… ②卫… Ⅲ. ①财务管理系统—研究 Ⅳ. ①F232

中国国家版本馆 CIP 数据核字(2023)第 110311 号

智能化时代下的智能财务建设研究

著　　者：张荣静　卫　强
责任编辑：张　宁
封面设计：延大兴业
出版发行：延边大学出版社
社　　址：吉林省延吉市公园路 977 号　　　邮　　编：133002
网　　址：http://www.ydcbs.com　　　E-mail：ydcbs@ydcbs.com
电　　话：0433-2732435　　　传　　真：0433-2732434
制　　作：山东延大兴业文化传媒有限责任公司
印　　刷：三河市嵩川印刷有限公司
开　　本：787×1092　1/16
印　　张：17.5
字　　数：250 千字
版　　次：2023 年 6 月 第 1 版
印　　次：2023 年 6 月 第 1 次印刷
书　　号：ISBN 978-7-230-05166-8

定价：89.00 元

作者简介

张荣静,女,汉族,河南新乡人,硕士研究生,副教授,毕业于河南理工大学工商管理专业,现为郑州财经学院会计学院副院长,从事高校教育教学工作,主要研究方向为财务与会计。

卫强,男,汉族,河南南阳人,本科,副教授,毕业于郑州航空工业管理学院会计学专业,现为郑州财经学院会计学院副院长,从事高校教育教学工作,主要研究方向为财务管理、智能财务。

前　言

在当前政策与经济环境下，传统财务管理模式无法满足企业的日常发展需求，如何进行财务智能化建设，已经成为一个亟待解决的问题。越来越多的企业身处成本上升、效率下降的困境，逐渐意识到传统公司财务管理模式已不适用于新的市场环境，新一轮的财务变革势在必行。新技术的蓬勃发展为高质量的财务管理提供了工具，智能财务为财务变革打开了新的大门。智能财务模式作为一种新型财务管理模式，能极大地促进企业财务在管理控制和决策支持方面发挥作用。当前对于构建智能财务模式的研究仍处于探索阶段，所以开展关于智能模式构建的研究是必要的。

随着智能信息技术逐渐应用于各行各业，智能财务的建设也因此得到了各行各业的关注和重视。所谓智能财务，指将信息技术运用到财务工作中，使财务系统更加智能化，也使会计摆脱烦琐的计算工作。构建智能财务不仅能提升财务工作效率和工作质量、降低人力成本，也能促进企业发展，使得经济环境得到优化和转型。由此可见，智能财务建设可以促进财务工作的积极发展，优化传统的财务工作模式，为企业的健康可持续发展奠定基础。不断加强智能财务的建设和发展，也能够助力我国的经济发展。

智能财务意味着新技术得以应用在财务工作之中，重复性高、附加值低的机械性工作逐渐被智能信息技术取代，传统财务工作在管理控制和决策支持等方面的职能得以延伸和拓展。当前我国企业财务管理面临着诸多难题，探究智能财务建设，能使财务人员减少会计核算等日常性工作的压力，使财务人员更偏向于参与管理层面上的工作，从而提升企业在管理上的效率和效益，实现企业的精细化管理，为企业决策提供更精准的数据支持。通过智能财务来提高企业管理的效率、控制企业的经营风险逐渐为越来越多的企业接纳。基于上述背景，本书探索了智能化时代下的智能财务建设模式，对智能财务建设的基础与实践进行了分析，旨在为我国企业成功构建智能财务模式提供经验借鉴。

本书共分为九章，分别从理论基础和实践探究的角度探索了智能化时代下的智能财务建设。其中第一、二、三、四、五章由张荣静编写，第六、七、八、九章由卫强编写。第一章概述了智能化时代下的智能财务。第二章从整体上分析了智能财务模式的构建，包括构建的必要性和可行性、目标、原则与内容，逻辑、要素与核心环节，基本框架与架构，信息化整体规划等。第三章梳理了智能化时代下智能财务建设的设计思路，分为总体规划、业务流程设计、组织规划、体系设计、运营管理设计。第四章探究了智能化时代下智能财务建设的方案设计，包括财务共享服务中心、核算自动化、智能稽核、集中结算、智能税务等。第五章为智能化时代下智能财务建设中的分析方法，包括经营协调分析、资金需求预测、资金链风险防控、自由现金流量分析、资产结构分析与评价等。第六章介绍了智能财务建设中的新技术，包括数据挖掘技术、机器人流程自动化技术、知识图谱技术、区块链技术、智能识别技术等。第七章对智能财务的技术应用实践进行了探究。第八章对智能财务管理实践进行了发掘，包括人工智能在财务管理中的应用、智能预算管理与业绩评价、智能财务资金管理、智能财务内部控制管理。第九章是构建智能财务模式的多维探索与展望，从多个方面对智能财务进行了探索，并对智能财务的未来趋势进行了展望。本书的研究对于企业进行财务智能化转型具有参考价值。

笔者在写作过程中借鉴了很多资料，并受到了西安交通大学管理学院会计与财务系教授、博士生导师、国家级青年人才、财政部全国会计领军人才齐保垒教授的指导，在此对相关作者及齐教授表示衷心感谢。由于成书时间仓促，加之笔者水平有限，书中难免有错误纰漏之处，请广大读者批评指正！

目　　录

第一章　智能化时代下智能财务概述 ... 1
- 第一节　人工智能与智能化时代 ... 1
- 第二节　智能财务的维度与特征 ... 7
- 第三节　智能财务的理论基础 ... 11
- 第四节　智能财务的背景与发展阶段 ... 16
- 第五节　智能时代的智能财务转型 ... 21

第二章　智能化时代下企业智能财务模式构建 ... 26
- 第一节　智能财务模式构建的必要性与可行性分析 ... 26
- 第二节　智能财务模式构建的目标、原则与内容的确定 ... 30
- 第三节　智能财务模式构建的逻辑、要素与核心环节 ... 32
- 第四节　智能财务模式的基本框架与架构 ... 38
- 第五节　智能财务模式信息化整体规划 ... 43

第三章　智能化时代下智能财务建设的设计思路 ... 51
- 第一节　智能财务建设的总体规划 ... 51
- 第二节　智能财务建设的业务流程设计 ... 54
- 第三节　智能财务建设的财务组织规划 ... 59

第四节　智能财务的制度体系设计 ………………………………… 64

第五节　智能财务建设的运营管理设计 …………………………… 71

第四章　智能化时代下智能财务建设的方案设计 …………………… 76

第一节　智能财务共享服务中心设计 ……………………………… 76

第二节　核算自动化设计 …………………………………………… 85

第三节　智能稽核设计 ……………………………………………… 89

第四节　集中结算设计 ……………………………………………… 98

第五节　智能税务设计 ……………………………………………… 103

第五章　智能化时代下智能财务建设中的分析方法 ………………… 114

第一节　财务分析方法概述 ………………………………………… 114

第二节　经营协调分析 ……………………………………………… 122

第三节　资金需求预测 ……………………………………………… 127

第四节　资金链风险防控 …………………………………………… 132

第五节　自由现金流量分析 ………………………………………… 138

第六节　资本结构分析与评价 ……………………………………… 144

第六章　智能化时代下智能财务建设中的新技术 …………………… 151

第一节　数据挖掘技术 ……………………………………………… 152

第二节　机器人流程自动化技术 …………………………………… 163

第三节　知识图谱 …………………………………………………… 171

第四节　区块链技术 ………………………………………………… 178

第五节　智能识别技术 ……………………………………………… 185

第七章 智能化时代下的智能财务的技术应用实践 190

第一节 搭建智能财务共享平台 190

第二节 合理运用智能财务新技术 198

第三节 实现智能财务全流程自动化 200

第四节 构建决策支持系统 205

第五节 实现智能财务风险管理 211

第八章 智能化时代下的智能财务管理实践 219

第一节 智能财务管理概述 219

第二节 人工智能在财务管理中的应用 224

第三节 智能预算管理与业绩评价 227

第四节 智能财务资金管理 232

第五节 智能财务内部控制管理 236

第九章 构建智能财务模式的多维探索与展望 244

第一节 智能财务下的企业财务团队变革 244

第二节 高校智能时代财会人员的培养 249

第三节 智能时代财务组织与模式变革 253

第四节 智能财务未来发展展望 258

参考文献 261

第一章　智能化时代下智能财务概述

智能财务属于新兴的财务研究领域,按照当前学者对"智能财务"的分析,通常将其定义为将"大智移云物区"(大数据、人工智能、移动互联网、云计算、物联网和区块链)等新技术与财务相结合,进行财务流程化、自动化核算处理,并扩展管理会计职能,提升财务数据处理的效率、提高财务为分析决策服务的质量,从而有效的推进企业管理智能化,促进企业高质量发展。

第一节　人工智能与智能化时代

一、人工智能概述

随着科学技术的更新换代,人工智能在我们日常生活中扮演着举足轻重的角色,除了在社会发展的各项进程中发挥重要作用,还深入我国的经济活动。与此同时,人工智能伴随科学技术而得到快速成长,给社会中的各行各业都带来不同程度的影响,或是机遇或是挑战。因此,探究人工智能发展很有必要。

（一）人工智能简介

"人工智能"顾名思义就是人造智能，其英文名称是"Artificial Intelligence"，简称 AI，是计算机学科的一个分支。自 20 世纪 70 年代以来，人工智能和空间技术、能源技术一起并称为世界三大尖端技术，也和基因工程、纳米科学一起被认为是 21 世纪三大尖端技术。

关于如何界定机器智能，早在人工智能学科还未正式诞生之前的 1950 年，被誉为计算机学科之父的艾伦·麦席森·图灵就进行了著名的"图灵测试"（Turing Test）。图灵测试中包括一名测试者、一名被测试者和一台计算机，被测试者和计算机分别在两个不同的房间里，并且测试者事先并不知道哪个房间里面是计算机，哪个房间里面是被测试者，只能通过电传打字机和他们进行联系。测试开始时，由测试者分别和房间中的计算机与被测试者进行交谈（当时是通过电传打字机联系），如果交谈后测试者分辨不出哪一个是被测试者，哪一个是计算机，则可以认为被测试的这台计算机拥有了智能。

现在公认的人工智能学科诞生于 1956 年。1956 年夏季，由美国达特茅斯学院的麦卡锡、哈佛大学的明斯基、IBM 公司信息研究中心的罗切斯特、贝尔实验室的香农共同发起，邀请 IBM 公司的莫尔和塞缪尔、麻省理工学院的塞尔弗里奇和索罗门夫以及兰德公司和卡内基梅隆大学的纽厄尔、西蒙等，共十位来自数学、心理学、神经生理学、信息论和计算机等方面的学者和工程师，在达特莫斯大学召开了一次历时两个月的研究会，讨论关于机器智能的问题，会上经麦卡锡提议正式采用了"人工智能"这一术语。从此，一门新兴的学科便正式诞生了。

近年来，人工智能发展迅速，在机器翻译、仓储物流、智能控制、专家系统、机器人学以及语言和图像理解等众多科学领域都取得了丰硕的成果，相信在不久的将来人工智能会有更加广泛的应用。

（二）人工智能应用于财务

财务的自动化以机器替代了基础的重复性人工劳动，实现了操作层面的资源优化。而财务的智能化则可结合机器深度学习的能力，利用信息系统来帮助管理者选择适合企业现状和发展规划的相应策略，实现全局资源优化。

在财务智能化的发展过程中，人工智能是关键技术，将自然语言处理、机器学习、深度学习、知识图谱、人机交互、生物特征识别、虚拟现实/增强现实（VR/AR）等一系列技术进行有效组合，使机器能够以类似人类的智能水平思考和行动。

概括来讲，在财务领域，人工智能技术将在产品、流程、洞察等方面发挥作用。

（1）产品：将人工智能技术嵌入产品或服务中，为终端客户带来收益。

（2）流程：人工智能技术可简化财务日常工作流程，通过直接减少人力或提高员工执行任务的能力来提升工作效率。

（3）洞察：通过对一系列技术的有效组合，RPA（机器人流程自动化）可实现数据发现、智能决策和智能行动，帮助企业决策层进行智能判断、策略生成和策略选择。

具体来讲，人工智能技术可在财务审核、现金流预测、风险预警、自然文本解析总结、客户身份认证等多个场景中提供自动化支撑，达到提升工作效率、降低经营风险、优化客户体验的效果。

在财务智能化时代，信息系统已经不仅仅可以进行数据收集、数据加工和数据展现，还可以基于机器的深度学习能力直接代替管理者进行智能决策。总体来看，以标准化流程为特征的财务模式走到了变革的拐点，财务智能化时代已经正式到来。

二、智能化时代的发展

（一）智能化的定义

智能化作为世纪之交出现的新实践，至今尚无统一的概念定义。多数人将智能化理解为一种数据处理技术。智能化既是一个历史过程，又是一个时代概念。在汉语中，"化"有融合、扩展、演变之义。因而智能化是智能作用范围的扩展及水平不断提高的过程，是人类让产品、工具、工作方式变得越来越"聪明"的历史过程。广义的智能化是人类从动物界分离出来并不断进化的漫长历史过程。现在我们讨论的智能化基于人工智能应用越来越广泛的背景，因而是一个时代概念，具有人工智能的要素和协同智能的本质。无论是人类智能还是人工智能，都在不断进化发展，因而智能化是一个永无止境的过程。

根据以上分析，笔者认为，智能化是在产品、工具或工作系统中协同应用人类智能和人工智能，以提升其功效的过程。

（1）智能化的物质体现包括各种智能化产品和智能化工作系统。目前智能化产品种类繁多，例如，智能手机、智能冰箱、智能电视机、医用 CT 机、自动驾驶汽车等；智能化工作系统也丰富多样，例如，智能家居、智能电网、智能电网、云翻译系统、反导系统等。

（2）智能化的目的是提升产品、工具或工作系统的功效。例如，智能冰箱可以节能，智能汽车可以寻找最佳路线和自动驾驶，智能电网可以实现分布式能源的统一调配和最佳利用等。

（3）智能化的本质特征在于智能的协同发展和应用。智能化既不是单纯的人脑功能开发，也不是单纯的信息技术开发和计算机网络应用。智能化是人类智能与工具智能协同发展，个人智能与组织智能、社会智能协同发展，不断提升科技、经济和社会活动功效的过程。

（二）智能化时代的特征

人类将继狩猎时代、农耕时代、工业时代之后，进入新的智能化时代的初级阶段。人类社会的经济、社会、教育乃至日常生活的方方面面，将呈现一系列重大变化。人类感知外部世界的能力、传播信息的速度、运算和分析相关数据并进行反馈的能力，都将得到前所未有的提高。人类世界、自然世界、虚拟世界呈现出深度融合的态势，智能技术渗透到经济生产活动中，数据成为经济运行的灵魂，生产要素、生产力、生产关系将发生重大改变。社会、政治、环境，以及包括高等教育在内的人类活动将受到智能化的重大影响，甚至是颠覆性的影响。

智能化时代具有以下特征：

1. 人工智能驱动社会、经济的变革

科学技术的发展一直影响和改变着人类社会的生产工具和生产方式。人才是科学技术得以发展的第一要素。高素质人才在全球范围内的流动配置，促进了更加广泛的科技合作、知识共享以及人才创新队伍的组织模式的变化，为科学技术与社会、经济的融合与渗透提供了强大的基础和动力。人工智能作为新一轮产业变革的核心驱动力，将进一步释放历次科技革命和产业变革积蓄的巨大能量，形成从宏观到微观各领域的智能化新需求，逐渐改变人与人、人与环境、环境与环境的原有联系，催生新技术、新产品、新产业、新业态、新模式，使技术创新无处不在、无时不在、无所不在，呈现出专业化、个性化、社会化、网络化、集群化、泛在化的新特征，引发经济领域重大变革，实现社会生产力的整体跃升。从每一个劳动者的层面来看，这种变革也是对既有知识结构的挑战，只有快速接受、适应引领这一变革的人，才能成为新时代的赢家。劳动者需要不断更新专业技能，跟上最新的科技发展潮流，学习从事人工智能相关职业的技能，练就可以进行职业变换的本领，具备智能化时代的核心竞争能力。

2. 人、机、物交互融合

智能化时代将实现物、人、计算机之间的交互联系，形成物、人、机三元融合的智能社会。在大数据、物联网、云计算等技术支撑下，人工智能与智能硬件的结合将使人类与更多的未知领域发生联系，人工智能支撑引领社会的传感、数据、传输与联通方式、分析与模拟的计算方法、用户监测与控制界面等基本技术相互作用与融合，提升人类认知能力，颠覆传统规制，并创造出大量"随手可得"的行业应用。面向未来，人们对人工智能的定位绝不仅仅只是用来解决狭窄的、特定领域的某个简单具体的小任务，而是真正像人类一样，能解决不同领域、不同类型的问题，并进行判断和决策，也就是所谓的通用人工智能。物、人、机器表现为逐步融合的学习关系：一方面需要人们接受人工智能方面的高等教育，培训掌握人工智能方面的基本知识；另一方面，也需要机器通过感知学习、认知学习去理解世界。人与世界之间形成交互试错的知识获得、知识优化的循环过程。高等教育则提升主体的知识积累的丰富程度，提高公民在人工智能领域的掌控能力。

3.生产关系智能化改造

随着智能化深度提升人类改造世界的能力，生产过程的组织与分工关系、产品的分配关系都进一步产生深刻变化，更加错综复杂，导致传统生产、分配、交换、消费等经济活动环节发生重构，原先的劳动成果（比如统计数据）将成为新的生产资料，在传统的生产关系中融汇更多的生产要素，实现传统生产关系的智能化改造，人类世界与智能世界产生映射和角色互换。人类通过信息系统来控制物理系统，以代替人类完成更多的体力劳动。生产关系复杂变化，促使产业结构持续调整，智能产业崛起成为新的、重要的经济增长点，经济发展不断转型升级。

与日益复杂的生产关系相对应，人工智能的内涵也已经被大大扩展，涵盖了计算机科学、统计学、脑神经学、社会科学等诸多领域。通过对人工智能的研究，能将它用于模拟和扩展人的智能，辅助甚至代替人们完成多种工作，包括识别、认知、分析、决策等。人工智能在决策和行动的自主性方面正在脱离被动工具的范畴，其判断和行为一定要符合人类的真实意图和价值观、道德观，符合法律规范及伦理规范等[①]。高等教育需要适应人工智能在科技与人文之间的游走趋势，既要在数学、数理逻辑、计算机科学、神经科学等领域讲授人工智能基础理论知识，更要在哲学、心理学、认知科学、法学、社会学等领域探讨、解答由于智能化演进而带来的困惑。随着高等教育对人工智能进行多学科、多维度的渗透与内容的延展，其外在表现形式也将发生变化与重构。

4.人类知识自动化生产

在大数据基础上，人工智能可以有效重建高度复杂的自然现象，也可以批

---

① 杨雨苍、朱佳佳：《人工智能在网络运维优化中的应用探讨》，《邮电设计技术》2018年第12期。

量地深度挖掘科学论文内容。人工智能将巨大的数据集合并在一起，数据集里的知识被设计成网络，其中，节点表示概念，而链接表示它们之间的关系。节点之间未被发现的链接将成为科学家的新假设，如食用鱼油和雷诺综合征之间的新奇联系就是这样被发现的①。

人工智能应用深度学习、强化学习等算法来理解蕴藏于海量数据中的复杂模式，从而产生强大的洞察力，促进医学、材料科学、经济学、社会学等多领域的交叉融合。先进材料科学，特别是纳米材料的突破，有着从工业、能源到医疗的广泛应用价值。合成生物学代表着以工程技术操作遗传物质的生物技术革命，可广泛应用于健康、农业、工业和能源等领域。人类脑科学研究有望描绘出人脑活动图谱和工作机理，极大带动人工智能、复杂网络理论等相关领域的快速发展。量子计算通过叠加原理和量子纠缠等亚原子粒子的特性实现计算能力的指数级突破，将会给物质研究、气候模拟、密码学等研究领域带来飞跃。

第二节 智能财务的维度与特征

智能财务概念源于商业智能（Business Intelligence,BI），而商业智能又是一个比较综合的概念，不同的学者从各自的研究方向对商业智能作出了总结。我们将概念主要总结为以下几个方面：（1）从技术角度来看，商业智能以数据仓库为基础，通过数据挖掘工具、多维联机分析处理等数据分析技术，为企业日常经营决策提供所需的数据支持，提升企业数据挖掘能力与信息处理能力。（2）从数据分析角度来看，商业智能是通过获取与决策所需的必要信息，用以帮助决策者进行问题分析、问题假设、得出结论的一系列过程。（3）从应用

---

① 许林玉：《科学发现能否实现自动化？》，《世界科学》2017年第8期。

的角度看，商业智能主要是帮助用户对决策相关数据进行多维分析处理，辅助决策者进行数据价值挖掘并辅助决策。通过对客户分类、挖掘潜在客户等，更好地实现商业目的。

人工智能最基本的两个特征是动态适应能力和学习能力，人工智能希望让机器拥有智能，需要以大数据作为学习的素材。将人工智能的两大基本特征与 BI 相融合，对 BI 概念进行如下界定：商业智能的关键是从企业内外部和网络等多源异构数据源中，提取出有用的数据并进行分析，以保证数据的正确性；通过 ETL（数据仓库技术）对数据进行抽取和转化，进行数据合并整理，集中存储于企业数据仓库中；在此基础上通过运用数据挖掘工具、多维联机分析处理工具对财务数据进行处理分析，并融合深度学习、机器学习等人工智能技术，将信息形成知识并呈现给管理者，为管理者的决策过程提供支持；最后通过可视化或用户自助的方式实现多维度分析、动态监控与决策调整。

智能财务是未来发展的趋势，其功能性需求已经融入整个商务智能系统内。目前企业智能化处于商业智能与算法模型的过渡地带，以 OLAP（联机分析处理）多维度展现为核心的传统 BI 无法满足管理决策需求，逐步走向大数据、智能化和自助式。而智能财务的需求不仅仅局限于传统 BI 的结构化数据展现、数据下钻和穿透，而应该从管理的角度分析问题产生原因、问题或风险的解决方案，并对问题或风险的解决过程进行管控。

随着智能财务实践的推进，有必要对智能财务的特征和属性等基础问题进行深入研究。

一、智能财务特征的基本维度

（一）智能财务中的数字化

财务数字化转型的关键在于保证数据的真实性、完整性、实时性和有效性。

实现上述目标的基础是数据的标准化。根据货币计量假设，会计信息本身就包含了数字化、标准化的数据。在会计电算化和信息化阶段，大部分财务信息和部分业务信息已经标准化。智能财务的数字化主要通过大数据、移动互联网、云计算、物联网等技术，对半结构化、非结构化数据进行抽取、清洗、转换和加载以实现业务、财务会计、管理会计信息在较细颗粒度层面的标准化，并且实现流程和系统在数据层面的一致。

（二）智能财务中的智能化

企业借助人机一体化混合智能系统处理会计工作，挖掘数据背后的新信息和新知识，辅助分析、预测和决策；而评价一个财务系统的智能化程度需要考察智能机器在较复杂财务工作中发挥的作用。人类财务专家通过知识图谱将财务和管理的专业知识"教"给智能机器。智能机器借助专家系统、神经网络、机器学习等技术使用逻辑思维和形象思维为人类专家提供支持，甚至在一定程度上替代人类专家。人类专家再以商业判断中的创造性思维与智能机器协作，组成人机一体化混合智能系统，共同完成复杂的财务和管理决策。

智能化实现的基础是智能机器的运算。而智能机器的运算需要数字化为其提供可读的、可靠的和相关的数据。数字化还为智能化准备了深度协同的流程和系统，为其提供了技术和管理支撑。同时，智能化可以为数据的采集和处理提供高效的技术支持。所以，两者相辅相成，相互促进。

二、智能财务的特征

（一）共享平台化

一般的财务共享服务中心侧重于核算，而智能财务的共享平台化则在其基础上，进一步扩大共享的范围，从财务会计到业务和管理会计。共享平台化有两层含义。

一是业财管的公共平台。以客户需求为导向，将企业业务、财务和管理的交集部分剥离出来。以数据为抓手，将这些交集部分的组织、职能、流程和人员等要素进行重新的组合，成为业财管的公共平台，并为各职能部门提供数据等各类服务。在我国部分企业中已经尝试的"数据中台+业务中台"的模式中，这个业财管的公共平台就成为中台的核心组件。

二是更广泛的共享平台。在财务职能定位方面，财务融入了以客户为导向的管理活动，成为连接业务和管理的纽带。在数据来源方面，运用大数据、物联网等技术将企业外部的经济社会、营商环境、政策法规、行业动态等数据都纳入共享平台。在数据存储和运算方面，运用云计算将外部存储空间和算力纳入共享平台。在数据安全方面，可以与政府、外部组织或机构合作引入区块链技术，降低平台引入外部数据的风险。

（二）业财管协同化

平台共享化已经将业财管的公共部分抽取出来。业财管剩下的个性化职能则需要基于这个共享平台深度协同。业财管协同化是业务、财务和管理的个性化职能都遵循客户驱动的原则，在数据、制度、流程、系统、人力等方面协调一致，实现企业价值。业财管协同化是客户驱动的，是随客户需求柔性迭代的。企业的战略管理、预算管理、成本管理、绩效管理、投融资管理、运营管理、风险管理、内外部报告等都是围绕客户展开的。具体而言：一是实现业财管的数据对接，包括各子系统的数据之间，数据实体的内涵和外延保持一致，实体之间的关系描述和界定清晰。确保财务数据"无缝"下钻到业务数据。二是实现业财管各项制度之间的契合，消除各种制度壁垒和潜在组织冲突。三是实现业财管各流程的衔接。以提高效率和强化内部控制为目标，将事项层面的财务流程嵌入业务流程，使得业务人员在"无感"的环境下完成凭证、账簿等层面的财务流程。四是实现业财管个性化系统的融合。不再以职责划分部门，而是对资源和功能进行整合。五是在实现上述协同的基础上，还需要配以业财管不同岗位人员在知识、心理和文化认同层面的和谐发展。

（三）人机一体化

智能财务中的人机一体化需要人和智能机器实现协调配合，形成人机一体化混合智能系统，从公司的综合视角，完成综合性的业财管工作。人机一体化混合智能系统的发展会给业财管带来三个有益的影响：一是业财管工作的自动化程度不断提升。从最初的电算化核算软件到使用 RPA 完成大量重复、简单的数据采集和基本处理，"机器"处理数据的范围不断扩大和延伸。随着深度学习、知识自动构建与推理、人机交互等认知智能技术的不断发展，人机一体化混合智能系统在业财管工作中的占比会增加，人类专家的占比可能逐步减小。二是为个性化决策支持提供技术和管理上的支持。财务报告从固定的、综合性的报告向个性化的报告转化。企业信息的外部和内部使用者可以根据自己的需要定制信息，格式化的报告逐渐转化为频道化的查询视图。三是提高管理决策的及时性。人机一体化混合智能系统的存储能力和运算能力超过人类，在其处理范围内，可以大幅提高信息的处理效率。不管是系统直接决策还是辅助人类专家决策，都有助于提高管理决策的及时性。

第三节 智能财务的理论基础

智能财务的发展要有一定的理论基础作为支撑，本节探讨了智能化时代智能财务建设常用的理论。

一、大数据理论

在财务工作的改革中,对财务影响最大的是科技进步。大数据时代的到来,更是使财务管理的发展遇到一个前所未有的机遇。财务人员可以利用大数据的优势,更精确、快速、及时地处理财务数据,方便管理人员实行有效的管理。

大数据(Big Data)的概念早在20世纪80年代就被提出了,直到2008年,大数据概念逐渐被人们所熟知。进入2012年,大数据的研究热潮开始出现,全球的许多学术会议均围绕大数据议题展开。虽然大数据的研究与应用获得了全球各个国家的高度重视,并取得了令人惊叹的成绩,促进了社会经济的快速发展,但是大数据的定义至今未有统一的描述形式,各大研究机构和科研院所,从大数据的各个角度进行阐述得到各自相应的定义形式。

全球著名的管理咨询公司麦肯锡,也是大数据研究先驱者之一,在其研究报告《大数据:创新、竞争和生产力的下一个前沿领域》中给出大数据的定义:大数据是指无法通过传统的存储管理和分析处理软件进行采集、存储、管理和分析的数据对象集合。同时该报告还强调,大数据不一定要求数据量一定要到TB级别。国际数据公司(IDC)从4个方面来描述大数据,即数据规模量大、数据快速动态可变、数据类型丰富和数据有巨大的价值,具有这些特征的数据集合称为大数据。高德纳咨询公司(Gartner)提出:大数据是指超出正常处理范围的数据,迫使用户寻求新的处理模式才能够较好地解决数据分析问题,使其具备更强的决策能力和洞察发现力,获取更多的信息资产。全球最大的电子商务公司亚马逊公司对大数据的定义更为简单直接:大数据就是指超越一台计算机处理能力的数据。

综合以上几个代表性的定义可知,大数据除具备数据量大的特征外、还具备数据的多样性,关键是利用现有技术水平和处理模式,无法在一个合理的时间范围内得到所需要的信息。这也说明在大数据时代,我们要关心大数据本身的特点,更要关心大数据所具备的功能特性,即能够帮助人们做什么。在信息科技发展道路上,与大数据相近的另一个术语是海量数据,它们都是数据化时代出现的。它们具有的共同特点是数量大,但两者之间也存在某些显著差异。大数据技术的战略意义不在于掌握庞大的数据信息,而在于对这些含有意义的数据进行专业化处理。换而言之,如果把大数据比作一种产业,那么这种产业实现盈利的关键在于提高对数据的"加工能力",通过"加工"实现数据的"增值"。大数据的时代背景下,有必要将大数据引入企业构建的智能财务模式之中,无论是大数据本身还是大数据挖掘、分析方法,都能有效的为企业构建智能财务模式提供指导和援助。

二、规模经济理论

作为经济学的重要基础性理论,这里我们所重点介绍的规模经济理论,强调企业生产规模的扩大,在一定范围内会导致产品单位成本的上升;然而在生产规模扩张到边界之后,单个产品生产成本会下降。即扩大生产规模可以降低平均成本,从而提高利润水平。在边界成本之内,其生产规模的持续扩大,必然导致平均生产成本的持续提升,而规模扩张到边界外时,企业的平均生产成本一定会呈下降趋势。

规模经济的实现,可通过如下两种途径:

(1)内部的规模经济:在实际的操作过程中,通过优化内部人力资源的综合利用效率,为整体经营效率的提升提供必要的支持。

(2)外部经济的规模:通过企业之间的分工和合作,重新优化资源布局,进而为整体经营管理效率的进一步提升奠定更为坚实的基础。

在建立和健全智能财务共享服务体系的过程中,企业的内部审计人员和财务业务处理人员可以在公司的智能财务共享服务体系中,从客户的业务特点以及具体的业务需求出发,为其提供更有针对性的财务服务。再比如在对集团内部多个被审计工时加以有效的分工和整合,从而为单位成本的有效控制提供必要的支持，使得企业审计工作的效率得到提升，从而实现规模经济的效应。

三、内部控制理论

这一理论也同样是现代企业理论体系中的重要组成部分。内部控制理论认为，企业财务目标、发展目标的顺利达成，必然受到组织内各个部分的影响和限制，只有从实际情况出发，采取一系列针对性的自我控制、自我调节手段，才能更好地适应行业和市场的变化。而会计信息的安全和质量，无疑是企业内部控制得以顺利实施的基础和前提。同时，企业还需要对现有资产加以优化重组，再根据其类别进行分配。当然，一套行之有效的建成机制，也同样是全面强化企业内部控制水平的关键所在。内部控制的基本原则包括：①内部操作要合法合规；②操作方式与关键程度相匹配；③公司内部要具有约束力。

以上三个原则相互使用并不矛盾，是相互不可缺少的补充。技术、制度、人力以及设备等多种要素的共同推动之下，企业的内部运营才得以开展。而无论哪一个环节出现问题，都会严重影响企业的经营和发展。因此，内部控制的企业，为了追求公司内部的整体平衡，从各个角度考虑问题，不仅大大提高了公司的安全性，也有助于公司的长期发展。

四、组织扁平化理论

从本质上来说，这一理论强调企业在经营的过程中，应通过淘汰冗员、减少行政层次的方式对组织结构加以优化，利于企业管理层的决策可以快速下达到企业生产经营层级，这种组织结构打破了原来层级组织结构中的企业上下级组织和领导者之间的纵向联系方式，平级各单位之间的横向联系方式以及组织体与外部各方面的联系方式等。

当前阶段我国市场经济的发展，使得企业规模持续扩大，传统的金字塔式的组织结构在实际的应用过程中，已经越来越难以满足企业的现代化发展需求。而这里重点介绍的扁平化的组织形式可以很大程度增加企业内部组织的日常运作效率和信息在企业内部的传输效率，提升整体工作效率，最终为企业在市场竞争中整体竞争能力的强化奠定坚实的基础，同时也大幅增强了企业管理层对生产经营层的管控能力。

五、业务流程再造理论

1990 年，迈克尔·哈默提出了流程再造一词。1993 年，迈克尔·哈默和詹姆斯·钱皮对流程再造给出了经典定义：流程再造是指对业务流程进行根本性的再思考和彻底性的再设计，以便在成本、质量、服务和速度等衡量企业绩效的重要指标上取得显著性的进展。"根本性的""彻底性的""显著性的"和"流程"是定义中最重要的四个关键词。可以看出，流程再造就是对企业现有工作流程进行改革，包括企业的生产方式和运作方式等，其目的是使企业取得长足的、更好的发展。

业务流程再造的四个基本要素中，流程是业务流程再造的对象，支持系统和组织是业务流程再造的相关对象，提高企业绩效是业务流程再造的目标，彻底变革是业务流程再造的途径。

企业进行业务流程再造时通常会遵从如下步骤：首先是分析企业现有业务流程存在哪些不足以及造成这些不足的原因；其次是对业务流程进行重新设计，制定设计方案，并结合企业的自身情况预估改进效果；再次是制定具体改进规划，其中涉及企业组织架构、人力资源配置和业务规范等各个方面，完成企业重新设计的方案；最后是需要企业组织对方案进行持续的改善和维护。

建立财务共享服务中心实际上就是企业进行财务流程再造的过程。企业在进行流程设计的过程中可以将那些重复的、不需要太多专业能力的基础性财务工作归集到共享中心，并且重构后的财务处理流程更加规范和标准，最终达到缩减人力成本及管理成本、提高企业经营效率并且提高服务质量的作用。

业务流程再造理论是对企业的管理系统和技术的改造，以信息核算平台和系统作为基础来对企业的业务和财务进行核算。让传统的财务管理职能部门充分转型，对企业的业务流程进行优化和改进，以提高客户对业务满意度。在构建现代化企业管理模式的过程中，需要对操作规则加以不断地优化和调整，从而形成符合企业当前所处经营阶段的管理模式。而随着当前人力资源管理理论的不断发展，以及信息技术的快速更新，企业制定统一的分支机构负责对业务流程的优化、重塑，有效地推动了企业的核心竞争力的快速提升。

第四节　智能财务的背景与发展阶段

一、智能财务提出的背景

根据业内的普遍认识，中国的财务管理已经历了电算化到信息化的发展阶段。从 1979 年开始的我国财务管理电算化阶段，特点是用小型数据库和简单的计算机软件取代了部分权工会计核算工作，初步实现了从工资核算、固定资产核算、成本核算等单项核算到账务处理的计算机辅助处理的转变（杨纪碗，1985）。电算化阶段的财务软件和财务人员的工作基本上是分离的，本质上信息技术并没有改变财务处理的流程和基本的组织结构，只是用软件实现了部分处理环节的自动化。

20 世纪 90 年代，ERP（Enterprise Resource Planning，企业资源计划）的

诞生和计算机网络的普及使财务管理进入了信息化阶段（周金华，2003），企业开始利用计算机网络强大的数据处理能力和网络传输能力，将业务管理和财务管理进行了初步整合，开始实现对业财信息的快速处理和实时共享，实现了财务信息的跨时空处理和利用，逐步实现了财务管理从核算型向管理型的转变（杨周南，2003）。财务信息化强调人机工作的协调配合，信息技术已成为财务管理流程乃至业务管理流程的优化和再造工具。

特别是 2005 年以来，财务共享服务模式在中国的逐步普及，使财务信息化的进程在 OCR（Optical Character Recognition，光学字符识别）、移动通信、云计算和大数据等技术的大力推动下获得了突破性进展。尽管如此，处于财务信息化阶段的财务共享服务，仅借助标准化和流程化为财务转型提供数据基础、管理基础和组织基础，主要针对的是财务会计流程的信息化处理（张瑞君等，2010），并未实现业务活动流程、财务会计流程和管理会计流程的全面智能化。

进入 2010 年以后，由于人工智能技术的突破性进展，人们对看上去更具象征意义的智能技术应用重拾希望，不仅结合高性能计算能力和大数据分析技术，为沉寂已久的机器推理、专家系统、模式识别、机器人等技术赋予很多新的应用场景，更是对基于神经网络和遗传算法的机器学习进行了深入的研究，雄心勃勃地提出了新一代人工智能的发展目标（杜传忠等，2018）。

在财务领域，随着大智移云物等信息技术的出现和逐渐成熟（刘勤等，2014），财务管理面临着新的机会和挑战，财务预测决策、财务风险管控以及财务成本管理等有了更先进的算法、模型和工具。数据处理技术可以汇集更全面的数据，商业智能和专家系统能够综合不同专家的意见，移动计算可以帮助财务人员随时随地完成管理工作，机器人流程自动化可以实现财务管理活动的自动化操作，现代系统集成技术可以消除业务、财务和税务等之间长期形成的信息和管理壁垒。由此可见，以人工智能为代表的新一代信息技术的发展给财务管理带来了新的发展契机，正在使财务从信息化向智能化方向转变。

相对于财务信息化阶段注重财务和业务信息的整合以及信息的快速处理和实时共享，智能化阶段则更注重企业各类信息处理的效率、效益和智能化的程度，如：利用物联网、RPA、机器学习和专家系统等技术实现财务处理的全流程自动化，以降低成本、提高效率、减少差错（孙逸和董志强，2017）；基于神经网络、规则引擎、数据挖掘等技术自动实现财务预测、决策的深度支持（王海林，2017），以提升其科学性和实时性，这一阶段再造的不仅是流程和组织，还会在更高层面上对企业管理模式和管理理念进行再造。

二、智能财务的发展阶段

智能财务是大势所趋，它的深度和广度必然会不断深化。按照财务智能化的广度和智能度，可以将智能财务过程划分为三个发展阶段：第一阶段是智能财务 1.0 阶段，智能财务应用的广度和智能度均较低，仍处于起步阶段；第二阶段是智能财务 2.0 阶段，智能财务的广度得到提升，扩展到财务的各个流程和领域，但智能度的提升仍然较为缓慢；第三阶段是智能财务 3.0 阶段，智能财务实现从追求广度向追求智能度的转变，应用范围越来越广阔，智能化程度也越来越高。前两个阶段可以被称为自动化阶段，这两个阶段智能财务的主要目标是降低企业的财务管理成本及企业管理成本；第三阶段可以被称为真正的智能化阶段，这一个阶段智能财务的目标是最大限度地提升企业的核心竞争力。

财务智能化的终极目标是"去中心化"。目前，企业的财务管理属于中心化管理模式，由财务部门收集、输入、计算并输出数据，全方位负责企业的财务管理工作。在这种模式下，财务部门获取的信息不够全面，只能输出标准化的信息。在定制化、个性化信息需求越来越高的今天，中心化管理模式已经很难满足企业的财务需求。因此，智能财务要朝着"去中心化"的方向演进。在这种模式下，所有业务部门、职能部门，甚至个人以及外部渠道都是原始信息的提供者，这些信息自动被输入中台系统，由系统自动对信息进行加工整理，然后根据不同决策者的不同需求实时输出定制信息，快速作出反应。这与"事项会计理论"所倡导的应该将会计信息的选择权交给信息使用者的理念是一致的。

从目前应用日益普遍的智能报销系统就能够窥得这种趋势。在传统的人工管理模式下，报销是一件费时费力的工作。员工从申请出差到提交报销申请，各级领导层层审批，再到最后的打款，整个过程环节多、效率低，员工体验效果差。在智能报销模式下，员工只需要在系统里提交出差申请，出差结束后将发票扫描上传到系统即可。系统会自动进行审批，并通过银企直联自动打款，后台会自动进行账务处理。整个过程人工参与度很低，员工体验效果很好。在这种模式下，出差员工实际上扮演了信息提供者的角色，具有典型的"去中心化"特征。

三、国内外智能财务的发展

（一）国内智能财务的发展

信息技术的一大特点是模拟人工的思维模式，进行简单的、重复的、机械化的财务工作。通过信息技术的应用，人力成本得到了节约，而且还可以提高工作效率，避免工作失误，同时还能规避企业的运营风险。国内智能财务发展的主要特点可以概括为以下几点：第一，企业财务信息摆脱了原有的买断采购模式，不需要耗费过多的人力资源，只需要将软件安装在财务云上，就能够达到财务系统的高效运作。最主要的服务是软件的运营商在云端提供的。智能财务系统可以将企业的财务工作和联系较为密切的税务、审计、法律等外部服务机构紧密地联系在一起。第二，实现了财务工作外包化。财务外包是企业降低人力成本的有效手段，尤其中小企业，资本有限，财务外包更可以为其节省人力资源。另外，财务外包合同的签署也基本是基于信息网络进行的，有利于保护参与双方的相关利益。第三，财务共享迅速发展。财务共享服务中心的建立使得企业之间的数据信息交流更加频繁，信息的传输更加高效，减少了信息传输和沟通带来的成本和传输过程中信息的损耗。第四，财务决策支持系统越来越发达。智能财务的发展涉及数据挖掘、知识图谱、人工智能等先进技术，同时还与经济学、管理学等理论相结合。随着社会的发展与技术的进步，专业化的财务支撑系统与专业理论知识的融合越来越深入，为企业的管理者和决策者提供了更加真实可靠的财务信息。第五，智能财务应用的场景越来越广泛。例如，区块链技术的应用一方面使得电子合约可以安全签约；另一方面可以通过设置特定的时间，减少工作失误。

（二）国外智能财务的发展

相较于中国，国外智能财务的发展起步要更早一些。概括来讲，国外智能财务的发展体现了人工智能和大数据的深度融合。第一，智能财务打破了原有的界限，创造出了新的资本增长方式。财务管理对经济发展的巨大作用已经被诸多学者接受，并反复论证。智能财务的发展核心在于财富管理与投资决策，这也是推动经济迅速增长的内在动力。换言之，智能财务通过对现有财务会计的管理和未来前景的预测带动实体经济的快速发展，从而创造出无限的价值。智能财务的构建就能在未来突破原有的产业发展边界，提高企业生产的效率以及对经济社会的价值。第二，人工智能成为财务管理新的推动力。众所周知，技术进步对财务管理具有重要的意义。技术进步使得会计财务走向智能投资咨询的方向，即通过大数据和资产管理技术的结合，将算法和建模融入资产管理领域。第三，智能财务使得财富管理更加大众化，将未来的财富和现有的财富联系起来。随着信息技术的发展，过去少数人享有的财富管理服务现在可以普及到一般的大众，可以让社会闲散的资源重新发挥价值。第四，智能语言推动智慧财务发展。智能财务利用大数据等信息技术，提高资产管理的风险控制水平，通过将人工智能融入财务会计的管理和运营中，实现了智能化的管理。财务管理的理念和模式随着人工智能、AI 技术的发展已经发生了重大转变。

第五节 智能时代的智能财务转型

一、财务转型的原因分析

基于人工智能应用的财务转型分析，能够丰富财会人员的理论知识，促进财会工作和人工智能的结合，改进传统财会实务工作的不足，提高财务工作效率。促进财务转型的原因可以分为以下几个方面：

（一）企业从财务核算向财务管理转变的需要

企业财务转型的原因之一是要促进企业发挥财务管理的作用。目前，企业财务工作主要是费用管理、会计核算等。为了做好这些工作，财务部门会花费许多时间和精力在会计核算等基础工作中，从而忽视财务管理的内容。企业对资金的管理，主要是监控企业的日常资金流动情况，而忽视对资金运作的管理控制。在预算管理方面，企业财务往往只关注预算指标在各个部门业务活动中的分配，对预算资金分配的监督和各部门间的协调却缺乏关注。在企业的费用管理上，财务工作主要集中在对费用手续的核算报销，而不注重对产生费用过程的监督。

（二）企业业财融合发展的需要

财务部门要更多地参与到企业业务活动中，是企业财务转型的另一原因。企业的财务部门相对独立，与其他部门沟通联系相对较少，对企业的业务做不到非常了解，无法提供财务支持，甚至一些错误的决定还会阻碍企业的发展。财务部门要和各部门联系更紧密，需要摆脱传统的理念和工作模式，利用人工智能的手段加强与企业各部门的联系。

（三）企业提高数据运用效率的需要

为了提高企业数据的运用效率，必须进行财务转型。转型前的企业会计信息系统是轻事前、重事后，轻数据、重信息，轻分析、重报告，单靠财务信息系统不能实现企业的有效管理。企业应该提高数据的利用效率，将财务信息与其他业务建立联系，实现统一的数据处理。转型后的财务工作对会计信息的数据分析更为重视，对数据的处理也更为重视。

（四）满足企业价值最大化目标的需要

未转型前的企业财务工作主要是报账、算账、记账、核算等，这些业务过程本身不会产生价值，只是对企业经营活动中资金的流动进行记录，为满足市场、投资者、政府和社会等主体监督的信息需要，对企业追求更高的经济利益作用价值不高。企业为了提高自身的竞争力，必须通过管理决策不断创造价值，财务转型则是使财务部门成为管理决策者创造价值的依据，这就需要企业抓住人工智能应用的机遇实现财务转型，将财务工作的核心从转型前的核算向转型后的管理决策过渡。

二、智能财务转型的途径

（一）积极推进战略财务中心的构建

战略财务中心以企业发展战略为引导，将企业的财务目标转化为具体的实施措施。战略财务中心在企业中起到"领航人"的作用，把握企业发展方向，对企业的资源进行合理配置；战略财务中心还担当"决策制定者"的角色，为企业的经营与管理制定管理制度、具体实施办法与统一口径。同时，战略财务中心对下属机构的制度执行与业务开展进行监督与监管，严格把控分、子公司的重大业务与重大事项，支持企业的财务决策、财务分析，进而推动集团企业的智能财务转型。

(二)推动业财融合

仅仅依靠财务工作人员的努力是无法推动业财融合工作的。因此应该做到以下几点：第一，企业总部应自上而下地制定全面且扎实的业财融合工作管理方法，将业财融合工作确定为企业的工作制度，从企业整体制度方面对业财融合工作做出硬性规定；第二，企业各单位要为业财融合工作成立专门工作小组，并由单位主要领导担任直接负责人，财务领导和业务领导担任间接负责人，统筹推进业财融合工作的进行；第三，各单位应对业财融合工作有着清醒的认识，摸清目前业财融合工作的发展方向以及重点难点，厘清业财融合有哪方面的不足，从而便于业财融合工作的深入发展；第四，要在前三步的基础上对整体的系统流程进行优化；第五，要将业财融合业务落实到企业日常经营生活的实处，真正做到业财融合的常态化。

(三)提升财务人员的工作能力

提升财务人员的工作能力是财务转型的核心需求，从根本上决定了财务转型工作能否获得成功。财务人员专注的不仅是财务会计，更应该延伸至财务管理以及管理会计。同时，财务人员也应该提升自己的财务能力，努力学习智能技术，将智能技术运用到传统的财务工作当中。将财务人员培养成为智能化专业型人才，企业才能在智能财务管理专家的带领下，成功进行智能财务转型。第一，应该组织开展针对财务人员业务能力的培训活动，有计划、针对性地对企业财务人员展开培训工作，使其业务能力能够满足时代发展的需要，同时鼓励企业财务人员主动报考注册会计师、税务师等；第二，从外部引进相应的财务管理人才；第三，企业主动引导工作人员互相交流学习，其交流范围可以涵盖不同企业工作人员交流、企业内部不同岗位工作人员交流、企业内部相同部门工作人员交流等；第四，要注重先进科学知识的激励作用，时刻关注相关学科的前沿发展，以先进的科学知识指引企业的进一步发展；第五，畅通人才成长机制，确保有能力的工作人员可以及时地得到提拔，更好地发挥其作用。

（四）加快推进组织流程再造

智能财务转型所需要的组织流程再造可以采用多阶段模式，同时结合智能财务转型的战略转型和财务管控的要求。第一步是营造出变革环境，这一步骤主要工作有：确定流程再造的目标、制订流程再造的阶段性计划、对相关业务人员进行培训、明确流程再造的核心流程、成立项目组并指定相关的负责人；第二步是分析目前的组织流程并发现其中的缺陷，重新设计出一套符合智能财务转型的组织流程，这一步骤的主要工作有：分析现有流程、诊断当前企业环境、寻找模型企业、重新设计流程、评估目前流程技术能力、拆分重组现有工作人员；第三步是分析现有组织结构的适配程度，这一步骤的主要工作有：检查组织流程中人力资源配置情况、检查企业的技术结构和应用情况；第四步是流程穿行测试，这一步骤的主要工作有：选择试点企业、选择试点流程、明确参与到组织流程再造的供应商等第三方、启动穿行测试、评估试点单位的组织流程再造结果、听取试点单位的反馈意见；第五步是对组织流程进行持续优化，这一步骤的主要工作内容有：评价流程再造的成果、深度挖掘流程再造的价值创造部分、持续对流程进行分析与优化。一般来说，企业业务流程的再造可以经过以上五个步骤，组织流程的再造并不是一蹴而就的，而是一个循环推进式的管理过程。企业应加快推进组织流程的再造，并对再造后的组织流程不断优化，优化后的组织流程能够加快企业智能财务转型的发展进程。

（五）积极运用智能新技术

在"大智移云物"的推进过程中，紧跟着的就是人工智能和自动化的发展，这使得更多的伴随其产生的新兴技术应用在了财务工作中，方便了日常的财务工作，简化了财务员工日常繁重的作业流程，使得企业在财务工作中的效率大大提高，这样财务人员在财务工作中的时间能够缩短，让其能在企业财务决策方面提供一定的帮助，从容地面对一些创新性工作，提高企业财务管理水平。

API（应用程序编程接口）在现在市场环境中作用明显，其在归拢各个开放系统中发挥着重要的作用，在现实生活中的应用也很常见。比如，通过定义银企互联的标准 API 接口，完成收付对账的整个流程自动处理；通过调用发票查验 API 解扣，同时对税务局系统发出的发票进行检查，识别真假的同时返还其全部发票信息。RPA（机器人流程自动化）在财务系统中的基础业务上有着重要作用，它能帮助财务人员完成比较机械化的任务，比如那些大量的，操作重复率高且各项流程都处于标准化的业务。OCR（光学字符识别）技术在财务方面有着光明的未来前景。尤其在报销业务中，OCR 技术可以知晓所有票据的结构，这样就能通过加入一定的规则引导，完成对票据的智能审核，使得财务工作在智能化的道路上迈上新一台阶。而在处理数据非结构化则可以利用到 NLP（自然语言处理）技术。它通过更加庞大的数据训练和更复杂的机器学习集成非结构化数据，从而实现智能审计。KG（知识图谱）拥有着强大的能力，它能够学习知识，并进行推理，这意味着机器能够更加智能化。KG 能够集成各种复杂关系，建立关系网，明确各种关联，发现在这些关联中的潜在数据价值，可以高效地运用在供应链之中。这是传统数据库所不能比拟的。KG 的运用将会为财务工作带来强大的数据采集、整合和操作能力，推动业财数据的聚合、贯通和应用，促进运营方式的转型、升级和突破，实现管理的智慧化转型、技术的创新化应用、数据的生命化流动，是企业提高智能化水平和实现数字化转型的重要基石。

第二章 智能化时代下企业智能财务模式构建

第一节 智能财务模式构建的必要性与可行性分析

在2020年智能财务高峰论坛上,专家学者们在对智能财务研究的基础上,指出企业智能财务模式是一种全新的财务管理方式:它以新发展的财务智能信息技术工具作为依托,通过变革企业管理模式的方式整合企业财务职能,是一种全过程智能传递、运用和管理的新型财务管理方式。

一、企业智能财务模式构建的必要性分析

(一)企业信息系统数据存在整合需求

随着市场的进步和竞争的加剧,企业需要收集、分析的财务数据与日俱增,数据的准确性和及时性对于企业进行管理决策和战略规划的影响程度越来越高。但是现阶段,由于企业各部门可能都有自己的信息系统,比如生产部门有

自身的生产过程执行系统、销售部门有顾客信息管理系统、采购部门有上游供应商信息的供应链系统、管理部门有办公管理系统、财务部门有与银行进行对接的付款系统等，这些系统之间普遍存在不兼容问题，数据信息无法瞬时地从一个系统中传输到另一个不兼容的系统中，需要通过投入人力进行数据搬运、翻译才可以完成分析，极大地影响了数据对企业管理的支撑速度和力度。如何整合不同系统，将各个系统中未标准化的数据进行自动化合并、翻译、分析、共享，确保具备及时性的数据能够反馈到业务管理活动中，推进业财融合，解决企业各个系统存在的信息孤岛问题，以信息数据共享提升财务进行价值创造的能力，成为当下企业需要重点考虑的难题。

（二）财务分析存在利用大数据分析需求

随着物联网技术的推广和使用，当今社会已经基本实现"万物互联"。依据大数据理论，当前企业财务获取信息数据的渠道更加丰富，提供给管理者的财务数据往往与大量的业务数据相结合，海量的数据对于企业管理层既是机遇也是挑战。当前企业搭建的数据库和数据库管理系统，往往存储着企业日常经营产生的海量数据，但是缺少对数据的有效分析。这一方面是由于财务人员往往局限于基础的数据采集工作和不同信息系统间的数据搬运工作，无法投入到数据分析处理工作上来；另一方面也是由于面对海量数据，原先的财务报表分析方法已无法跟上数据增长的"脚步"，财务人员定期制定的财务报表在及时性和可靠性上都面临被更新速度快、价值密度低的大数据的冲击。如此一来，企业不仅增加了数据库的构建成本和信息数据的存储成本，而且实质上数据库的构建并未能给企业管理决策提供支持，其创造价值的能力堪忧。大数据分析技术由于能迅速取数，通过对历史数据快速进行同比、环比分析，能快速有效地完成基础性财务分析，成了当下企业数据库生产价值的重要工具。此外，大数据分析技术也可以收集处理企业外部的行业数据、潜在客户数据等，帮助企业找出现阶段发展最优解。

（三）财务会计核算存在智能化需求

随着互联网信息技术和一些会计软件的发展，电算化在财务工作中已成为主流。当前智能信息技术的发展为财务会计核算自动化提供了新的工具。随着企业规模扩大和业务量的增加，企业往往在简单的财务核算上逐渐增加投入的人力物力逐渐增加，但是在实际会计核算效率上并未有所提升，这就需要引入新的技术工具以提升会计核算的效率、准确性，让财务人员能够由简单、重复的财务核算工作转移到更能创造财务价值的财务管理决策服务的工作上去。当前智能机器人流程自动化的本质是一种可以根据既定程序进行自动化处理的外挂软件。而财务会计核算作为一种流程标准化程度较高的工作，十分适合机器人流程自动化的应用，所以智能财务模式中应用机器人流程自动化可以极大地改善企业财务会计核算存在的智能化需求，减少企业规模扩大对财务会计核算工作带来的压力，让财务人员主要从事需要主观判断、创造性思维等高附加值的工作。

二、企业智能财务模式构建的可行性分析

（一）技术可行性分析

当前各种智能信息技术在财务领域的应用场景愈发广泛，同一信息技术在不同的财务工作中都能得以体现。财务会计和管理会计领域可匹配应用智能技术，现有的技术主要包括OCR、RPA、语音识别、自然语言处理、云计算、数据挖掘、物联网、知识图谱、财务专家系统、机器学习等。在财务会计核算的过程中，OCR技术可自动进行图像识别，读取各类票据凭证在线上生成，通过发票RPA、结算RPA、核算RPA等自动进行会计核算，再通过人工复核，以机器学习技术记录差错智能稽核，提升后续财务核算工作的准确度。在财务会计报表上，可应用语音识别技术和自然语音处理技术自动调出所需时间段的财

务报表，运用云计算数据在线上生成财务报表，数据可视化技术实时展示财务报表、分析报表数据的走向趋势。在资金管理方面，利用 RPA 和云计算可实现自动支付、自动对账、智能预警等功能；在资产管理方面，利用物联网技术中的二维码、条形码扫描，可以进行自动盘点、自动管控；在税务管理方面，利用 RPA 和云计算结合成税务云系统，实现发票自动查验、自动认证、自动开具、纳税自动申报等功能；在预算管理方面，通过 RPA 自动编制预算，利用财务专家系统对预算自动稽查；在成本管理方面，利用物联网技术采集存货情况，利用 RPA 技术自动计算相应成本；在投融资管理方面，通过数据挖掘技术对投融资的市场环境、企业内部的资金状况进行情景模拟，利用财务专家系统进行智能评估，辨别投融资行为的合理性；在绩效管理方面，通过 RPA 和云计算技术，细分部门，对部门的经营业绩情况作出预测，并进行敏感因素分析，加强企业整体的绩效管理；在管理会计报告方面，利用知识图谱技术，构建知识共享中心，对问题进行反馈答复，提高管理会计报告的可理解性，便于对业务人员进行有效指导。无论是对于财务会计还是管理会计都有足够多的技术支持，充分说明企业在智能财务模式构建上的技术环境已经相对成熟，足以支持企业进行财务模式的转变。

（二）组织可行性分析

我国企业在财务共享服务中心构建上的探索为智能财务模式构建奠定了组织和流程基础。我国企业的财务共享服务中心在近些年发展迅速，大多数企业实现了对业务和财务流程的再造和优化，在一定程度上实现了业务标准化和流程自动化。并且大多数企业基于 ERP（企业资源计划）系统把财务和业务相互结合统一管理，走上了业财一体化的道路。

基于当前阿米巴等个性化的经营模式兴起，财务管理更需要与企业整体战略相衔接。智能财务模式突破了目标上的局限性，智能财务模式以价值创造为目标导向，其实践应用场景涵盖了财务会计和管理会计，强调管理会计对企业经营活动的财务分析能力。智能财务模式可通过整合统一信息系统或利用 RPA

技术自动完成数据在不同系统间的搬运工作，能实时、迅速地传递信息，并通过数据挖掘技术掌握企业内外部的信息数据，充分满足企业管理决策的需要。

第二节 智能财务模式构建的目标、原则与内容的确定

在智能化时代背景下，企业为了满足当前财务工作的需要，响应企业数字化转型趋势和行业高质量发展政策，理应探索和构建智能财务模式。随着市场经济的发展和企业改革的深化，很多企业都将企业数字化建设作为提升其管理效能的基本手段。因此，在智能化时代背景下，企业智能财务模式的构建应该定位在财务工作转型和新型财务管理模式构建等领域，以期促进企业数字化发展目标的实现，助推企业整体管理效能的提升。

一、厘清智能财务模式构建的目标

受到数字经济的影响，企业智能财务模式构建的目标应该围绕以下三个方面进行确定：

一是财务方面的目标。企业应该以业务驱动财务为指导思想，通过对智能财务会计共享平台进行优化，提高会计核算、资金结算、资产盘点和对账、税务计算和申报以及会计档案管理等工作的自动化、电子化和标准化水平，由此改进财务会计工作的效率，提升财务信息管理的质量，实现管理型财务的目标。

二是业务方面的目标。主要针对业务的规范管理，通过智能财务会计共享

平台的应用，优化预算编制和分析过程，加强预算控制，完善成本归集和计算过程，强化项目管理以及税务风险检测等工作，从而保障企业各项业务的顺利开展和规范，更好地控制业务过程提供支持，以此实现提升企业管控水平的目的。

三是管理方面的目标。强化以数据驱动管理的理念，发挥大数据分析应用平台的作用，对多维分析模型和数据挖掘模型进行科学构建，推进业务经营精细化管理进程，通过各环节协同管理为决策提供支持；同时对风险进行全面评估，促进企业数字化转型，提高企业智能化财务模式的服务功能。

二、制定智能财务模式构建的原则

第一，要遵守系统性原则。受到数字经济的影响，企业构建智能化财务模式不仅要关联智能财务共享平台，还要关联大数据分析应用平台，同时还要对接企业业务经营管理系统，对大数据基础平台、集成外部交易管控系统等部分，进而改造和升级业务经营管理平台配套系统，遵守企业智能化财务规划和设计的系统性原则。

第二，要遵守前瞻性原则。对于规划和设计企业智能财务建设而言，应该提前预测财务信息化发展趋势，同时考虑企业智能财务模式建设的实际情况和存在的问题，通过企业实现高质量发展目标促进智能财务建设模式的探索和研究。

第三，要体现先进性原则。对于智能财务模式的建设，企业要通过不同财务工作任务对应的智能化应用场景的转化体现智能财务的本质属性，从而保障企业在不同智能化应用场景之下能够匹配相应的新技术，因此，企业应该对智能化应用场景进行精心设计，确保先进的数字化技术能够顺利地匹配和运用。

第四，要体现可行性原则。在数字经济条件下企业对智能财务模式的规划和设计，应该以企业当前财务管理现状以及工作需要为前提，对新技术进行合理选择和科学运用,进而保障智能财务平台能够与企业实际工作实现有效配合,并推动企业财务管理数字化转型目标的实现。

三、明确智能财务模式构建的内容

综合考虑现阶段企业财务管理的现实状况,企业智能财务模式的构建要从智能财务平台的建设和新型财务管理模式的确立两个方面进行推进。从智能财务平台建设的角度来看,企业应该首先梳理和优化业务流程,积极发挥智能财务平台开发和运用的基础性作用,突出业务驱动财务的思想,体现数据驱动管理的理念,进而对业务流程进行管理和规范。从新型财务管理模式确立的角度来看,企业应该重新建构财务组织结构,重新划分各部门、各单位的职责和权限,科学界定财务岗位工作内容,提升财务人员素质,促进管理模式更新,以此实现智能财务平台与管理制度的匹配,最终贯彻管理会计理念、实现会计工作转型。

第三节 智能财务模式构建的逻辑、要素与核心环节

在新兴信息技术涌现的数字经济时代,数据成为新型生产要素,在分析企业智能财务模式构建逻辑的基础上,探讨企业智能财务模式构建的要素,可以帮助企业高效构建智能财务模式。

一、企业智能财务模式构建的逻辑

鉴于企业智能财务模式构建的目标是促进财务工作的提升,更好地服务于业务工作和管理工作,因此有必要厘清智能财务建设构建的逻辑。笔者认为,首先应界定财务工作领域并划分具体的财务工作任务,其次确认财务专业分工并针对具体财务工作任务逐一确定智能财务工作目标,最后相应地设计智能化场景并匹配运用新技术(具体如图2-1所示)。

财务工作领域		财务会计		管理会计							
财务工作任务		会计核算	财务会计报告	资金管理	资产管理	税务管理	预算管理	成本管理	投融资管理	绩效管理	管理会计报告
财务专业分工	战略财务	规划指导/决策支持									
	业务财务	过程管控/服务业务									
	基础财务	交易执行/操作控制									
智能财务工作目标		成本/效率、协同/质量、全面/精细、实时/灵活、合规/安全									
智能化场景设计		感知智能/运算智能/认知智能									
新技术匹配运用		大智移云物区等									

图 2-1 企业智能财务模式构建的逻辑

二、企业智能财务模式构建的要素

(一)从技术应用视角来看

智能化场景设计和新技术匹配运用是智能财务模式的本质所在。为此,从技术应用视角来看,智能财务离不开智能化场景设计和新技术匹配运用两个要素。其中,智能化场景设计起源于针对具体财务工作任务的智能财务工作目标,依赖于"大智移云物区"等新技术的精准匹配运用,重在精心构思和巧妙设计。需要说明的是,这些新技术涵盖但不限于"大智移云物区",具体可参见高德纳每年公布的十大战略科技以及由上海国家会计学院发起的"影响会计从业人员的十大信息技术评选"中的候选技术。

（二）从智能财务建设领域来看

企业财务工作内容通常包括财务会计和管理会计两方面。其中，财务会计工作主要包括会计核算和财务会计报告两个核心内容；管理会计工作主要包括资金管理、资产管理、税务管理、预算管理、成本管理、投融资管理、绩效管理和管理会计报告等核心内容。为此，智能财务建设不仅要提升企业财务会计工作效率，更要将企业管理会计工作落地，实现财务职能转型，提升财务本身的价值。所以笔者认为，从智能财务建设领域来看，智能财务建设分为智能财务会计和智能管理会计两个方面。

（三）从建设落脚点来看

智能财务共享平台建设和新型财务管理模式构建是企业智能财务模式构建的核心内容。其中，智能财务共享平台建设重在将业务、财务、管理一体化（即业财管一体化）业务流程嵌入智能财务共享平台，功能范畴应同时覆盖财务会计和管理会计两个财务工作领域。因此，智能财务共享平台分为智能财务会计共享平台、智能管理会计共享平台和大数据分析应用平台，分别聚焦财务会计工作任务、管理会计工作中的单项管理会计工作任务，以及管理会计工作领域中的交叉性、综合性、复杂性管理会计工作任务。新型财务管理模式构建重在智能财务组织和智能财务运行规则的建立，组织范畴应同时覆盖公司各级财务组织，重点工作包括模式的选择、设计和运行等，且其构建应基于智能财务共享平台、围绕管理会计落地和财务职能转型进行，并符合本企业的经营管理实际。

（四）从具体工作开展来看

企业智能财务建设模式构建过程中，需围绕以下四项工作具体展开：智能财务组织的规划和设计，智能财务相关业务流程的规划、设计和执行，智能财务平台的规划、设计和应用，智能财务相关制度体系的规划、设计和运行。每项工作之间既相对独立又紧密联系，彼此之间往往需要交叉进行。因此，在具体工作中，需要理顺这些建设工作之间的关系，以便恰当安排智能财务建设各项工作进度，合理配置智能财务建设各类资源。

三、智能财务模式构建的核心环节

（一）研发核心技术

信息技术是智能财务模式得以构建和发展的基础，主要包括与之直接关联的网络通信、人工智能以及大数据和云计算等。虽然这些技术已经取得了很大的发展进步，但是在会计财务领域的应用才刚刚开始，还没有达到深度融合的程度。我们要分析每一个技术的特定应用场景，找到其与财务会计的融合点，取其精华。例如，云计算可以给会计财务提供虚拟化、动态化的运行环境，大数据可以为会计财务提供准确高效的分析工具，物联网可以为会计财务提供实时安全的有效服务，这些都为智能财务模式的构建打下了良好的基础。

（二）构建研究平台

智能财务模式并不是单独的模块，而是需要进行信息沟通和交流的。通过信息共享实现整个智能模式的发展，打造一个优秀的信息共享平台非常重要。智能财务共享平台应该包括平时可以用的核心技术算法、信息交流平台以及应用案例库。首先，核心技术算法可以帮助企业财务人员更加快速地掌握相关知识，以期提高企业财务人员平时的工作效率。其次，信息交流平台可以实现智能财务模式使用经验的分享。在使用智能财务模式的过程中会遇到各种各样的问题，此时信息交流平台就可以发挥重要作用。通过信息交流平台，参与者既可以分享自己已有的经验，又可以学习自己缺少的知识，实现使用知识的迅速增长。最后，应用案例库可以将平时成熟的经验进行总结，然后形成一套成熟的模式，让后来者更好地掌握智能财务模式的运行规律。

（三）培养专业人才

人才是技术进步的关键所在，尊重知识的重点就在于尊重人才。智能财务模式的构建离不开专业人才的培养。随着信息科技的发展，专业技术人才与日俱增，但是仍存在很大缺口。一方面，智能财务模式的构建需要现有的人才迅速适应信息技术的发展，实现对智能财务技术的掌握和应用；另一方面，智能财务模式的构建在未来需要大量的专业人才。现有的会计财务人员的培养模式已经不能完全适应智能财务模式发展的要求，需要在对智能财务模式科学评估和深入研究的基础上设计新的培养模式，改进现有的教学模式和教学手段，完善会计财务人员的评价标准。未来培养的专业财务会计人员需要了解智能财务模式的要求和管理目标，明确智能财务模式对相关知识的需求。在熟练掌握传统的财务会计、经济管理知识的基础上，将信息统计、网络技术以及企业供应链的知识融会贯通。

（四）建设标准规范

一个学科体系是否可以持续发展的核心因素之一就是有没有标准的规范。标准化和规范化是智能财务模式构建的核心要素，这也是企业财务会计科学管理的基础。具备了标准化和规范化的模式，智能财务就可以实现对参与人员的科学评估、细致分工，从而大幅提高会计财务人员的效率。目前，标准体系主要包括世界标准、国家标准、地方标准、行业标准和企业标准。就标准化的对象来说，可以分为管理标准和技术标准。例如，财务管理、行政管理都属于管理的范畴，应遵循管理标准；而系统监测、产品生产则属于技术领域，要按照技术标准。除此之外，智能财务模式的构建还需要一定的规范。规范可以是由相关组织制定的，无法精确定量的。

（五）构建良好外部环境

构建智能财务模式成功与否与企业的内部管理并不完全相关，更重要的是企业的外部环境建设。智能财务模式的外部环境是主管部门、行业组织与应用主体交互作用形成的。主管部门主要起到指导、协调以及管理的作用。具体而言，政府主管部门通过制定一系列符合企业实际情况的标准规范、准则手册推动智能财务模式的健康发展。行业组织的主要作用为邀请行业内部的专业人员对智能财务模式进行研究，同时对企业的相关人员进行针对性的培训，为企业量身定制最佳的实践方案，并监督和纠正智能财务发展过程中的不足。良好外部环境的建设依赖于各个外部部门的配合。政府主管部门在发挥指导协调作用的时候需要从企业的实际需求出发，并且与行业组织紧密配合。通过外部环境和企业内部的交流融合，实现智能财务模式的持续良好发展。

（六）研发智能产品

智能财务模式构建还需要考虑智能财务产品和服务的支持，这可以为企业的整个生态链带来良好的经济效益，并扩大其社会影响。基于智能财务系统产品的研发需要与企业进行密切深入的交流，从而发现企业的深层次需求。当发现企业的需求之后要及时反馈给研发后台，后台的研发团队要通过现有的科技根据企业的需求设计专业化的智能产品，其中包括需求的取舍、产品的测试与改进、企业的试用与评价等。高质量的智能财务产品前期需要经过广泛充足的市场调研，同时要符合相关主管部门的规范和标准，并在实践中经过检验。这个过程可能不是一帆风顺的，会存在失败的概率和风险，需要主管部门和行业组织的指导和协调。智能财务系统发展的最终目的是将智能财务系统运用到实践中，从而减少参与者从事机械繁杂工作的精力消耗。让企业会计财务人员可以有更多的精力去进行数据分析等创造性的工作，从而促进企业的高效运行和良好发展。

第四节 智能财务模式的基本框架与架构

一、智能财务模式的基本框架

智能财务模式在构建过程中需要加强对核心框架与技术框架的了解,确保流程自动化,并深入了解智能财务的建设理念和建设逻辑,不断优化智能财务建设的整体架构。因此,需要对智能财务的基本框架进行全方位分析和研究,以不断促进智能财务的创新发展。

(一)核心框架

智能财务模式在构建过程中需要数据、算力以及场景的支撑,这样才能使其结构完善。首先,需要积极促进财务数据的拓展。想要促进财务和业务数据的一体化发展,必须加强对业务数据的记录和核算,对企业内外部数据进行同时监控,加强对数据的预测,为企业领导者提供更翔实的数据信息。其次,将云计算技术全方位融入算力中,增多财务系统的形态,以解决不同业务场景的不同问题,促进技术手段不断优化和革新。例如,大数据技术可以对财务数据进行全面分析,帮助相关财务数据提炼预测模型。但很多时候财务模型的相关数据难以量化,这也使得预测模型的价值受到限制。因此,应积极利用大数据技术不断优化预测模型,使预测模型的建设结构逐渐合理化,通过数据收集并了解数字与数字之间的关联,通过预测模型切实反映企业的经营效果,并根据企业的发展需要逐渐促进财务智能的优化,从而真正实现财务工作质量和工作效率的全面提升。

（二）技术框架

虽然数据、算力以及场景已经构成完整的核心框架，但想要促进智能财务模式构建，仍需要加强对先进技术的运用。先进技术的引入不仅能促进基本框架的完善，还能促进财务系统智能化的升级。一般智能财务构建的过程中主要使用大数据、人工智能、区块链等技术。首先，利用大数据技术可以促进传统财务数据价值的升级，也能在记录财务数据的同时，对海量数据进行分层式管理，从而使会计从高强度的数据记录中解脱出来。数据的升级和优化也需要大数据技术的支持，可以通过大数据技术的挖掘，了解更多影响经营的因素，以此改善经营绩效。其次，利用人工智能技术可以实现数据的分类和共享。数据的分类与共享不仅能有效解决传统的财务问题，还能加强对现有财务工作的全方位监督，从而增强智能财务风险控制能力。最后，利用区块链技术可以开启共识记账模式。这种模式不仅能保障信息的安全性，还能确保信息的真实性，避免因数据篡改而造成相关数据的损失。区块链技术减少了数据共享中的数据错误，提升了信息共享的安全性和可靠性，更有利于降低信任成本，实现智能财务的局部创新。同时，财务人员可以利用多元化信息技术进行智能运营，以提升财务的工作效率和工作质量，对财务应收、应付、资金流水等流程进行智能化管理。

（三）流程自动化

技术可以促进智能财务模式的不断升级和优化，但要想真正实现智能化发展，必须实现机器流程的自动化，只有这样才能将不同流程进行有机衔接。流程自动化可以加强对财务工作流程的模拟，这不仅有利于智能系统跨应用运行，还能对财务工作全部流程进行合理的监督，实现智能财务模式的全方位开发。一般流程自动化在财务系统中名为机器人流程自动化，机器人流程自动化可以根据设定的流程解决复杂场景，具有部署周期短的优势，同时也能加强对财务工作者行为的模仿。通过对机器人流程自动化的了解，发现机器人流程自动化可以使智能系统在进行信息收集的同时，对其加以补充。例如，企业可以根据发展需要，加强不同系统和不同流程之间的关联，这种关联可以解决财务流程对接问题。但由于目前很多企业缺乏对流程自动化方面的重视，使得流程自动化仍无法实现无缝衔接。财务领导需要加强对流程自动化的正确认知，运用流程自动化解决小的流程需求，减少人力消耗。智能财务模式在不断发展的过程中，可以加强对机器人流程自动化的利用，并积极打通企业和银行之间的断点，这不仅能实现数据信息的自动核对，同时也是未来智能财务模式的发展趋势。

二、智能财务模式的基本架构

智能财务模式的基本架构包含广义架构和狭义架构两部分。

广义的智能财务模式架构应该包含智能财务发展生态的各个方面，如智能财务的应用主体、政府主管部门、行业组织、智能财务发展的供应链等方面。对智能财务而言，尽管智能化的进程主要由应用主体的内在发展动力驱动，但外部环境毫无疑问也起着非常重要的推动作用（如图 2-2 所示）。

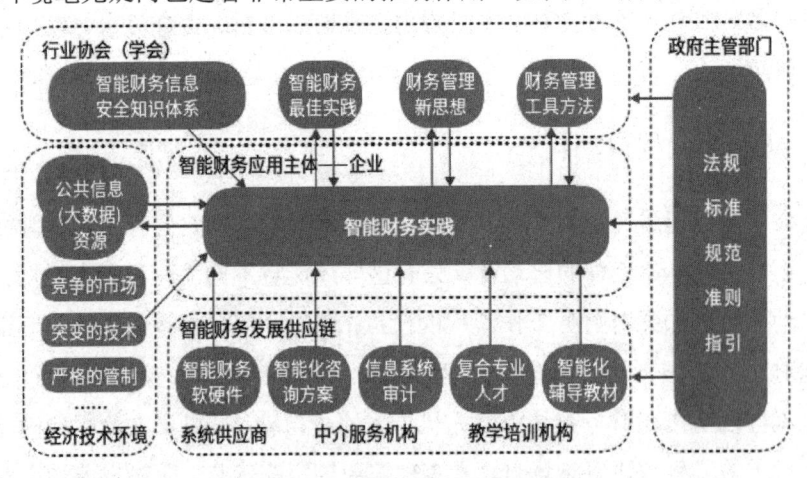

图 2-2　广义的智能财务模式架构

在外部环境中，政府主管部门包括财政、审计、税务、海关、证监等部门，它们将通过法规、标准、规范、准则、指引等来指导、协调、管理和推动企业智能财务的发展；行业组织包括准政府组织、一般行业管理组织、学术组织和民间团体等，它们主要通过组织专业技术人员研究知识体系、收集最佳实践成果、传播相关技能等方式来引导和影响企业；智能财务发展供应链包括与智能财务相关的软硬件系统供应商、咨询机构、培训机构、外包服务机构等，主要提供企业所需的软件、硬件、数据、信息、智能、人才等方面的服务。经济技术环境则指影响企业实施智能财务发展的信息技术、法律环境、公共数据资源等，它们是激发或阻碍企业智能财务发展的力量。

狭义的智能财务架构主要用于描述智能财务应用主体——企业——内部的智能财务各组成部件之间的逻辑关系（如图 2-3 所示）。

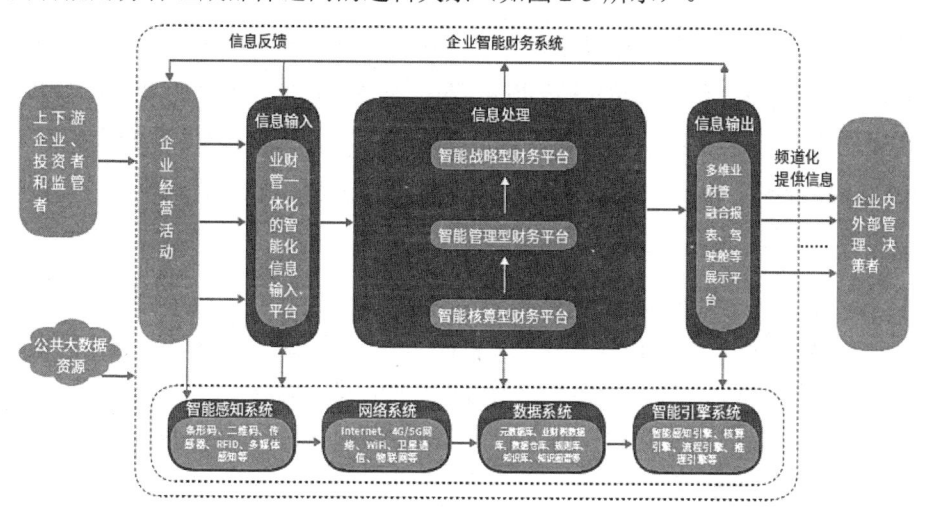

图 2-3 狭义的智能财务模式架构

由于智能财务需要借助于智能机器和人类财务专家共同组成的人机一体化智能管理系统，因此位于底层的智能感知系统、网络系统、数据系统和智能引擎系统是必不可少的。智能感知系统利用条码、RFID（Radio Frequency Identification，射频识别）、传感器、OCR 等技术，客观地感知企业内部经营活动和外部环境，自动地完成数据的搜集工作；网络系统则通过物联网、互联网、移动互联网，以及卫星通信网络等实现数据的传递和共享；数据系统则用于存储企业智能管理所需的元数据、业财管交易处理数据，以及规则库、方法库、模型库、知识图谱等，在数据仓库和数据挖掘等 BI 组件的支持下，为应用层的数据智能处理提供基础；智能引擎系统则通过公共的智能部件（核算引擎、流程引擎、推理引擎等），满足应用层各种智能处理的需要。

位于上层的智能财务应用层描述了财务信息处理的全过程：从企业经营活动到业财管一体化的智能化信息输入平台，经过信息处理后，通过公共信息报告和展示平台送达企业内外的管理者和决策者。所有这些信息处理过程都需要借助底层的智能引擎系统自动完成。

在图 2-3 中，输入信息不仅来源于单位对外的经营管理活动，还来源于对外部大数据资源的自动爬取。智能化信息输入平台是企业的统一信息输入平台，它通过人机合作模式，将机器客观采集到的信息和人类主观感知到的信息结合起来，按照财务信息处理的要求完成信息的输入。在信息输出方面，企业将通过底层的各种智能引擎，把机器的运算结果和人的价值判断相互匹配，动态、实时、频道化、多种形式地展示业财管融合报表信息，以满足企业内外部管理决策者的需求。

在中间的信息处理环节，财务信息处理方式将体现为三个层次：核算层、管理层和决策层。智能核算型财务平台是相对早期的智能财务系统，主要依赖智能感知、RPA、专家系统等技术智能地完成财务核算工作；智能管理型财务平台是发展到中期的智能财务系统，在智能核算型财务平台的基础上，逐步演变成基于大数据处理、商业智能、神经网络、机器学习等技术的智能管理会计综合平台，即智能财务从以处理交易性活动为主，发展为更多处理高价值管理会计活动；智能战略型财务平台是智能财务发展到成熟阶段的产物，它在智能核算、智能管理的基础上，将智能财务的核心功能发展到智能决策领域，它是人机高度融合的智能处理平台，即财务管理中出现的智能活动，如分析、推理、判断、构思和决策等，将由以计算机为主的人机融合系统共同来完成，并且随着发展的深入，系统将不断扩大、延伸和逐步取代部分人类财务专家在财务管理中的活动。

第五节 智能财务模式信息化整体规划

一、加强智能财务模式信息化建设的重要性

智能财务模式信息化建设不仅能够提升财务管理工作质量，还能对企业运行模式和组织架构优化起到一定的作用，能简化资金审批流程，提高企业运营效率，从而达到降低运维成本的目的，并将企业经营风险降到最低。

（一）有助于提升企业财务管理水平

与传统财务管理模式相比，财务信息化管理能够将财务管理数据保存在计算机中，实现财务管理信息溯源，保存好财务管理原始数据，便于财务管理责任划分，也降低了数据保管工作难度和财务管理人员工作强度。与此同时，将财务管理工作与信息技术相融合，能够促进财务管理工作向集成化、精细化、数字化方向发展，从根源上提升企业财务管理水平和内部控制工作质量，保障企业良好运转。

（二）明确企业发展方向，降低企业运维风险

当前，经济的良好发展给企业发展带来了全新的机遇和挑战，各行业内部竞争日益激烈。企业要想在市场竞争中脱颖而出，立于不败之地，就要强化财务信息化建设，确保能够精准判断市场发展趋势，预测市场未来发展方向，明确企业发展大方向，保障企业发展方向与市场发展方向一致。企业强化财务信息化建设能及时获取市场发展信息，对企业财务管理状态进行全方位的分析，提升市场敏感度，对企业财务情况进行全方位的了解，及时结合市场变化调整财务信息化建设策略，提升财务信息共享效率，确保决策人员能够第一时间了

解市场状态，保障决策的合理性，从根源上降低企业运维风险。

二、智能财务模式信息化概念框架的构建

当新技术与财务有机结合在一起时，传统的财务信息化框架就会发生一定的变化。智能时代，应提出新的财务信息化概念框架。基于智能信息技术，企业财务信息化概念框架可以包括数据层、引擎层以及业务应用层[①]，如图2-4所示。

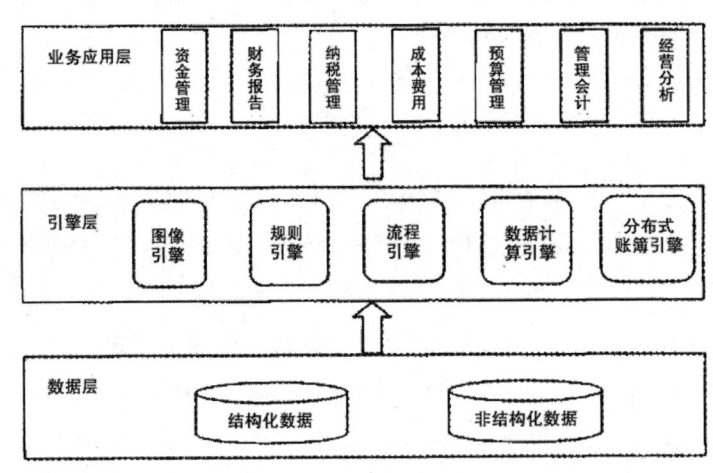

图2-4 财务信息化概念框架图

（一）数据层

财务信息化框架中的数据层处于基础层，为业务应用提供需要的数据支持。与传统的数据层相比，智能化特点主要体现在数据的内涵变化。在传统框架中，数据层主要针对结构化数据。但大数据技术之后，非结构化数据将被引入数据层，丰富数据层的内涵。在该数据层中，系统要对结构化数据与非结构化数据

---

① 张敦力、罗炫、葛林：《大数据时代下财务管理创新研究》，《会计之友》2018年第24期。

同时提供采集管理、对接管理、存储管理等。

（二）引擎层

引擎层实际是一个技术共用平台，由多种技术工具组成，当企业产生不同业务需要时，引擎层可以调用不同的引擎工具来组合，从而与业务应用的需要配套，进而实现整个财务信息化框架技术工具的共享。主要的引擎包括：

（1）图像识别引擎。图像识别引擎主要应用于对图像信息的识别。既能对结构化图像数据进行识别提取，又能对非结构化图像数据进行识别提取。并且还可以利用机器学习的功能来不断提高图像识别能力，提高其应用价值。

（2）规则引擎。基于人工经验规则的准人工智能的应用场景，将不同的规则定义输入系统，从而引导和支持系统在财务流程中进行大量的判断、分类以及审核。不断完善规则引擎，有利于基于人类分析之后不断修正。同时，可以引入一个机器学习引擎作为规则引擎的后台引擎，通过机器来训练学习大量不同的业务场景数据，不断优化完善相关的规则，使规则引擎能够更好地应用在不同的业务中。

（3）流程引擎。在规则引擎不断的驱动下，流程引擎主要完成财务流程的指导，全面提升财务信息系统的整体水平。

（4）数据计算引擎。相对其他引擎，数据引擎比较独立。基于大数据技术，数据引擎应能够处理包括结构化数据和非结构化数据在内的海量数据计算问题。使得财务问题在大数据方面的应用得到真正有力的技术支持。

（5）分布式账簿引擎。如果区块链技术能够从概念化发展到一定的应用程度，可以考虑通过引擎化的方式将分布式账簿建立起来。分布式账簿的标准化，有利于区块链技术在企业中的相关应用。

（三）业务应用层

业务应用层应该是整个财务信息化系统框架中的核心层次，也是最终财务与技术相匹配的应用层次。因此我们应该从信息技术与财务业务功能结合的角度，搭建一个矩阵式的框架层次（如表 2-1 所示）。

表 2-1　财务信息化业务应用层

	资金管理	财务报告	纳税管理	成本费用	预算管理	管理会计	经营分析
传统技术	资金融资管理	总账、明细账、报表	各税种模块、税务检查等	常规费用报销	传统预算控制	作业成本、成本分摊、收入分析等	绩效管理
互联网及物联网	账户管理	—	—	服务及商品的线上管理	—	—	—
大数据技术	资金投资管理、风险管理、资金预测等	报表分析	税费分析及预测	费用分析	智能预测、智能预算编制和调整	收入、成本以及盈利的全维分析	经营分析
人工智能	智能化资金调度	智能财务报告	税务风险控制	—	—	智能管理会计报告	复杂经营分析
区块链	跨境交易	关联交易	—	—	—	—	—

（1）资金管理方面。在资金管理方面，智能技术主要影响交易的安全一致性、跨境交易成本的降低和交易效率的提升、资金流动性风险管理及预测等方面。

首先，基于分布式账簿的区块链技术，可以构建一个清结算平台。区块链技术可以提高资金交易的安全性和效率，并且能够解决资金清结算时的核对和一致性问题，尤其是跨境交易。跨境交易由于要通过 SWIFT 组织建立的中心网络来实现转账交易，高额的手续费和较长的转账周期让资金交易成本很高，交易效率较低。但区块链交易可以打破这种基于某个中心组织来清结算的制度，使得这种情况得到很大的改善。

其次，基于大数据技术的应用，企业可以通过自身历史数据的积累以及对影响资金需求的相关因素追踪监控，能够对资金计划进行预测，并且实现滚动预测。同时，大数据技术可以通过对资金风险的发现与监控，在更早的时间发现资金流动性风险与安全性风险。

（2）财务报告方面。财务报告其实一直是财务信息化的重点领域。智能时代新技术下，由于各类财务信息系统都会有所改变，因此也会影响财务报告领域。

首先，基于机器学习技术，可能实现智能报告。目前市场上已经出现了人工智能参与编制的市场研究报告，不久的未来，基于结构化的报告范式，人工智能基于大量市场反应的不断学习，智能报告并非不能实现。

其次，基于分布式账簿技术带来的可靠性，能够帮助企业解决业财对接时业务交易与会计记录不一致的问题，同时，基于交易各方分布式账簿，能够实现同时记录，避免数据被篡改，对于内部交易和关联方交易的核对和一致性问题帮助较大。

（3）纳税管理方面。纳税管理在税务风险控制方面可以考虑使用人工智能技术来进行辅助，在税费分析、税费预测方面通过引入大数据技术，将更多的企业外部数据纳入分析范围，对企业的税费进行分析和预测。

（4）费用管理方面。传统管理模式下，成本费用很难实现深度的事前管理，而在智能信息技术的推动下，信息系统应该更支持与业务场景关系更密切的相关费用的前期管理。例如，以差旅费、食宿费为核心的前端服务，以车辆费用为核心的车联网系统，以采购费用为核心的电商平台等的应用。

另外，物联网技术使企业能够对相关业务事项发生的过程、成本费用的流转情况进行跟踪，这样基于物联网提供的数据，可以更细致地分析和管控在这一过程中的成本费用。同时，结合大数据技术，我们能够获得更多与成本费用相关而非因果关系的数据，并据此进行更细致的分析。

（5）预算管理方面。首先，在企业经营计划以及预算编制方面，大数据技术会产生重要的影响。经营计划和预算编制对于企业是资源配置问题，尤其是资源的方向和权重的问题。而基于结构化和非结构化数据的大数据技术，可以帮助企业进行资源投向及权重和业绩达成之间的相关性分析，使企业事前有能力对预算编制的合理性进行有效的评价。其次，在预算预测的环节，企业可以通过大数据、机器学习的方法来构建更为完善的预测算法模型，能够开展更加复杂的相关性分析，这样可以使预算预测的可靠性和预判能力得到很大的提高。

（6）管理会计方面。在传统模式下，管理会计的数据处理主要依靠关系数据库，对于海量数据的处理，非常消耗时间，而且成本较高。当多维数据库出现之后，管理会计的性能有了很大改善，以事实表为核心，实现多个维度的数据组合，容易理解，但如果数据继续扩大还会出现瓶颈问题——数据冗余。随着大数据技术的快速发展，企业可以在物理框架、硬件方面有所突破，比如基于云计算搭建多维数据库，直接利用内存数据库来进行管理会计数据的分析等，将冗余信息重新储存，使得管理会计的多维度分析不再受到技术性能的制约，只要有利于更好地反映实际经营情况，我们不再纠结于维度的制约。

（7）经营分析方面。智能信息技术对经营分析的影响主要体现在分析角度的扩大以及分析工具的改进方面。从经营分析的角度方面来说，传统模式下，受到结构化数据的限制，经营分析侧重因果分析，但在大数据技术的基础上，可以实现因果分析到相关分析的拓展。

从分析工具方面来讲，大数据与云计算技术的结合使得经营分析的能力得到增强，拥有了更强的数据信息采集、捕获以及处理能力，使得经营分析的外延得到扩展。大数据对非结构化数据的处理，使得企业除了自身信息之外，还可以将来自于社会的热点信息纳入分析的范围。此外，人工智能技术，尤其是机器学习的技术不断发展，使得经营分析将会由现在的经验分析更多地向算法分析来转化，这也意味着在未来可以实现更为复杂的分析。

可以看出，智能时代财务信息化的框架主要是以场景为基础构建的。目前框架还处于一个概念设计阶段，未来还需要企业不断的付诸实践，来补充和优化该框架的内容。

三、智能财务模式信息化协同体系

在智能时代，我们将面对比在传统财务信息化模式下更加复杂的协同关系和协同挑战。对于我们来说，更加重要的是如何在困难和挑战面前积极应对，并有效地构建一套更加高效的财务信息化协同体系。接下来，我们从四个方面对智能时代财务信息化协同体系提出设想。

（一）财务构建统一的信息化中枢

对于财务组织内部来说，要打破信息化的建设边界。打破边界可以考虑采用在财务体系中构建统一的信息化中枢的方法，这个信息化中枢可以是实体组织，也可以是虚拟组织。实体组织可以是财务信息化团队或部门的形态，如某领先的互联网企业内部设有财经 IT 部、某大型国有商业银行有会计信息部这类组织，这些实体化的专有组织能够在财务体系内部起到统筹协调的作用。而对于没有条件设立统一财务信息化团队的企业来说，可以考虑设立虚拟机构，如设置财务信息化管理委员会之类的跨部门统筹组织。虽然虚拟机构在力度上弱于实体组织，但也能起到一定的统筹协调作用，并且在财务信息化架构搭建和重大项目的推进过程中发挥重要作用。

（二）科技面向财务的团队和架构的私人订制

对于科技部门来说，要实现与财务部门的紧密协同，应当考虑构建面向财务部门提供服务的专属团队。在这样的专属团队中，应当从组织架构上打破传统按业务模块独立设置团队的模式，构建能够更好地匹配未来的平台化架构，包括专属需求分析团队、架构师团队、公用平台研发团队和场景实现团队，面向财务部门进行私人订制。需求分析团队应当能够有效支撑智能技术与财务需求团队的对接；架构师团队能够站在产品化和平台化角度，科学构建财务信息化架构；公用平台研发团队应当能够打通财务各底层业务模块，对可公用的技术功能进行组件化研发,并实现在不同业务场景中的应用;而场景实现团队则在公用平台的基础上,针对不同的业务场景需求通过技术来进行实现。通过这样一个平台与定制化相结合的科技团队组织来提供对财务智能化的有力支持。

(三) 科技内部市场化实现新技术引入

对于科技内部各类"黑科技实验室"之间的协同,不妨考虑引入市场化机制。由于各类"黑科技实验室"主要的服务对象是企业的业务场景,而对于作为后台的财务场景来说,要想获得大力度的支持并不容易。在这种情况下,引入市场化机制,通过内部交易的形式,向"黑科技实验室"付费购买相关技术,能够充分调动"黑科技实验室"协同的积极性,也能够更好地从机制上让财务和业务站在同一条起跑线上。当然,并不是所有企业都有条件去建立内部市场化机制,必要的时候,寻求行政命令和行政资源的支持也是可行之路。

(四) 集团推行产品平台并定义自由度

对于集团企业来说,要达到标准化与个性化的平衡,不妨考虑将集团自身视为财务智能化产品的提供商,在集团层面基于产品化理念,设计信息化平台。在产品的设计过程中,集团应当充分引入业务单元来对产品化需求进行论证和设计,通过大量的调研形成需求报告,最终搭建平台。各个业务单元在实际进行信息化建设时,集团将其当作一个产品客户,通过进一步的需求调研,引入实施方法,在产品化平台的基础上进行配置实施,并进行少量且可控的定制化开发。

通过这种模式,集团财务能够搭建一个开放式的财务智能化产品平台,并借助平台实现管理的标准化和自由度。

在财务智能化进程中,财务与科技的协同是一个技术与艺术并存的话题,找到合适的平衡点、实现双赢是财务智能化之路成功的关键。

第三章 智能化时代下智能财务建设的设计思路

第一节 智能财务建设的总体规划

数字经济的飞速发展为会计业务的转型升级带来了全新的机遇,智能财务成为新经济发展的焦点和前沿。智能财务发展促进企业增值保值功能的实现,发挥的作用与能量也逐步提高,智能财务的发展也受到市场供求和企业战略管理的要求。

一、总体规划

智能财务转型是一个整体布局、逐步转型的过程。以现代通信技术、信息技术、智能技术为依托,从战略上来说,智能财务是企业财务管理理念和模式的变革,包括智能制度建设,组织架构设立,应用场景设计,数据标准流程等,为智能化的分析与决策提供源泉。从形式上来说,智能财务是财务运行系统和财务组织的重构,形成战略会计,业务会计,共享会计,财务共享服务中心的战略结构,意味着信息技术驱动下的业务和管理变革。从实质上来说,智能财务是财务工作领域智能化场景的落地，通过信息平台收集和生成基础会计数据，为业务数据、财务数据、管理数据、外部数据进行集成处理，推动了财务管理模式的变革，最终为企业提供一种新的发展动力。

二、业务流程设计

信息技术已经渗透到价值链的诸多环节，按照智能管理的设计理念对财务工作的岗位流程，工作内容和管理模式，组织结构和职责目标进行分层设计，信息技术实现由数据共享向价值链的转变，实现各种价值要素的集成和共享。借助标准化的流程设计，合理配置数字资源，形成了战略财务、业务财务和共享服务的财务管理模式，为企业数字化转型提供数据基础。智能财务促进业务流程的标准化，搭建管理会计应用平台，完善管理基础和组织基础，实现企业不同层面战略分析和管理决策的需要。数字化转型为财务转型提供技术保障，借助数据集成实现大数据管理，企业将智能信息技术与组织结构、业务流程相整合，分阶段提升要素配置效率，分系统促进企业信息化共享水平的提高。

三、组织体系规划

数字化转型背景下，立足战略层面，重构财务组织架构。适应企业战略发展，建立专门智能财务组织机构，负责智能数字化转型的组织管理，设计智能数字化转型的具体方案，提供科学有用的参考信息和决策方案。智能财务组织架构应依据数字化转型场景设置，实现应用场景工作模式，实现财务部门组织框架设置与数字化转型应用场景相适应。智能财务专门机构的负责人直接是整个企业的高层领导，财务部门的负责人负责具体是公司部门负责人，重新界定部门业务范围与职能边界，推进智能数字化转型体系创新。

四、制度体系设计

基于人工智能、大数据、智联网等新技术和新工具,明确目标,制度创新,构建智能财务组织制度和智能财务运行规则。新一代信息技术包括企业财务智能化转型的所有方面,会计改革促进财务数字化运营流程的实现,智能共享促进智能财务流程化再造,智能管理会计的落地促进价值创造的实现,智能财务制度架构的变化促进智能模式的选择,商业智能技术促进智能体系的设计[①]。财务共享是财务数字化转型的起点,流程制度体系设计是智能财务建设的基础。全面修改会计准则和内控制度,促使财务管理目标转向智能决策的智能化,为会计信息的生成提供新的路径。

五、运营管理设计

基于价值创造导向,财务数字化转型的本质就是实现企业价值创造和价值管理。利用大数据和人工智能对价值链、价值创造的支持,以业财数据的共享流动化优化运营流程,优化财务资源配置,提高企业生产经营管理效率。通过财务信息化的持续实施,支撑关键业务端高效运营的流程,降低运营成本,实现卓越的财务运营,为企业创造更大价值。研究宏观环境和复杂财务系统的不确定性,加强对大数据的运用,从效率的角度为企业的战略提供海量数据的支撑,助力构建企业财务运营的新竞争优势。基于智能财务共享平台的创建,探索建立适合本企业特征的经营管理实际,从全覆盖的角度为财务的基础管理和高层决策提供实时依据,推动财务人员转型,从价值创造的角度实现运营管理的市场化运作,智能化布局、国际化视野和智能一体化统筹的经营原则。

---

① 刘飞:《数字化转型如何提升制造业生产率:基于数字化转型的三重影响机制》,《财经科学》2020年第10期。

第二节　智能财务建设的业务流程设计

一、业务流程设计的概念

通常来说，业务流程设计是指根据市场需求与企业要求调整企业流程，包括设计、分析和优化流程。设计阶段主要包括透视现有流程质量和根据当前市场需求调整现有业务流程两项任务，这两项任务，必须要有一套统一的方法和描述语言。在设计阶段所要解决的问题主要有：何人完成何种具体工作，以何种顺序完成工作，可以获得何种服务支持……在对主要问题进行分析的过程中，我们可以通过针对流程在组织、结构及技术方面存在的缺点，以便更好地进行改进。设计阶段的目的是根据分析结果并结合企业目标制定目标流程。

企业业务流程设计采用系统一体化的方法，以系统思考逻辑为基础。要想让企业整体的运作质量有所提高，整体运作的思考方式是必不可少的：系统分析是为完成组织预定目标对组织所做的总体整合的分析。系统一体化方法的对象是整个流程，也就是说，企业运作一体化所要达到的目的是整体最优，而不是局部最优。在现实管理中，业务流程设计涉及信息、需求、预测、采购、生产、运输和交付等方方面面的工作，业务流程设计的目的是尽可能以最低的成本实现最快速的业务支持活动。

企业选择专业化的业务流程设计方案不仅是为了长远的考虑，也是为了应对企业在竞争中越来越沉重的压力。随着外部条件的不断变化，企业的业务流程也需要随之进行相应的改变，最重要的是需要不断改进，从而大大提高企业的核心竞争力。从企业内部来说，这种压力主要来自提高经济效益和创新，以及保持高质量标准等方面，同时也要求企业正确面对业务流程，因为业务流程与利润的创造、收入的增加和成本的降低紧密相关。在这样的情形之下，只有建立能够快速灵活地应对业务流程、客户和市场需求的企业结构，企业才能提高同时满足内部和外部需求的能力。

二、业务流程设计的步骤

不同业务活动的基本结构也不相同，但是任何业务活动都包含输入、输出物流、信息流等因素，这些因素互动的结果是满足顾客的需求。业务流程设计的步骤如下：

（一）选择所需设计的业务流程

业务流程要根据不同的业务活动来定义，企业经营的业务活动有不同的范围和内容，如管理活动、销售活动、设计活动、生产活动等。根据这些业务活动，可以相应定义的业务流程有管理流程、销售流程、设计流程、生产流程等，由此选择所需设计的具体业务流程系统。

（二）收集和分析有关信息

根据所要设计的业务流程收集和分析相关信息，具体包括：顾客的需求和需求模式；企业的管理特性和管理模式；国家相关的法律和法规；企业自身的资源与能力；渠道资源能力，包括供应商的供应能力与销售商的销售能力；市场竞争状况等。

（三）确定业务流程设计的目的

企业流程设计的核心是以顾客满意为中心或以提高系统运行效率为原则；设计业务流程时，要重点关注流程生产与运送相应产品或提供服务的能力。通常可以用四个基本特征加以衡量：流程时间、流程成本、流程质量、流程的灵活性。

（四）定义业务流程系统边界

每一个业务流程系统都有自己的输入和输出。输入和输出的内容主要包括信息流和物流。定义业务流程系统边界必须根据业务流程设计目的确定信息流的起点和终点、物流的起点和终点，并确定输入和输出的信息流、物流的内容。

三、业务流程优化设计

对企业的业务流程进行优化和完善，能够使企业的发展策略时刻保持竞争优势。企业在设计和实施流程时，应当从企业的实际情况出发，不断改进流程，以增强业务流程的效果。梳理和完善企业现有业务流程，就是业务流程优化。

（一）业务流程优化的概念

业务流程优化指在业务操作实践中发现问题后，运用新兴技术对业务流程在一定的基础上进行完善、优化，保障公司在相关领域中具备竞争优势的一种策略。业务流程优化主要是对公司现有系统中业务流程存在的问题进行梳理、完善和优化的过程。其本质上是指把原来系统中业务流程点对点的直线职能型的结构，通过引入新兴技术改为平行网络结构，从结构层次上改进公司财务管理系统的有效性。

（二）业务流程优化设计的原则

1.成本效益原则

在目前的市场经济条件下，公司成立的目的是实现经济效益最大化，提出某项措施或者新技术的引入都需要按照成本效益管控的原则确定是否实施，对项目总体的投入和产出做分析，对项目结果和投入的比例进行评估。评估结果显示具有效益才能实施。例如：关键流程再造时，将原来关键的烦琐的业务流程拆分后进行简单的重新组合,而不是对所有的业务流程再造;不改变原有系统,在公司现有的财务共享服务中心上做外挂 RPA 技术对业务流程优化,不影响公司已有的财务共享服务中心,不会产生较高的成本,实施快,有利于公司业务运行。

2.树立新的财务管理理念原则

公司建立新的财务管理模式,组织财务工作人员加强财务管理信息化学习和提高,同时加强具有财务实务技能的技术人员的职业技能培训,成立储备人才小组,增强公司财务管理质量。

(三) 业务流程优化设计的目标

优化的目标主要是在公司现有的财务共享服务中心架构基础上嵌入 RPA 技术,使原有的财务系统能够实现流程自动化,提高公司财务管理的有效性,帮助公司节约成本,提高效率,增强公司在市场中的综合竞争力,协助公司完成战略转型。

(1)业务流程规范统一化。各分公司实现统一的业务自动化流程规范。

(2)业务流程自动化。对资金管理支付流程、费用报销流程、财务处理流程等进行自动化试点工作,引入 RPA 技术将原本烦琐重复性高的业务流程自动化处理,降低公司运营成本,提高公司经济效益。

(3)提高公司财务的工作效率。在平时的财务操作系统中,有些相对机械性更复杂、重复性更高的操作工作内容会耗费财务工作人员时间及精力。但如果将 RPA 技术运用到公司的财务共享服务中心中,对这些固定的流程、重复性高并且有规律的环节进行程序设计,就能够降低公司运营成本,实现数据批量处理。不仅可以快速的提升业务的操作效率,还可以提升数据处理的正确率,以及提升业务处理的有效率。

(4)确保工作质量。在过去的业务操作系统中,工作人员会因为受到客观因素的影响,导致在进行操作时出现失误和差错。RPA 技术在处理业务的过程中很容易避免这类似的失误和差错。它的优势就是根据提前设定好的程序指令执行，因此不会受到外界的因素影响，恰好可以避免人工在业务处理时的差错，确保业务操作的质量。由于 RPA 对整个流程具有追溯功能，所以出现差错时能够快速准确地发现，甚至如果出现了特殊的异常情况，也可以更加轻松的找到解决措施。

（5）降低公司的经营成本。RPA 主要可以在财务工作人员和不定期地提升信息系统两个方面来降低公司的经营成本。首先，RPA 的使用可以减少财务工作人员的数量，日常简单规律性强及重复程度高的工作可以转为机器流程自动化完成，降低公司成本。其次，RPA 能有效减少信息系统提升的费用。RPA 通过设计程序优化原财务共享服务中心的不足，帮助公司节约运营成本，增加财务共享服务中心应用程序的灵活性。

（四）业务流程优化保障设计

1.转变观念

随着信息技术的高速发展，管理人员逐渐认识到财务管理工作对于公司发展的重要性。公司需要转变传统的财务管理模式，转变财务工作人员的管理观念，摒弃旧的思想观念，在公司树立新的思想观念，学习新的知识，提高新认识。向财务工作人员灌输先进的财务管理理念，组织财务工作人员加强财务管理信息化学习，对信息化的管理制度体系进行优化，积极保持行动和思想高度的一致性。

2.数据安全

首先，建立使用用户账号，并设置安全性高的密码和登录权限，按照划定会计职员的工作范围设置不同的使用权限，将业务划分为不同的阶段，使财务工作人员之间相互协作监督，保障企业财务数据的安全性；其次，增强对系统补充程序的设置，定期进行软件升级和维护服务工作，保障信息的安全性；最后，对数据进行加密，保护真实的数据信息，防止非法访问，并在网络的连接口处设置防火墙，预防跨境信息的入侵。

3.培养人才

在信息技术迅速发展的背景下,财务工作人员不仅需要具备财务数据的处理能力,还要具备计算机专业方面的知识。因为不论是在财务信息系统建设的过程中,还是财务共享服务中心在运用 RPA 技术实现业务自动化处理阶段,都需要既懂财务实务技能又懂计算机应用技术的复合型财务人员。加强财务实务技能和计算机应用技能的复合型财务人员培养,可以使财务工作人员在处理财务业务时,能够简便地运用计算机获取财务数据进行分析,加强业务与财务之间的融合,有效地解决公司在信息化过程中存在的问题,增强财务人员的综合业务能力。

第三节 智能财务建设的财务组织规划

一、智能化时代财务组织结构——扁平化的网络结构

传统的金字塔形的组织结构是根据泰勒科学管理原理设计的,它按照专业化劳动分工组织生产经营活动,依靠各种工作的职能化和专业化提高工作效率。但是这种组织结构由于部门间相互割裂,存在难以沟通协调的问题,也很难适应经营环境的复杂变化。

智能化时代财务管理要求企业提高对市场需求反应的灵敏度,要求提高内部信息流动效率,内部各部门更加协调合作。因此,智能化时代财务组织结构应该是一种灵活简洁的管理体系。这样以集权为特征的管理分工细密、管理环节复杂、成本高、效率低的金字塔形纵向层次结构,必将被以分权为特征的管

理层次少、结构紧凑、反应灵活的扁平化的网络结构所取代。

财务管理组织结构扁平化具有许多优势：①将越来越多灵活、机动的跨部门、跨地区的协作小组取代传统的逐级汇报的等级制度，这些小组可随时为解决突出问题而组合在一起，使企业可以有效地控制人、财、物、信息等四大要素。②缩短了最高层和最底层之间的距离，使企业减少信息反馈和决策的中间环节，能使上下级之间的沟通相对更容易，也能使员工的创造力、闪光点能在尽量短的时间内被捕捉到，并得以充分运用。

扁平化的网络结构在网络技术的基础上，实现了信息的远程处理、集中式管理，极大地延展了财务管理的能力和质量。这种财务管理从源头开始，标准化信息则可以通过信息网络由计算机实时处理和提供共享，非标准化信息则可以通过信息网络由人脑决策，企业之间所获得的信息与竞争都可以在网上进行。通过远程处理、在线管理实行对财务的动态管理，真正实现财务的事前计划、事中控制和事后反馈。

智能化时代，财务管理扁平化的网络结构构建的先决条件是企业内部建立完善的现代化信息体系，使知识、信息的传输和管理都极为快捷和严密，从而大大减少财务管理的风险。同时，还要求企业的管理层比过去更富创造力，更具协调和组织能力。

二、财务组织体系的优化

（一）集团财务组织体系的优化设置

下面以某集团财务组织为例，探究智能财务背景下财务组织规划的优化方式。根据集团财务管控模式设计及财务管控体系运行的要求，优化集团财务组织体系（如图 3-1 所示），并对各层级的财务管理组织职能进行清晰定义。

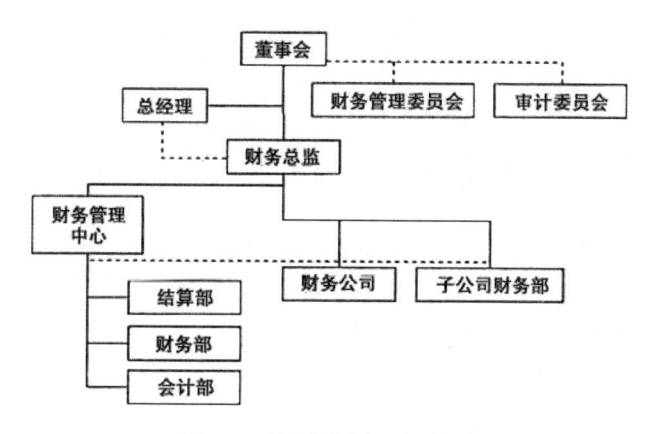

图 3-1 某集团财务组织体系

1.母公司董事会财务管理委员会

（1）具有财务战略、财务政策（投资政策、融资政策、收益分配政策等）的制定权、调整变更权、解释权、监督实施权。

（2）财务管理体制、财务组织机构选择、设置与调整变更权，以及母公司与子公司高层财务管理人员的聘任、委派、解职权。

（3）对母公司战略目标与控股权结构产生直接或潜在重大影响的财务活动的决策权以及非常例外财务事项的处置权。如巨额投资项目决策权、核心产业或主导产品战略性重组调整权、影响母公司或核心企业股权控制结构变更的融投资项目决策权。

2.母公司财务管理中心

（1）为母公司董事会制定财务战略、财务政策、财务管理制度（财务组织制度、财务决策制度、预算责任制度、财务高层领导的委派制度等）、重大融资投资及分配方案、决策提供信息支持，发挥价值方面的咨询参谋作用。在母公司董事会授权的情况下，可直接参与上述过程。

（2）在母公司董事会直接监督下，在集团范围内负责财务战略、财务政策的组织与实施工作，并对组织与实施效果负责。

（3）作为母公司总裁领导下的财务职能部门，必须从财务的角度协助总裁高效率地完成受托的责任目标。其中一项重要工作就是财务预算控制，并在财务管理委员会的领导下发挥监督、控制的枢纽作用。

（4）为了保证母公司董事会财务战略、财务政策的有效实施以及总裁受托责任目标的顺利完成，负责战略预算的编制、实施与监控。

（5）规范集团最佳的资本结构，做到既能确保母公司对子公司的控制权，又能满足实施战略预算对资本的需要，并规划资本来源渠道，确定集团最佳的资本结构。

（6）协调集团公司内外部各利益相关者间的财务关系。

（7）检查、监督各级财务机构对财务战略、财务政策、财务制度、财务预算等的贯彻实施情况，同时建立绩效评估标准制度并实施业绩考核、评估，将考核、评估的结果报母公司总裁，并通过总裁提交董事会、监事会。

3.财务公司

（1）财务公司具有独立法人地位，是母公司下属的控股子公司。

（2）财务公司与结算部存在很大的不同：具有融资租赁、发行财务公司债券、同业拆借、票据承兑、贴现买卖、代理买卖证券、外汇、承销及代理发行证券、担保、信用签证、经济咨询等职能。

（3）财务公司与母公司财务管理中心的关系：在集权财务体制下，财务公司在行政与业务上接受母公司财务管理中心的领导和业务指导，即母公司财务管理中心负责财务战略、财务政策、财务管理制度的制定以及业务监控，而财务公司则负责具体执行，但两者不是隶属关系；在分权财务体制下，母公司财务管理中心对财务公司主要发挥制度规范与业务指导作用。

4.结算部

母公司财务管理中心下设的结算部，其主要承担内部银行的职能，即完成集团公司内现金/资金的结算、信贷、调控和监督，为各成员单位提供现金/资金的中介服务、运营监控、效果考核与信息反馈等。

5.子公司财务部

（1）子公司财务部是否独立设置，取决于集团公司的规模、子公司规模/所在行业特点/业务复杂程度、母子公司之间的空间跨度等相关因素。

（2）一般原则：集团公司规模大、子公司规模大（上市公司或大型股份公司等）/行业竞争非常激烈/业务较为复杂、母子公司之间的空间跨度大的情况下，子公司通常设立财务部。

（3）子公司财务部是否设立，有两点必须明确：一是必须遵循或维护子公司作为独立法人的权力与地位，特别是财务方面的合法权益；二是子公司必须遵循总部的财务战略、财务政策和财务制度，将子公司自身的财务活动纳入集团的财务一体化范畴。

（二）集团总部财务部门的岗位设置（如图3-2所示）

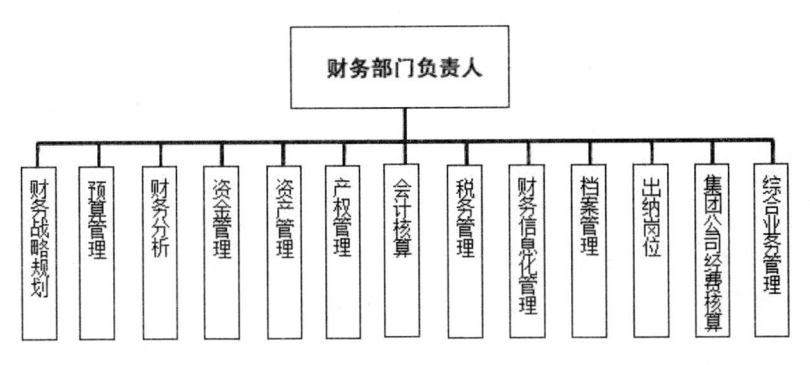

图 3-2 集团总部财务部门的岗位设置

（三）子公司财务部门的岗位设置（如图3-3所示）

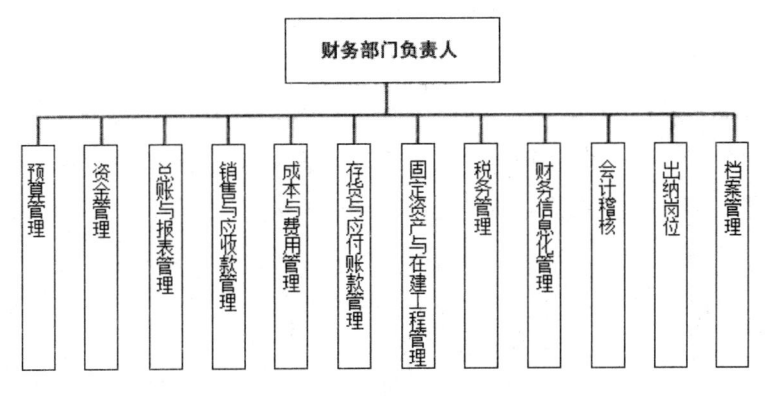

图 3-3 子公司财务部门的岗位设置

第四节　智能财务的制度体系设计

一、财务制度设计概述

（一）财务制度设计的定义

为规范公司财务行为，加强公司的财务工作，发挥财务在公司经营管理和提高经济效益中的作用，公司应该制订相应的财务制度。

公司财务制度从管理权限上划分，有广义和狭义之分。广义的财务制度是指约束整个公司财务行为的财务制度，基本内容包括公司董事会、总经理、公司财务部门、公司各个部门的财务权限，公司财务部门的职能，公司财务部门和人员组成，不同财务部门和岗位的职责，对各种财务活动的具体规定，以及违规处罚等方面的内容。狭义的财务制度是指约束公司财务部门的财务制度，基本内容包括公司财务部门的职能、公司财务部门和人员组成、不同财务部门和岗位的职责、对各种财务活动的具体规定，以及违规处罚等方面的内容。

公司财务制度从内容上划分，有专门的财务制度，也有财务与会计混合在一起的财务会计制度。就我国目前的公司状况而言，多数公司的财务与会计制度混合在一起。

公司财务制度是公司的重要管理制度，建立公司财务制度首先是《中华人民共和国公司法》（以下简称《公司法》）的要求。其第164条规定："公司应当依照法律、行政法规和国务院财政部门的规定建立本公司的财务、会计制度。"在我国，除《公司法》专门用一章对公司财务与会计工作进行了规范之外，国家的其他有关行政法规也相应的对公司财务与会计工作提出了要求。这些规定均是公司建立财务制度的法律依据。

（二）财务制度的设计方式

根据企业财务人员的业务素质、知识水平情况，财务制度的设计可以采用自主设计、外包设计或联合设计的方式。

1.自主设计

自主设计是由企业组织本企业的人员进行独立设计，这是企业财务制度设计的主要方式。其优点是企业内部人员了解企业内部方方面面的情况，熟悉企业产、供、销各种业务和人、财、物各种要素，容易得到企业内部各方面的支持和配合；设计时间周期相对较短，成本自然低；而且便于财务制度的落实和贯彻。自主设计的缺点是设计人员容易受自身水平和传统习惯的影响，不利于大胆革新，也不利于借鉴和吸收外部新知识、新经验和新做法。如果设计财务制度的人员学识水平不高，就难以满足设计要求。

2.外包设计

外包设计是指将设计财务制度的任务外包给社会上的专业服务机构，由其专门为企业进行设计。无论是国内还是国外、现在还是将来，为企业设计财务制度都是财务咨询服务机构的一项重要业务。尤其是2010年《企业内部控制应用指引》和《企业内部控制评价指引》颁布后，对企业内部控制制度的建设提出了很高的专业性要求，许多企业纷纷通过第三方中介机构代为设计相关内部控制制度。外包设计的优点是设计人员业务水平高、知识面宽、革新精神强，便于通过制度的设计促进企业的财务工作。其缺点是不易得到企业各方人员的配合，且对企业的了解较少，难免使制度的某些内容脱离企业的实际，从而削弱财务制度的指导作用。

3.联合设计

联合设计是以企业内部人员为基础，聘请设计财务制度的专家作指导，共同设计企业的财务制度。这种方式是上述两种方式的结合，有利于充分发挥自主设计和外包设计的优点，克服各自的缺点，相互配合，取长补短，设计出更加符合企业实际和科学管理的制度，提高设计效率和有效性。

二、集团财务管控制度

财务制度管控是以财务权力和责任为核心建立的统一的内部控制制度和财务会计制度。这些制度界定了股东大会、董事会、经理层和财务管理部门四个层次的财务职责。制定上述制度目的是做好集团公司的筹资、投资和收益分配决策等工作。

集团总部通过制定内部控制制度和统一的财务会计制度规范子公司重要财务决策的审批程序和财务处理程序，了解子公司的经营情况和财务情况。企业还可以通过信息技术，实时监督子公司的凭证、账簿和财务报表等信息，随时掌握子公司的财务情况。

集团财务管控制度是企业针对财务管控和财务工作制定的公司制度，在实际工作中起规范、指导作用。集团财务管控制度的制定要依据国家有关法律、法规及财务制度，同时要结合集团公司和下属业务单元的具体情况。

（一）制定集团财务管控制度的原则

制定集团财务管控制度要遵循以下原则：

（1）合法性原则。企业要在国家法律、法规允许的范围内制定好财务管控制度。

（2）全面性原则。企业要从集团公司全局出发，充分考虑财务工作的各个方面，考虑短期和长期规划，全面制定财务管控制度。

（3）经济性原则。企业的财务管控制度要能够有效降低集团总体的财务成本，提高集团公司的财务管理水平和经济效益。

（4）稳定性原则。企业的财务管理要保持连续性和前后一致性，因此要保持财务管控制度的稳定性。

（5）实用性原则。企业的财务管控制度要具有可操作性，以便能够有效地应用于实际工作中。

（二）基本财务会计制度

有关会计核算方面的制度规定有：会计核算体制，会计政策，会计科目名称、编码及使用说明，辅助核算项目及说明，会计报表的种类、格式及编制说明等。

有关财务管理方面的制度规定有：内部财务管理体制和管理办法，货币资金管理，结算管理，存货管理，投资管理，资产管理，收入管理，成本管理，盈利及利润分配管理，财务会计报告与财务评价管理。

（三）综合性财务管理制度

综合性财务管理制度主要有：账务处理程序，预算管理制度，会计稽查制度，内部控制制度，财产清查制度，财务分析制度，会计档案管理办法，会计电算化管理办法，财务工作交接管理办法，下属业务单元的财务会计管理办法。

（四）财务收支审批报告制度

财务收支审批报告制度主要有：财务收支审批管理办法，重大项目支出审批与授权审批制度，重大财务事项报告制度。

（五）成本费用管理制度

成本费用管理制度主要有：费用报销管理办法，成本核算办法，成本计划、控制管理办法，成本分析管理办法，成本费用考核管理办法。

（六）财务机构和人员管理制度

财务机构和人员管理制度主要有：财务管理分级负责制度，会计核算组织形式，财会人员岗位责任制度，财会人员岗位轮换管理办法，财会人员委派管理办法，财会人员业务考核办法。

（七）责任考核制度

责任考核制度主要有：经济责任制度，经济责任考核办法，领导干部离任经济责任审计制度，责任追究与处罚制度。

三、智能财务制度体系设计及构建

人工智能等新技术的出现，使得新时期要有效借助智能财务，构建良好机制，推动企业发展，实现数字化转型。新时期，企业要结合时代需求，探究理论知识，做好实践研究工作，在运营期间做好制度设计和制度管理工作，具体到财务制度的设计、财务制度的总体框架设计等，通过智能财务机制的构建，为企业决策和运营提供有效参考。

（一）智能财务设计目标

企业智能财务制度的设计目标是需要有效规范智能财务运营管理工作内容。通过财务制度的确立，明确规定企业内部不同部门财务共享过程中需要承担的责任，严格规定各单位要有效利用智能财务部门共享平台，依法合规真实的数据，从而有效完成会计工作。在智能财务制度的引领下，有效改善企业会计信息质量，增强会计工作效率，降低经济成本，进而增强整个企业会计的合规能力。

（二）智能财务制度总体框架构建

对财务共享机制和现有制度的具体情况进行分析，智能财务机制的构建，要基于财务运营指导意见，主要包含会计制度和智能财务运营管理机制，并且将会计核算和财务管理机制有效融入其中，做好商业和企业之间的区分。在智能财务管理体制中，要设置好智能财务中心、运营机制和平台分享模式，确保企业研究人员踊跃参与其中，善于借鉴成功经验和案例，结合企业真实情况和运营状态做好智能财务机制的构建工作。

（三）智能财务会计共享制度清单

企业研究组针对实际情况研究后制定智能财务会计共享制度清单，包含内容相对较多，研究侧重于管理原则、模式框架、岗位设置等方面研究。对于运营管理问题，比较注重现场管理，依据标准化方法根据实际情况做好拟定，其他管理方法还要依据共享的运营设计方案，提出风险管理对策。在智能财务研究管理方法上，注重目标设计团队合作，内容的探究以及需要执行的内容，明确操作流程，确保企业财务信息更加准确和科学，为企业重大决策提供依据，从而推动经济发展，赢取更多经济效益。

（四）智能财务制度建设的思路

为有效确保企业制定的智能财务会计机制的系统性和科学性，需要成立财务制度建设小组按照相关规定和标准制定符合企业发展的内容。依据财务具体情况和共享平台的建设进行拟定，明确企业内部单位和不同部门的管理原则以及工作需求，主动承担自身工作职责，严格落实会计责任，推动企业发展，彰显智能财务机制的价值。

1.智能财务建设定位

为更好满足企业财务工作基本需求，完成企业数字化建设，推动企业高质量发展，需要做好智能财务建设探索工作。有效利用各种先进技术，寻找智能财务建设突破口，助力企业财务转型，使用创新型管理模式，推动企业数字化发展，在此基础上带动企业管理能力，减少经济输入。

2.智能平台总体框架构建

在企业建设工作过程中，要做好财务职能工作目标建设工作。在实际工作过程中，为智能财务建设提供业务驱动和管理规范业务的目标，通过智能财务共享平台的构建，有效推动企业发展。在构建过程中，要有效包含共享平台和管理共享平台的设置，更好地为管理者作出决策提供物质基础，并且可以做好数据驱动管理工作。在构建总体框架过程中，要充分体现内部模块和要素之间存在的关系，并且充分描述好平台的企业内部之间存在的关联，做好智能财务平台在数字建设中的定位。依据数据标准做好数据提取、转换、收集和保存工作，由管理组织者按照具体流程和管理机制进行维护，从而做好数据质量控制工作。此平台存在的主要目的是对各种基础性数据业务、管理数据等内容进行全面保存，企业不同部门查询数据时能有效借助大数据完成内容查询工作。大数据技术平台能够为企业业务经营提供良好物质基础，为人们提供所需的标准化数据内容和信息。因此，在构建业务经营平台时，要注意将日常生活管理信息内容加入其中，做好财管对接工作，有效上传各种资金计划和预算财务报表内容，严格遵循管理规章制度，做好业务操作平台构建工作，为数据采集和传递提供有利条件，从而可以完成后续财务会计管理工作，接收好共享来的财务处理状态和最终结果。

构建大数据分析应用平台要基于多媒体层次，对各种来源不同的信息资源进行分析，从而有效进行时间数据的对接。平台的构建要有效接触特定模式和先进算法进行，针对管理、业务、财务等主题内容具体分析，从而有效发现财务管理过程中存在的生产规律和管理规律，依据具体情况提供业务场景布置，灵活查询相关资料，做好预测预防工作，重新拟定企业工作方案，结合具体情况做好风险预警机制。基于可视化展现，能够有效发现不同经济规律，从而反映出智能财务共享平台工作效果。还要成立外部交易管理平台，充分反映企业之间信息对接价值，实现公司与第三方交易信息的交易。企业发布绩效指标和基本要求后，不同企业，公司能够及时在平台上共享数据，并将接收的数据信息直接报送到企业，与第三方交易平台进行互动，完成业务数据，单据以及资金状态内容的共享和传递。

第五节 智能财务建设的运营管理设计

财务运营管理是一项组织企业活动和处理财务关系的经济管理工作。要做好财务运营管理，必须完成两项任务：一种是组织企业的财务活动；另一种是处理企业与其他相关方之间的财务关系。

一、财务运营管理的内容设计

依据财务运营管理实践，企业财务运营管理设计至少要做好以下三方面的决策：

（一）融资决策

在高度发达的商品经济社会中，如果企业要从事生产经营工作，就必须先筹集一定数量的资金。筹集资金是财务运营和管理最基本的功能之一。

如果企业的财务经理预测其现金流出大于其现金流入，并且银行存款无法完全弥补差额，则必须以某种方式筹集资金。在资本市场非常发达的西方社会，企业所需的资金可以从不同的来源采取不同的方式筹集。不同的来源和不同筹集资金的方式都有不同的成本，其使用时间、抵押条款和其他附加条件也不同，从而会给企业带来不同的风险。企业财务人员必须正确地判断风险和成本对股票价格的影响，选择最适合本企业的融资方式来筹集资金。

（二）投资决策

企业筹集资金的目的是把资金用于生产经营，进而取得盈利。西方财务运营管理中投资的概念含义很广泛，一般来说，凡把资金投入将来能获利的生产经营中去，都叫投资。财务经理在把资金投入各种不同的资产上时，必须以企业的财务目标股东财富最大化为标准。

企业的投资按使用时间的长短可分为短期投资和长期投资两种：

1.短期投资

短期投资主要是指用于现金、短期有价证券、应收账款和存货等流动资产上的投资。短期投资具有流动性，对于提高公司的变现能力和偿债能力很有好处，所以能减少风险。

2.长期投资

长期投资是指用于固定资产和长期有价证券等资产上的投资，主要指固定资产投资。

（三）股利分配决策

股利分配决策主要研究如何分配收益，支付股息多少以及保留收益多少。在分配过程中，我们不仅要考虑股东短期利益的要求，定期支付一定的红利，还要考虑企业的长远发展，留下一定的利润作为留存盈余，以便推动股价上涨，使股东获益更多。最理想的股利分配政策是使股东财富最大化的政策。

综上所述，构成财务运营管理基本内容的三种财务决策，是通过影响企业的报酬和风险来影响股票市场价格的，报酬和风险之间作适当的平衡，可以使股票市场价格最大。这种平衡叫作风险报酬的平衡。任何财务决策都必须保证风险与报酬的平衡。

二、财务运营管理的目标设计及实现

市场经济是一种基于市场资源配置的竞争经济。设计企业的财务运作和管理目标必须考虑以下内容：财务运营管理目标应当按照企业管理的最高目标来制定；财务运营管理目标应该将经济性目标与社会性目标相结合；财务运营管理目标要将战略性目标与战术性目标进行统一；财务运营管理目标要能很好地兼顾所有者利益与其他主体利益。总之，现代企业财务运营管理的目标设计要实现企业价值最大化，以满足各方利益，促进现代企业制度的建立，帮助企业实现可持续发展的目标。

（一）"企业价值最大化"的体现

从财务运营管理角度出发，对于"企业价值最大化"目标的设计具体体现在以下几个方面：

1.市场竞争能力

人们普遍认为，由营业额、市场份额、技术水平和客户需求实现程度等构成的市场竞争能力是企业成败的重要因素。如果决策行为追求市场竞争能力，即使现在只是略微盈利甚至是亏损，也有利于企业的长远发展，随着竞争力的增强，发展潜力将越来越大。因此，我们认为企业价值最大化目标的主要内容是市场竞争能力。

2.获利能力和增值能力

投资回报率、经营利润率和成本利润率反映的获利能力和增值能力是衡量和评估企业可持续发展能力的另一个重要因素。由于利润是市场经济条件下企业生存和发展的基础，也是开展财务运营管理工作的基本目的，任何企业都追求利润，实现合法利润最大化。但我们不能将利润最大化等同于企业价值最大化，否则我们将回归利润最大化的旧方式。

3.偿债能力与信用水平

偿债能力与企业的可持续发展能力是分不开的，具有较强偿债能力的企业普遍具有良好的发展势头或潜力。由于资产负债率、流动性比率、快速流动比率等指标反映了偿债能力，企业如果不能将这种能力主动转化为行为，及时全额偿还债务，将失去债权人的支持与合作，也将影响企业的可持续发展能力。因此，当我们将偿付能力作为企业价值最大化的支撑因素时，我们也必须关注企业的信用水平和财务形象。只有强大的偿付能力和良好的财务形象有机结合才能最大化企业的可持续发展能力。

4.资本营运能力

应收账款周转率、存货周转率等指标用于衡量企业财务资源的使用效率。一般来说，如果这两个周转率都很高，表明企业处于良好的经营状态，供应强劲，产销转换能力强，处于正常发展状态。相反的情况下，表明企业的销售渠道不畅通，资金回收缓慢，供给、生产和营销转换周期长。在这种情况下，企业很难实现持续稳定的发展。

5.抵御风险能力

市场经济复杂多变，奖励和风险并存。一般来说，奖励越高，风险越高。奖励越高，企业的可持续发展能力越强；风险越高，可持续发展能力越弱，甚至丧失。因此，要衡量可持续发展能力是否达到最大，我们不仅要分析回报率（盈利能力），还要考察企业抵御风险的能力。只有当奖励和风险处于最佳组合点时，企业的可持续发展能力才能最大化

（二）"企业价值最大化"的实现

1.选择合适的企业财务运营管理体制

如果企业规模不大，则在选择企业财务运营管理系统的时候不存在问题。为了实现规模效应，许多企业需要考虑此时应采用何种企业财务运营管理系统。人们普遍认为，对核心层企业应采用集中财务制度，对紧密层企业采用分散财务制度，即集团总部做出重大财务决策，紧密层企业做出小额财务决策，并执行总部决策。半紧密层企业即一般企业应采用企业控制和分散的金融体系。各部门通过内部系统间接影响或控制其下属企业的财务决策。松散和协作的企业则采用完全分散的财务体系。

2.充分利用现代技术收集决策所需信息

财务决策需要收集大量数据，如历史数据、市场动态以及政策和法规的前瞻性信息。手动收集、整理和分析这些信息是耗时且费力的，并且很容易出错。因此，必须使用计算机技术来建立相应的数学模型，以提高准确性和效率。

3.有效利用企业各种资源

在财务运营管理中不能就资金论资金，不能只注重质量和成本的管理，而应从更大范围上着手，如目前应做好人力资源的管理、企业品牌的管理等。企业需建立吸引、培养、留住人才的报酬机制，在注重有形资产管理的同时，注重无形资产的创建和管理。以品牌为导向，在优秀人才的努力下，通过优质的服务，发展具有企业特色的目标市场和消费群体，可以从根本上解决企业长期生存和发展的问题。

4.将财务监管应用于企业经营全过程

企业应配备高素质人才，建立相应的内部控制制度，对企业经营的全过程进行财务监督。如资本结构，长期外资增加或减少，资金投入，对外担保，关键设备抵押，年度财务预算，工资和利润分配方案及运作，绩效考核与奖励，成本计划与控制，价格确定与调整，贷款回收政策，货物购买计划等均为全方位的财务监督，确保企业资产的价值保值与增值。

第四章 智能化时代下智能财务建设的方案设计

第一节 智能财务共享服务中心设计

在大数据环境下，人工智能发展已经日新月异，AI 已经走出实验室，通过智能客服、智能办公、智能家居等服务场景，在诸多行业进行深入而广泛的应用；同样，人工智能也驱动了财务工作模式的全新升级。越来越多的集团公司开始建立财务共享服务中心，基于标准化、流水线的作业模式，对财务会计工作进行集中式处理。

一、财务共享服务中心概述

对财务共享服务中心产生的背景、概念以及智能化建设的重要性进行分析，有助于企业决策者与管理者从总体层面出发，快速厘清工作思路，精准把握新形势下财务共享服务模式构建的核心要点，为后续智能化升级与管理体系建设奠定坚实基础。

（一）财务共享服务中心产生的背景

财务共享服务中心诞生于 20 世纪 80 年代，历经 40 多年的发展，被企业广泛采用。从财务共享服务中心的发展历程来看，大致经历了四个阶段：第一阶段表现为对财务工作的集中化管理。这一阶段，伴随着经济全球化发展，企业的规模急剧扩张，其组织机构层级及专业分工变得较为复杂，为了提高企业对各种资源的调配效率，减少企业成员间的交易成本，企业将不同类型的资源归集到相应组织部门进行统一管理，财务集中化开始出现，以达到财务资源利用的规模效应，企业开始形成财务共享的雏形。第二阶段财务共享服务中心注重消除冗余作业、成本节约，表现为优化业务流程。从这一阶段开始，IT 技术快速渗透到企业的财务领域。第三阶段财务共享服务中心致力于提高财务共享的服务质量，例如提供全价值链的财务管理服务，提供标准化的财务服务水平协议等。第四阶段表现为财务共享与新一代信息技术相结合，新一代信息技术包括物联网、云计算、人工智能、区块链等。例如云计算在会计领域的应用，使得财务共享服务中心成为财务信息资源的仓库与中转站，可为企业构建经济灵活且可无限扩展的数字化管理平台；财务共享服务中心特有的业务、财务工作流程规范化与标准化，为机器人流程自动化（RPA）的推广提供了应用场景。新一代 IT 技术推动企业管理理念创新，推动财务管理模式向互联、共享、智能化方向升级转型。

（二）财务共享服务中心的概念

财务共享服务作为一种成熟的财务管理模式，主要利用系列专业化财务管理手段，划分财务管理权责界限，形成体系化、规范化、信息化的管理机制，将上下游企业中重复性业务进行有序整合，打造独立的利润中心，开展资金集约化调配。在保证资金配置成效的同时，抵御资金管理压力，科学应对潜在风险。财务共享服务中心的建设稳步实现了企业内部财务数据集成化处理，依托大数据等技术手段，形成财务数据发掘、汇总、分析以及应用的完整闭环，为企业发展决策、运营管理等提供数据支持。现阶段，财务共享服务中心得到了广泛应用，苹果、微软等全球范围内知名的企业也进行了相应的管理体系与技术模块建设，借助统一的财务管理平台，将企业资源以及运营重点向核心业务迁移，实现资源整合、成本管控、效率提升等目标，逐步扩大自身行业竞争优势，稳固市场定位。经过多年的摸索，财务共享服务中心的形式更加丰富，涵盖对象日益多元，产生了一大批可借鉴的经验。

（三）智能化财务共享服务中心的重要性

智能化财务共享服务中心建设，实现了财务共享服务的便捷化，提升了财务数据处置能力，有助于企业发展战略的稳步实施。财务管理模式构建的目的在于为企业决策者、管理者提供数据信息，完整呈现企业运行情况，帮助企业适时修正决策布局，优化管理流程，顺利完成各项任务。考虑到企财务数据体量庞大，尤其对于企业而言，为最大程度地缩短财务数据处置周期，依托财务共享服务中心，可以建立有效的内部管理模式，持续释放管理优势。

市场经济背景下，国内不少企业采取兼并或者收购的方式扩大自身规模，提升科研、生产以及服务能力。财务共享服务中心的智能化建设，在很大程度上可以降低管理难度，推动垂直化、集约化管理模式，通过共享财务数据信息、规范财务业务流程，在企业内部形成标准的财务运行模式，真正意义上实现了财务数据分流与财务核算集约，有效应对了现阶段企业在财务管理过程中面临的系列问题，对于企业整体布局以及日常管理提供了制度支持。在大数据技术的推动下，企业智能化财务共享服务中心运转效率持续提升，在保证财务管理成效的基础上，财务人员岗位需求大大降低，这种岗位设置与人员安排，可以持续降低内部成本，管控人员费用支出。

企业往往将不同子公司纳入统一管理框架内，进行财务信息集约管理，在这一过程中会产生大量的冗余数据，财务人员需要投入大量时间与精力，开展数据分析、评估等系列工作，无形之中限制了财务共享服务中心作用的发挥。智能化建设进程，在很大程度上使得子公司可以借助财务共享信息平台，快速融入企业相关业务之中,减少了中间环节,降低了对财务人员的工作压力,从而压缩了管理层规模,控制了人员费用整体成本。同时在各类信息技术加持下,财务共享流程更为标准规范,企业管理者、决策者可以在较短时间内,快速获取企业经营情况,明确经营管理环节存在的不足,并采取相关举措处理应对,确保企业运行质量,增强了内控管理水平,确保企业管理者可以根据财务数据,及时获知运行状态,并以此为契机,结合外部市场统筹兼顾各类因素,制定必要的管理举措,推动企业平稳运转,提升内部运行效率。

二、智能财务共享服务中心功能定位的分析

根据企业对智能财务共享服务中心的需求,可将智能财务共享服务中心的功能定位划分为会计服务、风险控制、价值创造三个部分。由于企业发展是一个渐进的过程,对智能财务共享服务中心的需求也是动态变化的,所以在各个阶段,企业对会计服务、风险控制和价值定位的各项功能定位的权重是有所不同,如图4-1所示。

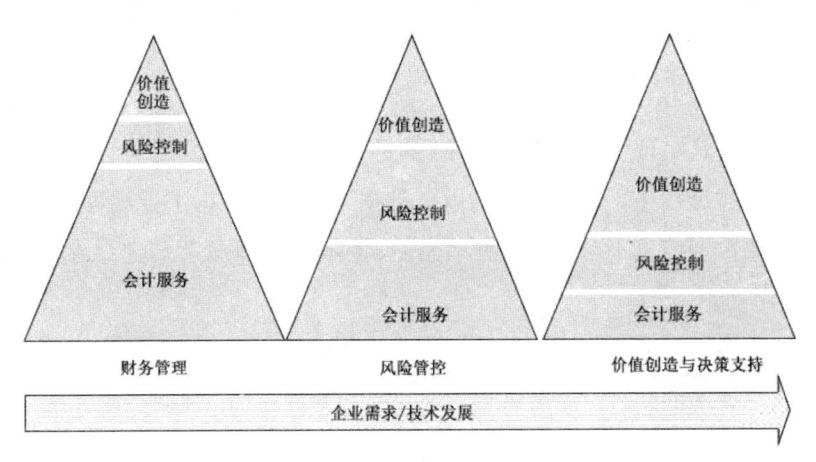

图4-1 智能财务共享服务中心的功能定位

如上图所示,在企业需求与技术发展的影响下,智能财务共享服务中心的

功能定位在各个阶段有所不同。例如，在智能财务共享服务中心建设初期，功能定位主要是会计服务，包括财务会计、管理会计两方面的功能建设，通过流程管理的规范，以及流程处理的自动化、智能化，进而提高了企业的风险管控能力；随着智能会计服务功能的建设完善，企业可能对风险控制的需求加强，期望能够采用一些智能技术降低多种风险，并实现部分的决策支持功能；在智能财务共享服务中心各方面的基础功能建设完备后，企业会更关注价值创造部分的功能定位。一方面运用新技术进一步完善会计服务、风险控制功能；另一方面，运用智能技术建设决策支持等价值创造方面的功能。

（一）会计服务

会计服务主要是智能财务共享服务中心进行财务会计、管理会计的业务处理工作。财务会计的核心是核算和监督，业务模块主要包括会计核算、资金结算、财务会计报告等内容；管理会计的核心是进行事前预测、事中跟踪、事后决策，包括资金管理、资产管理、税务管理、预算管理、成本管理、投资管理、绩效管理和管理会计报告等业务模块。智能财务共享服务中心的会计服务基于会计各项职能，采用新技术实现会计服务自动化、数字化、智能化。

（二）风险控制

风险控制是实现价值创造的保障，风险控制贯穿于企业财务管理的全过程。在财务管理的过程中，存在数据泄露、数据不真实、数据不合规等数据风险，也存在获取数据信息不对称、数据不完整、数据利用率低等现象；造成风险控制能力的不足。

智能财务共享服务中心的风险控制从流程管理出发，以数据为支撑，通过数据与信息技术的结合，提高风险管理效率和管理能力。风险控制体现在两个方面：一是以智能财务共享服务中心为载体，将制度固化于服务中心，通过流程化、标准化、规范化管理，降低业务处理流程带来的风险；二是以数据为支撑，运用智能技术，构建风险控制机制，实现风险识别、风险预警等风险控制功能，提高实时风险控制能力。

（三）价值创造

智能财务共享服务中心的价值创造包括两方面：一是由于智能财务共享服务中心的全业务集中处理降低企业成本、提升工作质量、改善服务水平的价值创造；二是利用智能技术，提供各项数据分析、管理经营决策方案，推行精益财务、实时精细化信息，改善内部资源配置，指导企业经营管理，从而为企业创造更多价值。

三、智能化时代背景下财务共享服务中心设计

（一）安全搭建智能信息系统

人工智能环境下，企业财务共享服务中心的良好应用需要以大量的经济信息作为基础，重点进行智能化财务综合信息系统的搭建，有效解决不同系统间的信息壁垒。不过在这一过程中，会使企业面临较大的信息安全风险。所以要对财务共享应用效果加以强化，就要在基于财务共享智能化以及信息授权安全机制等方面入手，为财务共享服务中心高效运行提供保障。首先，对财务共享智能化安全机制加以完善。建设财务共享服务中心时，需要满足各层级的具体使用要求。在财务共享中，人工智能技术的应用能够获得更加开放的财务共享服务。因此，企业应构建智能化安全机制，保证财务信息安全。例如，将更加先进、完善的二级密钥以及防火墙系统等引入财务共享数据库系统中，从而使人工智能为财务共享服务中心良好运转提供保障。其次，对财务共享信息授权方式进行改进。在财务共享服务中心建设环节，应搭建完整的财务信息数据库。在信息授权方面，还应不断探索声纹识别、人脸识别等技术的应用，实现科学授权，使信息交互更加安全。

（二）提升信息系统建设水平

首先，加大基础核算系统的建设力度，获得更高的财务共享服务水平。建设基础核算系统时，企业应积极引入 ERP 系统，保证各个系统间的良好协作。系统业务模块方面，主要应包含以下几个模块：模块一，总账管理；模块二，应收应付账款管理；模块三，费用报销管理；模块四，资产评估管理。通过基础核算系统建设，实现财务活动与业务活动间信息的良好共享。

其次，对辅助核算系统加以完善，引入先进的信息采集设备，及时将各类纸质票据向电子影像文件转换。同时，在影像管理系统的应用下，能够进行票据的查询与存储等工作。优化网络报销系统，利用信息系统能够实现网上银行支付，对费用报销进行审批申请，并且在网络报销系统下，可以为预算分析提供准确的数据支持；完善银企直连系统，保证网上银行系统与企业财务共享系统的高效互联，使企业支付交易更加高效、安全。此外，财务数据处理会涉及企业各个经营环节，财务人员需要通过信息系统进行财务报表与科目，还需要实时分析企业经营环节产生的大数据，不断积累算法和模型，通过数据进行企业经营全景图展示。

（三）强化数据流支持

若想高效应用财务共享服务中心人工智能技术，企业需要实现财务与业务活动的数字化转换，利用设定大数据归集端口、科学搭建大数据共享平台等方式，保证各项经济活动信息的统一收集与整理，在人工智能技术的应用下，深入挖掘企业的各项财务信息。

首先，强化业务信息流。企业应结合自身实际情况，对业务组织设计进行全面优化，保证以扁平化的方式促进各业务组织运行。并且，还应保证信息转换流程、业务信息流归集的自动运行，在此基础上，使得业务信息流向财务信息流进行转换，进一步优化智能财务共享模式。其次，科学搭建资金管理共享平台。在人工智能技术的应用下，企业管理人员能够实现一般资金事项的简易审批，对资金管理问题做到及时发现与分析，提升资金利用效率。最后，基于供应量以及价值链，构建完善的财务信息数据库，实现财务共享服务中心人工智能技术的多方面应用。企业应在供应链及价值链信息应用下，进行财务共享信息数据库的搭建，从而在坚实的数据基础上，促进决策信息的人工智能分析，提升多维度财务报告人工智能构建效果。

（四）深化财务共享服务中心建设保障

在人工智能背景下，财务共享服务中心建设效果有效提升，还应从多样化的保障措施入手。第一，企业管理人员需要深化对人工智能与财务共享服务中心的认识，了解其在企业财务管理中的价值与作用，加大财务共享服务中心的建设力度，对企业财务管理组织框架与管理模式加以完善，同时为保证财务共享服务中心管理模式的良好落实，需要科学制定管理制度体系，保证企业内部财务共享的高效实施。第二，.关注内部信息沟通机制的高效构建，特别是应加大企业业财融合力度，保证业务与财务部门信息的良好沟通，实现各项财务管理活动的高效对接，拓宽财务职能范围，从整体上提升企业财务管理水平。对信息管理以及风险管控进行强化，进一步规范财务共享业务流程。加大对信息系统的安全管控力度，防止财务共享服务中心在应用过程中出现各种问题。

（五）加快财务共享模式转变

在人工智能环境下，企业在财务共享服务模式不断优化，应将人工智能多元化应用作为基础，加快财务共享模式转变，从而实现各类财务管理系统的智能化升级。如管理会计信息系统、财务共享数据系统以及财务共享服务系统，助力智能财务共享服务中心的科学搭建。首先，对财务共享服务中心人工智能的应用形式进行创新与拓展，为实现这一目标，企业需要对数字化技术的应用途径进行探索与挖掘，保证将人工智能技术引入财务共享信息规定、处理及分析等环节，自动归集各项信息的同时，实现财务报表的自动化编制及反馈，获得更加完善的财务共享服务模式。其次，进一步推动财务共享服务中心人工智能技术的快速推广应用。企业需要开展财务共享人工智能解决方案的试点研究，在对问题的深入挖掘及分析下，实现人工智能技术在各项财务共享活动中的良好嵌入，获得较好的人工智能技术推广应用效果，提升财务共享活动开展水平，获得更高的财务共享效率。

（六）进一步加强集约化管理

第一，企业财务共享服务中心建设环节的相关管理人员需要做好资金集中管理工作，对企业管理层提出的集中支付制度予以严格执行，并保证现金与资金收支管理的良好落实。通过多样化手段，与银行顺利对接，在此环节，需要做好财务信息交换工作，实现企业与银行的信息数据共享。第二，企业应在财务共享服务中心科学建设的情况下，对内部资产进行统一管理，资产管理期间，达到统一调度、管理内部资产的效果，使资金管理更加科学、可靠。并且，在固定资产管理过程中，企业应渗透集约化管理理念，对固定资产投资进行统一集中管理后，根据企业内部规模，对其投资收益状况进行了解，并对项目工程进展情况进行严格审批。第三，日常工作中企业管理人员还应对财务报告及会计核算进行统一管理，根据会计准则中的相关规定，对会计核算方法加以统一，达到更高的账目建设水平。在财务预算管理实施环节，企业相关财务管理人员需要对预算管控内容进行全面控制，保证各项工作数据信息统一，如审批工作、预算管理工作等，更加合理、科学地实现预算管控目标，提升企业综合效益。

（七）加大机器人流程自动化应用力度

机器人流程自动化融合了先进的科学技术，不仅可以进行动态信息的自动录入，还能进行预警、管控与审核，进一步提升财务共享服务中心管理效率。因此，企业财务共享服务中心建设环节需加大机器人流程自动化应用力度。首先，自动传输资产信息。企业财务共享服务中心建设环节，应进行机器人流程自动化配置，将影像扫描端口与各个系统相连，利用机器人流程自动化实现各类扫描文件的自动获取，同时通过 OCR 识别技术自动识别出文件中的信息，将需要记录的信息提取出来,从而动态更新固定资产信息。其次,自动审核资产信息。将外部移动设备与机器人流程自动化对接,可获得相应资产实物信息,通过对报告数据与实物信息的对比分析,使各分公司上报的固定资产报告信息更加真实。最后,集团企业财务共享服务中心建设时,还应利用机器人流程自动化实时监管应收账款风险。通过机器人流程自动化有效识别客户异常信息,找出虚假业务数据以及负债比率过高的数据等,发出预警提示,将不合格客户筛选出来。并且,集团企业还应利用机器人流程自动化分析客户偿债能力,合理设置客户付款期,实现自动催收,进一步提升集团企业应收管理水平。

第二节 核算自动化设计

会计核算自动化是计算机网络在会计电算化中的应用,利用先进技术对分散的数据实现集中处理,加快数据的处理速度,增强对数据的管控能力。会计核算自动化的广泛运用,给会计业的发展带来了积极的作用,也成为会计领域发展的必然趋势,自动化、智能化也成为会计领域未来发展的主要方向。

一、会计核算自动化的概念

会计核算自动化是会计电算化的智能化发展。会计电算化也被称为计算机会计,是利用计算机为主体的信息技术在会计工作的运用。在实际的使用中利用会计软件,开展会计核算等工作。会计电算化的发展,让会计正式进入现代化的领域,开始现代化的发展。随着研究的深入,一些先进的网络信息技术也被运用,实现了会计核算的自动化。会计核算自动化是会计电算化发展的必然趋势。

特别是随着科技的进步，会计工作逐步实现自动化，互联网技术让更多的业务实现了自动化处理，加强了数据精准性，也提高了数据的处理效率。在信息化的环境下，数据信息增多，会计工作也发生了转变，会计工作对数据信息的依赖也就越大。会计核算自动化价值，不仅体现于对人力的节约，更多取决于人们对准确及时的经济信息的需求[①]。

会计核算自动化是在信息技术的支撑下，在虚拟化和数字化的信息技术环境中，各市场主体将信息技术和传统的会计核算工作实现高度的融合和有效的衔接，并在此基础上构建和完善相互协同合作的会计业务管理系统，实现对各市场经济主体活动的动态化管理，充分发挥会计核算在经济主体管理实践中的重要作用的一种全新的会计管理模式。我国互联网和信息技术的快速发展，使智能化有了实现的基础，这也是市场经济不断发展的今天，会计核算实现突破的必然选择。

二、会计核算自动化在会计领域的功能

会计核算自动化通过利用一定会计软件，实现会计核算整个环节。目前已经有很多的软件被广泛地运用到会计工作中，进一步实现了会计核算自动化，提高了会计工作的效率。

（一）实现对原始数据收集的自动化

具体来讲，会计核算自动化，首先要实现对原始数据的收集整理，确保数据的实用性。在实际中是利用软件系统主动获取单据上的信息，实现电子格式数据的储存。就比如工作人员报账的现金业务，利用出纳机器获得电子数据，申请报销人填写电子表格，最终的电子数据发送到机器上，就可以通过网络实

---

① 陈红军：《会计核算自动化、智能化》，《财会学习》2020 年第 3 期。

现报销审核,并且通过电子支付的方式完成支付。因此只要在一定的技术条件下,就可以实现原始数据的自动化收集。

原始数据收集的自动化实现了对数据的自动化处理和保存,不仅提高了会计工作质量,在数据的收集和利用方面也节约了很大部分成本。并且电子数据可以多次利用,提高了数据的利用效率,可以创造更多的价值[①]。

(二)实现自动编写

编制会计分录是会计工作的重要部分。会计分录的编制工作是依据会计准则,将原始凭证上的数据分类到会计的各个科目上。编制工作工作量比较大,会耗费一定的人工成本。而会计核算自动化,就实现了自动编写会计分录,提高了编制效率,降低了成本。同时还能保证其准确性。

三、会计核算自动化的重要意义

会计核算自动化有助于增强会计信息的准确性,提升会计信息价值。在信息技术的支撑下,经济主体的会计信息在市场经济活动中的重要价值越发凸显。在信息时代的今天,出现了海量的信息,并且信息传递的规模和质量都发生了质的飞跃。传统的会计核算方式和内容已经不能适应新经济环境下各经济主体发展的需要,导致各经济主体难以对经济活动的发展进行动态化的把握和科学合理的预测,在市场竞争中不利于发挥主动权。另外,随着社会分工的不断细化,各经济主体在会计核算过程中涉及的内容和需要的操作也变得更加复杂,并且一些电子商务活动也成为常态。基于这种情况,在日益变化和发展的新经济环境下,要充分利用信息技术对会计核算进行智能化的改造,从而有助于增强会计信息准确性,提高会计信息的价值,有效扫清经济主体在财务管理过程

[①] 周红霞:《试论收入会计自动化下的收入会计核算》,《财富时代》2019年第10期。

中的障碍，为各经济主体的可持续发展打下坚实的基础。

四、会计核算自动化实现的可行性分析

经济主体要想实现会计核算的自动化和智能化，离不开一定的思想和物质基础。从思想层面来看，随着我国信息技术的高速发展，在现代生活中智能化已经成为主要的特征，人们不仅仅乐于接受智能化技术，而且往往也更加倾向于主动探索和运用智能化技术；从环境准备来看，现代办公一个发展的趋势就是无纸化办公，而这就有赖于在信息技术和互联网技术下信息的有效传递，会计核算的自动化和智能化也恰好顺应了这一发展的趋势；从经济主体的管理层面来看，在互联网经济的背景下，对各经济主体的内部控制提出了更高的要求，而内部控制的一个重要内容就是财务控制与管理，比如企业在进行协同合作的过程中，充分利用会计核算的智能化手段，可以有效提高经济主体内部信息的沟通效率，从而保证整体的内部控制效果；从技术层面来看，专业财会软件的研发工作不断取得新突破，比如在结构化程序技术以及数据库技术中取得了新的进步和创新，为会计核算自动化的实现提供了新的途径。

五、会计核算自动化实施的方式

在互联网技术和信息技术快速发展的环境下，经济主体会计核算在相关的实施过程中实现智能化，需要考虑以下方面的内容：

第一，数据采集系统。要想实现会计核算的智能化，首先就需要对相关的会计信息和数据进行有效采集，一方面需要根据网络信息的内容高效采集数据，从而实现各经济主体相关财务核算信息的共享；另一方面需要对经济主体的经济业务内容建立并完善相应的会计管理规范，从而在此基础上实现有效整合与转化经济业务。

第二，推理系统。推理系统指的是在会计核算实现智能化过程中，需要根据数据库中已知的事实和新的规则完成相关的演绎推理，因为在电子商务环境下，智能化的会计核算体系主要包括规则、知识库、推理程序以及管理系统等。因此在会计核算实现自动化和智能化过程中，必须实现各个环节的高效运转，才能够对企业的经济活动和财务信息进行准确的推理和科学的判断。

第三，用户界面系统。用户界面系统的主要作用是构建相关的会计制度和会计政策，在科学、合理的范围内，根据各种会计核算的规则以及管理者所输入的逻辑表达方式，进行会计核算理论系统的演绎和推理，从而实现输入逻辑表达式和输出理解结果的有效统一，方便用户更加高效地使用会计核算自动化系统。

以经济主体财务核算的知识图谱为基础，在专家支持体系的支撑下，经济主体的控制规则、风险识别规则以及账务处理规则都有非常明确的会计规则和相关机制，并充分运用知识图谱，借助语音交互系统，让会计核算能够理解企业管理者的意图，从而实现会计核算更加智能化的管理和控制。在今后，随着人工智能技术的不断完善，会对企业的财务管控系统进行更加积极的改造，从而实现财务共享服务中心业务向更加智能化的方向发展，并且通过智能财务共享体系的深入应用，将财务人员从基础会计职能中解放出来，加快传统会计向会计核算自动化和智能化转型。

第三节 智能稽核设计

当前，稽核工作作为财务管理的重要环节，其稽核内容不仅包括对原始附件、会计收支等会计基础环节的稽核，还包括对企业所有流程业务进行风险管控的监督,这对企业防范内外部风险具有重要的意义。

一、传统财务稽核与财务智能稽核的对比分析

(一)传统财务稽核

1.流程

为了防范财务风险,保障企业长远发展,多数企业都建立起财务信息系统,通过财务管理平台等信息化技术平台进行财务稽核。首先,对财务计划、业务流程等相关功能进行程序化、标准化管理,完善财务管理和业务程序的信息化建设;其次,运用大数据等信息化技术对财务数据进行全面的深入剖析,以加强财务稽核的力度;最后,构建财务信息平台,通过数据接口等方式采集相关财务信息,开展远程财务稽核实践,实现对财务数据的实时监控。

2.存在的缺陷

尽管财务信息化的发展提升了财务稽核的效率和效果,但是,传统的财务稽核方法与企业对风险控制和内部管理的要求仍存在一定的距离,具有较大的局限性。

首先,数据量大、收集困难。财务管理系统对业务核算产生的会计凭证种类繁多,需要稽核的数据量也很大。此外,集团型企业的很多各级单位的数据格式、口径均不统一,大范围收集数据存在困难,严重限制财务稽核数字化、智能化发展。

其次,缺乏对非结构化数据的分析。大量的财务稽核数据都属于非结构化数据,如合同、会计凭证等,传统的数据分析方法无法对这类数据进行稽核,严重影响稽核真实性,如果人工稽核则需花费大量人力。

最后,自动化程度不高。财务稽核虽然已是线上操作,但自动化程度仍较低。在稽核数据的编辑、录入等方面还需大量人工重复操作,无法节省人工成本,限制了工作效率的提升。

（二）基于人工智能技术的财务智能稽核

目前，人工智能的部分技术已经成熟，达到商用标准，但在稽核领域还鲜有案例。综合分析人工智能的发展现状、对财务稽核的影响，以及目前财务稽核技术存在的问题，对财务稽核与人工智能的融合仍具有长远意义。

首先，运用机器感知能力。对业务数据进行整理，实现非结构化数据处理，扩大财务稽核的范围。利用人工智能技术自动对合同文档、会计凭证等业务关键信息进行识别，再对这些数据进行自动化处理得出稽核结果，促进财务管理的降本增效。

其次，利用认知学习能力。用大量业务数据进行机器训练，构建财务稽核模型，提高稽核的准确性。

最后，利用运动执行能力。运用流程自动化技术，将财务稽核工作中必要且重复性高的工作由机器人代替人工操作，不仅节省成本、提高工作效能，而且不易出错。

二、智能财务稽核的应用分析

（一）智能财务稽核的职能定位

企业风险管理中存在三道防线：第一道防线为内部业务部门和单位自我防控，第二道防线为风险管理部门指导协助内部部门和单位风险防控，第三道防线为审计部门独立审查、评价内部部门和单位进行的风险防控。智能财务稽核定位于第一道和第二道防线之间，一方面从财务部门规范财务管理角度出发，稽核监控购销结算、基建转资等各项业务的规范性，化解财务环节业务风险；另一方面从价值形成过程切入，针对管理问题，梳理关联管理点/关注点的逻辑结构，将相应的操作风险（R）分解到内控点，通过数据搜索提取各项业务共有内控点（C），分解为若干行为习惯（P），进而搭建形成与问题关联的线索追溯模型，指导、协助内部单位防范风险。

（二）智能财务稽核应用方法——构建模型

智能财务稽核主要通过构建计算机系统可执行的线索追溯稽核模型来实现，模型包括两个层面：一是满足第一道防线目标的业务模型部分，二是满足第二道防线目标的管理模型部分。

1.业务模型

首先是基础信息梳理，在实际操作中可利用内外部检查结果，研究关键业务流程的风险点和稽核疑点，赋予问题标准化描述，根据人工线索追溯方法梳理并描述出关键问题的线索追溯路径，针对风险和问题收集财务稽核、审计检查等实践中的线索追踪经验及现场稽核业务处理与查询分析方法，分析问题之间、问题与业务数据之间的关联关系及问题发生的条件等，提出稽核点和内部管理缺陷之间的关系并建立映射关系，形成重点问题稽核规则，为系统固化作准备。

2.管理模型

管理模型的核心在于建立操作者的"作品"即系统操作痕迹与操作者行为模式之间的关系，具体可抽取稽核问题形成的路径，挖掘稽核问题形成的行为习惯，建立管理问题与行为习惯之间的对应关系，搭建业务处理方式和管理行为模式的稽核模型，为财务稽核由"问题稽核"向"管理稽核"奠定基础。

（三）智能财务稽核模型应用实例分析

物资成本管理价值链主要包括采购、验收入库、领用、退库四个环节，各环节之间有着网状的业务联系和管理行为联系，现以"物资成本管理线索追溯稽核模型"为例，系统地说明智能财务稽核模型特点。

1.业务模型

模型要在全面梳理物资成本管理相关薄弱环节、明确各项相关追溯因素的分类及关键点描述等基础上开展，以下就模型组成部分进行描述：

（1）采购环节，主要考虑采购价格、采购数量、采购费用三个方面，具体关键点、追溯指标等内容如表 4-1 所示。

表 4-1 采购环节

描述	采购价格		采购数量		采购费用	
关键点	采购入账价格与合同价格的比较	采购价格与市场均价比较	采购数量与合同数量的比较	采购数量与设计用量比较	采购费用与采购金额匹配情况	
追溯点	采购价格与合同价格的比较	采购价格与市场均价的比较	采购数量与合同数量的比较	采购数量与设计用量的比较	采购费用总额和采购总成本的比较	采购费用总额与采购总成本占比与历史情况的比较
系统数据来源	1.采购申请单的价格；2.采购单上的合同号字段（必填）；3.根据合同号字段到经法系统中追索关联合同价格	1.采购申请单的价格；2.采购物品的属性信息；3.根据属性及供应商信息与市场相关信息进行比较	1.采购申请单的采购数量；2.采购单上的合同号字段（必填）；3.根据合同号字段到经法系统中追索关联合同数量	1.采购申请单的采购数量；2.采购单的工程项目归属；3.对应工程项目的概算中的设计用量	1.入库单上查询所有的采购费用，如：运费、保险费、搬倒费等；2.采购总成本在凭证上查询	历史数据或是前期数据
追溯指标	名称	采购价格与合同价格的偏差率	采购价格与市场均价的偏差率	采购数量与合同数量的偏差率	采购数量与设计用量的偏差率	采购费用占采购成本的比重	本期比重-历史比重

续表

描述		采购价格		采购数量		采购费用	
追溯指标	计算公式	（采购价格-合同价格）/合同价格	（采购价格-市场均价）/市场均价	（采购数量-合同数量）/合同数量	（采购数量-设计用量）/设计用量	采购费用/采购成本	（本期采购费用/本期采购成本）-历史比重

（2）验收入库环节，主要考虑虚假收货、入库办理情况，具体关键点、追溯指标等内容，如表4-2所示。

表4-2 验收入库

描述		虚假收货——货未到				入库办理情况
关键点		货未到而办理入库		到货和付款的匹配关系是否符合合同规定	物资收货成本的均衡性	入库办理的及时性
追溯点	年底新增的项目物资占全年项目物资的比重	可以追溯次月红字冲销次数、金额，或是冲销率	单笔合同入库时间与合同中约定的付款时间间隔	追溯所有该付款而未付款的情况，如10天未付款占比、30天未付款占比	全年物资分月收货曲线	材料入库的及时性
系统数据来源	项目物资月累计数占全年累计数的比重	查询红冲凭证中与采购相关的信息	1.物资入库时间；2.合同付款时间；3.比较时间间隔	合同管理系统中应付未付所有情况	物资每月累计发生额	物资入库时间

94

续表

描述		虚假收货——货未到						入库办理情况
追溯指标	名称	项目物资月累计数占全年累计数的比重	红冲凭证冲销率	红冲凭证总额	物资入库时间与合同付款时间的间隔	应付而未付款情况分析	月度物资入库金额占比	入库及时性
	计算公式	项目物资月累计数/全年累计数	红字冲销次数/采购凭证总数	—	实际付款时间间隔/合同付款时间间隔	应付未付金额（间隔10，20…天）/滞后支付总金额	各月物资入库发生额/年度物资入账总金额	财务账面发生额/物资台账发生额

（3）耗用环节，主要考虑物资用途转换、成本入账及物资出库的及时性，具体关键点、追溯指标等内容如表 4-3 所示。

表 4-3　工程项目耗用环节

描述	关键点	追溯点	系统数据来源	追溯指标	
				名称	计算公式
成本入账及物资出库的及时性	成本入账及时性	成本进度与计划/实际里程碑比较	1.在建工程借方发生额；2.基建管理系统中的实际里程碑情况	成本进度与实际里程碑偏差率	（成本金额-实际里程碑金额）/实际里程碑金额
	资金支付时性	资金支付进度与计划/实际里程碑比较	1.银行存款的贷方发生额对应的基建项目或对应的项目付款申请单金额的合计数；2.基建管控系统中的实际里程碑情况	资金支付进度与实际里程碑偏差率	（资金支付金额-实际里程碑金额）/实际里程碑金额

95

续表

描述	关键点	追溯点	系统数据来源	追溯指标 名称	追溯指标 计算公式
成本入账及物资出库的及时性	资金支付与入账的匹配性	成本进度与资金支付进度的比较	1.在建工程借方发生额；2.银行存款的贷方发生额对应的基建项目或是对应的项目付款申请单金额的合计	成本进度与资金支付偏差率	（成本金额-资金支付金额）/资金支付金额
	出库手续办理不及时	同一批次物资到货与出库时间间隔，间隔多了说明不及时	1.到货时间；2.出库时间	出入库时间差	出库时间-入库时间
		出入库审批节点上时间，操作时间很慢造成不及时	系统单据滞后时间	审批时间	审批单据在审批岗位停滞时间
		预转资/正式转资物资的结余	系统预转资和正式转资账面数	预转资与正式转资差异	（正式转资金额-预转资金额）/预转资金额
	物资耗用的均衡性	物资全年月度耗用曲线	在建工程科目借方发生月累计金额	月度金额占比	在建工程月度增加额/全年在建工程增加额

96

续表

描述	关键点	追溯点	系统数据来源	追溯指标 名称	追溯指标 计算公式
成本入账及物资出库的及时性	物资耗用的均衡性	投产环节物资出入库比重，转资当月或近期，即预转资/正式转资项目物资入成本的比重等	系统项目预转资金额、正式转资金额、在建工程金额	预转资/正式转资项目物资入成本的比重	预转资或正式转资/在建工程金额
物资用途转换	物资用途转换办理不及时	一般与项目物资之间是否有转	项目物资与原材料明细账	转换次数	项目物资隶属关系是否有系统调整操作
		一般与项目物资之间转换的频率	项目物资与原材料明细账	一般物资与项目物资的转换率	项目物资隶属关系系统调整操作次数

（4）退库环节重点关注物资退库的合理性与及时性，具体关键点、追溯指标等内容如表4-4所示。

表4-4 退库

描述		退库		
关键点		物资退库的合理性与及时性		
追溯点		退库数量与耗用数量的比较	退库金额与出库金额的比较	退库项目个数与本单位总项目个数的比较
系统数据来源		物资台账	物资台账	物资台账
追溯指标	名称	退库量占耗用量的比率	退库金额占出库金额的比率	退库项目项目个数占项目总数比率
追溯指标	计算公式	退库量/耗用量	退库金额/出库金额	退库项目项目个数/项目总数

2.管理模型

"物资成本管理线索追溯稽核管理模型"涉及的管理问题主要包括系统操作环节是否畅通、物资盘点是否常态化开展、是否存在长期没有发生金额变动或立项后长期不动的在建工程等。智能稽核模型建立的基础是事物之间的普遍联系，比如一个单位物资成本系统操作流程不畅，可能源于某个环节操作人员处理不及时造成的业务挤压，因此时间信息就是对管理问题稽核的一个关键点。在搭建管理稽核模型时需要研究分析物资成本管理线索追溯点之间的逻辑关系，包括业务价值链的前驱后继关系、业务发生的先后依赖关系、流程环节的节点关系、业务发生时间的并行或先后关系、业务单据产生的入口出口关系、通过人员操作形成的业务联系、通过物资设备形成的关联关系、不同地域空间的业务衔接关系、不同组织间的业务衔接关系等，总结其技术特性和规律，形成系统化的基本业务关系模型。

第四节　集中结算设计

一、财务会计集中结算的意义

当代经济发展，会计集中结算应运而生。会计集中结算产生的主要目的是帮助财务部门更好地执行相关制度规范与管理要求，使财务管理方法更具针对性和实用性。会计集中结算方法适用于财政运作环节，比较适合进行财政管理，从而推动经济稳定发展，提高企事业单位资金利用率和会计工作效率，约束、规范会计行为，充分发挥监督作用，保证单位财政运转稳定、健康。

（一）确保会计信息的准确性

会计集中结算下，原有财务自主、资金使用和领导审批制度得到更好地维护，取消各部门银行开设账户，统一由财务结算中心集中管理财务资金。日常财政收支与计算、监督和报表编制、档案管理等职责全权交由财务结算中心负责与承担，实现会计结算—监督—服务管理一体化。会计集中结算方法的使用，确保了各类会计信息准确、可靠，从而为财务管理更好地实施提供了充足的信息依据。

（二）资金运作透明度增强

资金支出需要经过财务结算中心的审核之后方可进行支付，不仅可保证资金合理流出，而且可在第一时间内发现资金结算问题，并给予及时有效的处理。可见，在会计集中结算下各项财务活动得以安全、顺利地进行，产生的数据信息更加准确，票据合规、手续齐全，资金运作更加稳定。同时，财务报表的内容更加全面、清晰，可确保各项财务信息准确、可靠，为部门决策提供良好方向，使资金运作透明度增强。

（三）有利于提高会计人员素质，强化会计监管职能

财务结算中心的成立，可保证结算人员的专业素质和责任心，使其能够更好地监管财务账目和资金使用情况，加强对每项资金收支情况的审核，利用制度和运作程序的规范性来约束单位财务管理行为，从源头上遏制贪腐乱纪的现象，促进党风廉政建设。会计人员在专业素质和职业道德素质的驱使下，能更有责任心地做好每一项工作，从而保证会计集中结算的准确性、有效性，最终提高会计整体服务质量与工作效率。

二、智能化财务的集中结算设计

智能财务是一种业务活动、财务会计活动和管理会计活动全功能、全流程智能化的管理模式。随着"大智移云物区"等技术的不断进步和企业管理水平的不断提高,人机协作模式在未来资金管理领域中将不断扩大和延伸。智能化集中结算也将向着业务活动、财务会计活动和管理会计活动全功能、全流程智能化的"业财管融合"的管理模式发展。结算作为财务工作中的一项基础工作,既是财务工作的重要职责,还为后续的多项财务工作提供数据支持,由此成为企业智能财务建设中的重要环节。下面以中国烟草总公司云南省公司(以下简称云南烟草商业)智能财务建设为实践案例,探析智能财务建设中的集中结算功能是如何实现的。

(一)集中结算的设计要素

1. 资金结算分析

对资金结算情况进行综合分析,全面了解总体的资金计划和资金头寸,基于云南烟草商业整体、实时的资金状况,挖掘推进具有自动化潜力的环节。这里存在内外部数据交互结果的运算,需要特别注意系统加工数据,保证结算数据的准确和及时。

2. 资金计划控制

根据资金结算分析的结果,通过资金中心,根据资金计划对云南烟草商业整体的资金运行情况进行控制。资金计划兼具一定的控制性和动态性,可以从财务系统的金额、时间等方面规范和调控资金的管理,但还需要及时与业务系统进行数据交互,满足企业经营活动的需要。

3. 资金计划执行

这个环节存在多系统的、大量的数据采集、交互和分析。在执行分析结果和计划的过程中,要做好业务留痕,与业务操作平台、影像管理系统等做好对接工作，推动整个资金平台的顺利运行。

（二）集中结算的设计思路

1.集中结算的总体设计

云南烟草商业智能财务会计共享的结算设计框架主要包括资金结算分析、资金计划控制和资金计划执行（如图4-2所示）。

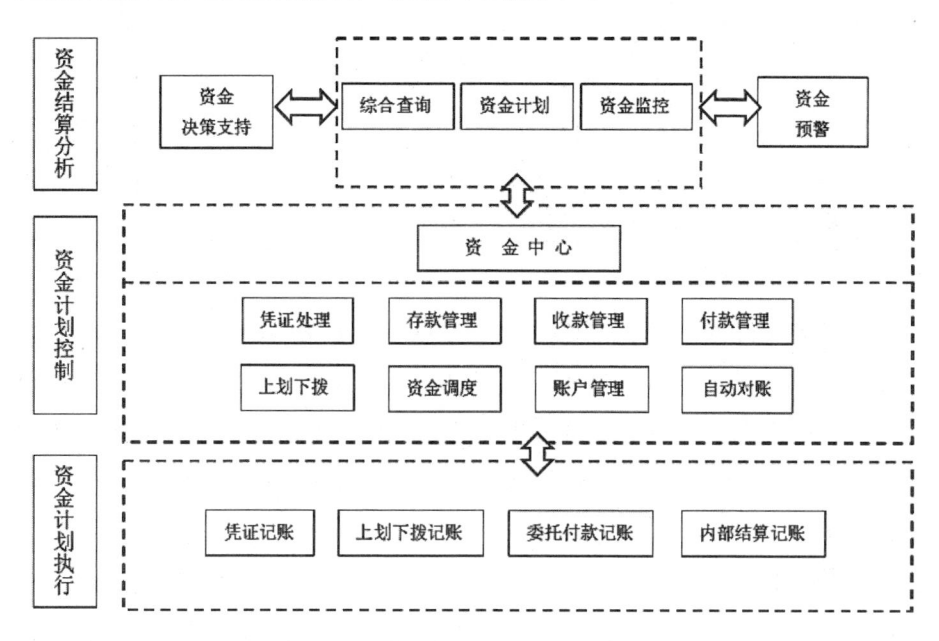

图 4-2 智能财务建设中的集中结算设计框架

（1）资金结算分析。综合查询、资金计划和资金监控直接与资金中心进行交互，为资金中心实施资金计划控制提供指导。同时，资金中心将资金计划控制的反馈实时提供给资金决策支持和资金预警，以支持进一步的资金结算分析，如此循环往复。

（2）资金计划控制。资金中心根据资金结算分析的指导，细化出具体的资金计划控制功能和指令，包括凭证处理、存款管理、收款管理、付款管理、资金的上划下拨、资金调度、账户管理和自动对账（包括内部对账和银企对账）。

（3）资金计划执行。在计划控制实施的过程中，通过凭证记账、上划下拨记账、委托付款记账、内部结算记账等对资金计划的实施做好留痕工作。

2.集中结算的实现思路

（1）结算业务的集中思路。资金集中结算业务可以分两阶段实现：第一阶段实现银企之间的结算与对账。在智能财务会计共享阶段，主要实现资金支付（含费用报销和供应商报账）集中、其他业务收款集中和银企之间的自动对账等核心功能，以及与核心功能相匹配的账户管理、实时余额、资金智能预警、安全认证、回单下载及自动匹配、自动生成结算机制凭证、网银电子报表等。第二阶段实现云南烟草商业内部的结算与对账。智能财务建设可以分阶段建设资金中心，实现云南烟草商业资金的集中管理，逐步涵盖云南烟草商业内部单位之间的自动结算（包括资金调度、上划下拨等），以及相应的内部单位之间的自动对账工作。

（2）结算平台的搭建思路。关于结算平台，考虑到先进性、前瞻性和可维护性，云南烟草商业采用银企联云，即通过一站式接入，实现企业系统与多家银行系统的直联；银企直联 Ukey 托管至云机房；本地无须部署前置机、银企专线和前置机软件；云端可自动升级，避免银行端接口变化带给企业结算异常风险。

（3）分阶段实施的思路。第一阶段（基于财务会计视角）侧重核算和资金管控。主要是提升资金支付和资金收款的自动化、集中化，缩小业务数据转化为财务数据的时滞，提高财务数据的及时性、异常交易的检出率，探索日常资金结算场景中的风险预警，为第二阶段的实施提供数据基础。第二阶段（基于管理会计视角）侧重决策支持和服务。主要是择机引入更多人工智能相关技术，提供更多基于生产经营业务场景的资金预警和资金决策支持，实现"业财管融合"。

第五节 智能税务设计

科技发展助推传统财税管理向智能财税管理变革,企业需要依托互联网、大数据和人工智能甚至云计算等技术快速推动传统财税管理向平台化、服务化、自动化和智能化转型升级,助力企业实现降本增效和风险控制的管理目标。

一、智能税务的概念

"智能税务"是"互联网+税务"升级的产物。"智能税务"不仅仅是使用高科技的硬件设备,更重要的是服务于税收工作,降低征纳成本,提升税收征管水平,使税务机关整个管理活动更加科学、高效、精准。在资源共享的前提下,深度整合涉税数据信息,优化、重组税务机关税收管理过程中的各项业务流程和运行模式,提升日常征收管理质效,智能进行风险识别和防控能力以及纳税服务,达成智能信息管税的目的。

随着近些年人工智能的发展和在社会各个领域的普遍应用,充分利用智能技术的优势,发挥大数据资源整合效用,服务国家税收治理成为发展趋势。在国家税务总局制定并发布的《"互联网+税务"行动计划》中将智能应用作为重点行动,提供智能咨询、税务学堂、移动办公、涉税大数据、涉税云服务。将"智能税务"作为进行税收征管的手段,是信息化税收征管的再升级。其目的在于打造全新的税收征管方式,降低征纳成本,提升征管质效。因此,"智能税务"是"智能"与税务的生态融合,更加注重智能化和服务化。它可以理解为运用互联网思维,以金税三期为基础,科学、有效的利用前沿技术整合税收征管资源,构建数据共享程度高、风险识别能力强、纳税人满意度高、内部管理科学的全天候、全方位、全覆盖、全流程、全联通的智能税收征管体系,使整个税收活动以更加智能、高效的方式运行。同时,"智能税务"在税收征管上应具有全面感知、精准识别、有效应对的特征。

二、智慧税务建设过程中人工智能的应用实践

人工智能是研究和开发用于模拟、延伸和扩展人的智能的理论、方法、技术及应用系统的一门新的技术科学，在我国现代化建设全局中发挥着重要作用。税务部门应用人工智能进行智能治理、建设智慧税务，主要是把机器学习、计算机视觉、自然语言处理、智能程序设计、机器人程序自动化等人工智能技术应用于内部组织管理、税收征管和纳税服务等方面，实现税收治理现代化。2021年，中共中央办公厅、国务院办公厅印发的《关于进一步深化税收征管改革的意见》（以下简称《意见》）提出，要充分运用大数据、云计算、人工智能、移动互联网等现代信息技术，加快推进智慧税务建设。近年来，随着现代信息技术在税收领域的深度应用，税务系统正在开启以数据的深度挖掘和融合应用为主要特征的税收征管智能化改造，加快建设以税收大数据为驱动力的具有高集成功能、高安全性能、高应用效能的智慧税务。

（一）人工智能在内部组织管理智能化方面的应用

内部组织管理的治理智能化主要包括行政运行机制的治理智能化和人员管理机制的治理智能化。智能化的突出特点在于可以通过大量数据获得知识，实现对复杂任务的精确化和自动化管理。

在行政运行机制的治理智能化方面，税务部门应用人工智能技术建立了科学的内部行政管理流程，细化、量化各个岗位的目标任务，高效、流畅协调不同岗位的团队协作，提升了内部行政治理能力和行政管理效率，实现了治理智能化下的运行高效、任务明了、职责明确、标准合理、程序规范、监督有力、合作顺畅的内部行政运行机制。

在人员管理机制的治理智能化方面，人工智能的应用，使得税务部门建立

健全了科学高效的考核机制，实现了对税务干部职责履行情况、任务完成情况、责任落实情况的实时追踪与阶段性智能考核。例如，数字人事系统将数字化理念融入干部绩效管理工作之中，借助人工智能技术对税务干部开展多维度、全方位的评价管理，依托专业化统计、智能化排序等方式为原本孤立的人事数据赋能，大幅减少了评价过程中的主观因素，确保绩效结果和分段排名客观公正。不仅如此，人工智能还深刻改变了税务干部获取知识的方式和渠道，促进了税务干部教育培训观念的颠覆性转变。在此基础上孕育的基于人工智能技术建立的多维度综合性智能评价机制，有效实现了税务教学绩效的精准评估。

（二）人工智能在税收征管智能化方面的应用

从税收征管实践看，人工智能的应用已经深入征管流程的方方面面。人脸识别、机器人、大数据处理、自动程序设计、智能控制等人工智能技术的应用，优化了征管流程，实现了征管程序的智能化，使得税收征管中各项业务开展便捷而高效。具体地，在税法宣传、税务登记、纳税申报、税款入库、纳税评估、税务稽查等税收征管的分项内容上，均实现了不同程度的治理智能化，提高了税收征管的质效。例如，人工智能可以利用先进算法，从历史事件相关度和征管经验中使用特征工程技术挖掘出符合征管需求的特征点，再结合人工标注训练出来的分类模型，实现对各种不同来源、不同信度涉税数据的筛选，智能识别和标记无效数据，从而大幅提升涉税数据分析结论的准确度。同时，人工智能技术在税收征管中的深度应用，还能有效配置有限的税收征管力量，及时发现潜在的涉税风险，促使税务机关从被动管理转为主动"嗅探"，从原先疲于应付纷至沓来的事后风险核查，转为对涉税风险的有效识别和事前阻断的动态防御，为积极探索税收风险防控新体系和新模式开拓了新局面。总之，人工智能技术在税收征管智能化方面的深入应用，不但优化了税务执法方式、规范了执法行为，还营造了稳定、公平、透明的税收征管环境。

（三）人工智能在纳税服务智能化方面的应用

纳税服务既包括税务机关提供给纳税人的服务，也包括大量第三方机构提供的涉税服务。人工智能在纳税服务方面的应用，实现了纳税服务的规范、便捷、精准，降低了纳税人的纳税成本，提高了纳税人的满意度和获得感。从税务机关提供的纳税服务看，各级税务机关充分运用大数据、云计算、人工智能等现代信息技术，分析纳税人的行为轨迹、办税习惯、服务需求、信用信息、遵从状况等，积极给纳税人办税需求进行智能画像，搭建征纳互动平台，实现"送、问、办、询、评"一体化、精准化、智能化服务。

利用税务部门已有数据和第三方数据，实现了系统自动提取数据、自动计算税额、自动预填报表，纳税人只需对预填数据进行确认或补正后即可进行线上提交。例如，电子税务网络平台和咨询服务平台不断应用人工智能技术进行迭代升级，通过人工智能的机器记忆存储、智能计算等技术，实现了存储纳税人的服务需求清单及对应的解决方案，以更好地为不同纳税人的不同需求提供个性化的纳税服务，进而使得纳税人投诉及反馈也能得到更加及时有效的回应和解决，纳税服务质效切实得到加强。

目前，国家税务总局 12366 北京纳税服务中心的纳税服务热线咨询就通过人工智能的互动语音应答、机器人、机器学习等技术，在语音服务、自助查询和智能查询上全面实施智能化运作，为纳税人咨询相关问题提供服务，解决了人力难以满足的不断增长的纳税咨询服务需求问题。从第三方机构提供的涉税服务看，大多第三方机构均实现了人工智能在纳税服务提供方面的技术覆盖，能够为纳税人提供及时、专业及全场景的服务。

三、智能税务创新模式设计

（一）智能税务创新模式的框架

如图 4-3 所示，智能税务创新模式在实现税收业务智能化的同时，保证涉税信息数据的安全性，秉承"宽严相济、法理相融"的执法理念和"以人为本"的服务理念。数据来源层位于智能税务创新模式框架的最底层，是整个模式的根基，由税务机关、纳税人等各种税务相关者产生的信息和资源组成。基础设施层位于智能税务创新模式的第二层，提供支撑整个模式的硬件和软件，主要包括智能设备和信息中心。它将智能设备和信息数据进行整合，实现税务服务的集中输出，达到智能技术为智能税务平台赋能的效果，为资源整合层提供智能技术能力的集成与调用。资源整合层位于智能税务创新模式的第三层，对经前两层处理的数据进行整合和梳理，为整个智能税务创新模式提供良好的数据源，是整个智能税务创新模式的核心。它通过基础设施层将位置分散、结构各异的各相关主体的数据进行分布式处理和分流，链接税务部门和纳税人的信息中心，形成高效、共享的智能数据互联平台，为智能应用层提供数据支撑。智能应用层位于智能税务创新模式的最顶层，是整个模式前三层的总体呈现，分别面向税务机关和纳税人，有助于双方涉税工作的处理。

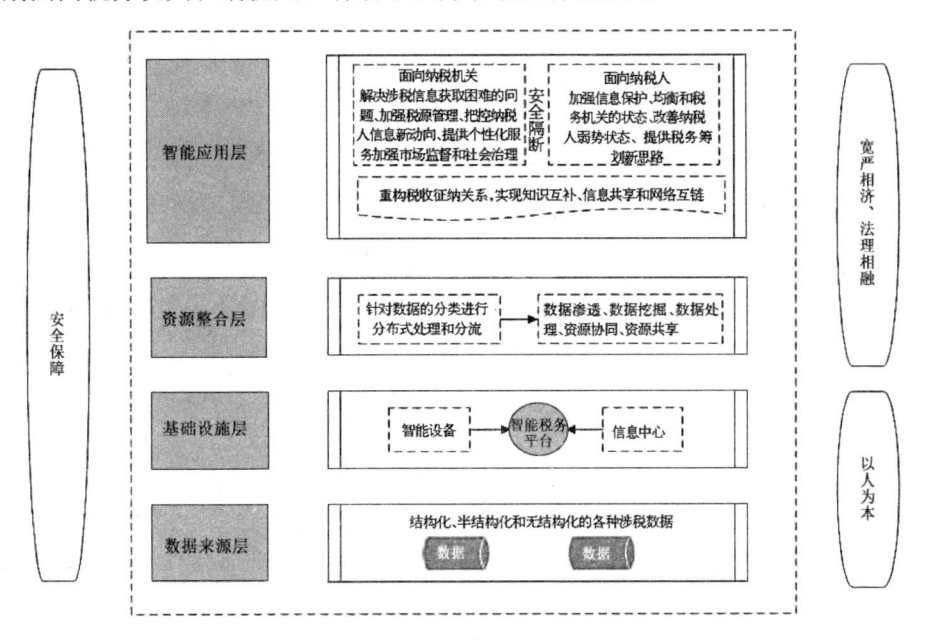

图 4-3　智能税务创新模式框架

（二）智能税务创新模式的机制

1. 集成机制

集成机制就是将税务工作中的海量信息汇聚在一起，根据相应的应用场景进行整合，刻画出不同应用场景所需的纳税人全息画像，为税收工作提供服务。在传统的税务模式下，税务部门只能通过分析文本、表格或者表间关系等费时费力的方法得出纳税人相关信息。智能税务创新模式可利用集成机制直接将纳税人信息通过具体标签快速进行展示，还可以使多个标签汇集在同一画面进行展示，使得税务部门能够快速且精准地掌握纳税人整体状态，确保数据可以快速高效地应用于相关税收程序中，增强业务流程的便捷性和高效性。

2. 协同机制

智能税务创新模式的协同机制就是将涉税信息协同共享，解决不同层面的"信息孤岛"问题。随着"一点接入、全网服务"模式的发展步伐不断加快，"有条化"和"属地化"的税收模式导致税务部门和相关机构之间无法有效协调。协同机制使得税务部门、纳税人和第三方交易平台的信息实现共治共享，解决信息不对称的问题。税务部门只需接入智能税务平台，就可以快速寻找跨地区或行业的各种信息，实现税务部门内部的协调配合，推进信息互通、执法结果互认，同时，能够促进其他税收征纳信息汇入智能税务平台，确保相关信息资源互享互补，实现数据的互联、互通、共享、共治。

3. 融合机制

智能税务创新模式的融合机制是在人工智能技术与实体经济深度融合的基础上，促进智能税务创新模式的信息融合。人工智能凭借其基础条件、核心技术和广阔应用场景，整合收集各部门、各层级的数据信息，统筹协调各部门的信息融合，将分散度高、相关性强、前后关联的税源信息碎片，及时高效地整合成完整且具有参考价值的服务与征管信息，进而实现与实体经济的融合，解决税收征管程序繁杂和所需信息分散、冗杂的问题，提高运行效率，解决交易的虚拟化和模糊化问题。

4.价值附加机制

智能税务创新模式的价值附加机制就是对本身并不附带价值的信息进行收集、整理和分析，帮助税务机关获取具有使用价值的纳税人相关材料。价值附加机制使智能税务创新模式可以重点分析数据间的关联性和重构后的效能，依托智能算法中心和数据库将资源进行多次分配，快速达到优化冗杂数据的效果，帮助资源实现合理配置，使得征纳双方互换的信息产出远高于信息本身具备的附加值。

（三）智能税务创新模式的运行保障

1.基础层面

第一，智能税务组织机构的协调。中央和地方可以成立智能税务领导组。这样一是可以研究和制定智能税务建设的方案和措施，明确职能分工，确保智能税务创新模式的建设任务有章有法；二是可以协调解决智能税务创新模式建设与实施过程中存在的制度、技术以及机制等各方面的障碍，协调各方，大幅提升效能。

第二，智能税务基础设施的完善。一是要推动智能税务应用系统的全覆盖。在全国统一电子税务局的基础上，打造立体式、网络化、数字化的智能税务办税服务体系。二是要做好数据资源的深入融合。将"以数治税"渗透税务工作的全过程，使税法规则、算法、数据直接嵌入纳税人的经营活动当中，发挥数据资源的治税价值，减少征管成本，为推进税务"放管服"改革提供决策支持。

2.实行层面

第一，构建精准的监管体系。基于数字经济背景下纳税人经营活动和类型的不确定性，智能税务创新模式需要加大监管力度。一是通过建立动态的税收风险预警体系，利用区块链的分布式记账属性，对纳税主体的税务相关情况进行跟踪和风险评估，实时掌握税收的运行和风险状态；二是通过智能画像功能，以平台为中心形成事前、事中、事后的全过程智能信用管理体系，给予纳税人惩罚或奖励，形成新型纳税信用管理体系。

第二,构建精诚共治的文化体系。一是税务机关与其他主体的共管共治。智能税务创新模式应由税务部门、政府、相关部门及社会公众共同参与,形成共治格局,提升智能决策的能力和水平。二是纳税人对涉税事项的主动参与。智能税务是推动纳税人从被动到主动再到自动的一个过程,应加强对纳税人需求的调研及响应,引导纳税人主动参与智能税务创新模式,提高纳税遵从度。

3.应用层面

第一,提高税务机关工作人员的工作能力。智能税务创新模式的应用使得我国税收方式向前跨进了一大步,但智能税务应用人才的紧缺阻碍着智能税务创新模式的快速普及应用。税务机关应加强对税务人员进行智能税务的培训学习,使其尽快提高自身的工作能力,实现人工智能和税收业务的有机结合。

第二,推进税务机关和企业系统的融合。二者之间的融合,既可以提高税务部门的工作效率,又可以及时为纳税人提供税收指导,帮助纳税人提升税收经济业务水平,降低其可能面临的税收违规风险和纳税遵从成本。

四、我国智能税务的发展

建设智能税务是实现税收现代化的必经之路,我国可以借鉴发达国家智能税务的先进经验,完善我国智能税收体系。

(一)加强智能税务平台建设

智能税务系统的核心是拥有实时获取和处理涉税信息的能力。依托互联网整合财税数据,优化数据质量,建立综合全面的智能税务平台,打通"业财、税企、银企"断点,消除信息孤岛,全面提升税务活动全流程证据链的完整性,实现业税一体化,提高纳税申报准确性和办税效率,有效防控税务风险。构建"纳税服务+智能机器人"系统,充分利用智能机器人能及时进行信息交流、24小时无间断工作、智能沟通、便于记录管理等优势,整合优化不同功能和层级的税务应用系统，为办税人降本增效、提供更优质服务。建立纳税人单一数字化税收账户，整合不同税种、不同来源的数据，为纳税人提供个性化服务。

近年来，我国税务部门不断完善大数据、云计算、物联网等高新信息技术在税务领域的应用，建成了我国最大的电子政务生产交易云——税务云平台，帮助用户充分挖掘整合有价值的数据资源，加速技术与税收业务的深度融合，实现税务业务智能化、服务亲民化。各地政府也着力推进建设具有高集成功能、高安全性能的高效智能税务平台，如河北的"远程帮办平台"，办税缴费可以"全程网上办"。

（二）简化征管，健全税收征管模式

运用大数据、人工智能等新型数字信息技术，健全税收征管模式，解决征纳关系中信息不对称问题，破解传统税收征管难题，推进税收征管改革。实施IPO（重要客户个性化服务项目）计划，为大企业以及高风险行业纳税人提供量身定制的差异化服务，最大限度释放大数据的创新潜力。当然，对于涉税事项，税务机关不应过度依赖人工智能，应掌握主导权，尤其在较为重要的事项中更是如此。

我国的税收征管模式从专户管理税式（由专管员核定纳税人当期应缴税种及应缴纳税额，上门收税）、"纳税申报、税务代理，税务稽查"三位一体的税收征管模式，到目前的以纳税申报和优化服务为基础，以计算机网络为依托，集中征收，重点稽查的新的征管模式。随着人工智能等新信息技术的发展，我国税务部门充分挖掘税收数据的"金山银库"，利用数据画像了解企业需求，为纳税人提供精细化、个性化服务。如 2021 年上线的云南省智慧型电子税务局，可以根据征纳互动数据库标签匹配适用对象，形成个性化"政策包"定向推送，降低税收征管成本，提高税收征管效率，促进地方经济健康发展。

（三）智能管税，加强税收监管

通过收集税收大数据，对纳税人画像建立税务数据智能分析体系，利用信息技术结合风险管理，将大数据税收征管模式与先进的风险管理理念相结合，开发税收风险指标模型，对纳税人进行全面体检，精确锁定风险点。采用模式识别技术，实现税收稽查智能甄别系统，健全税务部门与医保、银行等部门数据共享机制，搭建无处不在的监督网络，实现无死角监控，实现风险"快速识别、分级预警、能防可控"，提升税务风险管控能力。

2021年，税务部门积极推进金税四期建设，以税收大数据为驱动，构建税务智能监管新体系，建立健全常态化、制度化的税务数据多部门共享机制，充分发挥"互联网+"监管的作用，打造智能监管流程，借助大数据分析，直观、即时反映税务运营状态，实现"以票管税"到"以数治税"，充分运用数字技术加强数字税收监管，提升税务现代化治理能力。

（四）优化税制，实施数字税

我国数字经济消费市场广阔，超时空的数字平台供给匹配方式导致交易在虚拟空间完成，数字经济在一定程度上分离了市场和实体，过去针对实体的传统征税基础已发生改变，如果继续以企业的营业收入作为我国数字税的税基，会导致税收的不确定、不公平。有研究认为，数字税征税对象如果针对销售额而定，就可以无视机构实体，大型互联网企业将不再受到所在地的限制，只要向当地传送数据以及互联网服务，都将缴纳公平份额的税款，这样可以解决现行税制与数字经济主体税源不相适应问题。开征数字税有利于创造一个公平的税收环境，为税收数字化改革带来新机遇，可以提高税收征管效能。目前，我国正在推进的发票电子化建设，能记录与集成跨界交易平台上的虚拟产品和服务，为数字税的征管提供了依据。

（五）智能税务人才培养

如何健全智能税务人才培养机制是一个迫切的问题。我国不断创新人才培育机制，把"人才兴税"融入发展大局。为了培养智能税务人才，我国部分高校开设相关的特色课程，训练学生大数据思维模式，培养以适应智能化时代企业对人才的需求。一些有资质的培训机构也推出智能税务人员培训及考核认证，帮助税务人员全方位提升税务能力，为财税人员提供大数据、智能化方向的赋能。我国企业财务管理协会率先构建了智能时代的企业财务模式，推出了智能税务师人才培养和考核评价机制，助力智能税务人才培养。大数据时代的到来使机遇与挑战并存。推进智能税务，需要找准大数据思维创新与税收的契合点，促进税收与智能社会协同治理的深度融合，解决大数据环境下税收"信息不对称"问题。

第五章 智能化时代下智能财务建设中的分析方法

第一节 财务分析方法概述

在企业管理过程中,最为重要的工作之一就是财务分析,这项工作具有较强的综合性,其中财务分析的内容涵盖了多个方面,比如说经济、金融、数学、管理、运筹等。由于涉及的范围较广,分析方法也存在着很大差异。对于企业管理来说,财务分析使用最多的几种分析方法主要有比较分析法、比率分析法和因素分析法等,这三种分析方法基本能够将企业的经济运行情况反映出来,其准确率较高。企业管理中的财务分析与获得的经济收益以及企业未来发展有着密切的关系,因此需要财务工作人员具有较高的专业能力、业务水平和较强的责任心、逻辑思维,能基本掌握财务分析中的知识。

一、财务分析方法

(一)比较分析法

所谓财务比较分析法,就是将企业不同阶段的财务情况和当前企业的财务情况进行对比，通过对比结果能够了解企业的经济变化趋势。除了对本企业各个时期的财务进行比较外，还可以将本企业的财务情况和同行其他企业的财务情况进行比较，能够准确地了解到当前处于市场的哪个位置，并发现当前企业财务分析中存在的问题。同公司不同阶段的比较我们称为纵向比较，而与不同公司的比较我们称为横向比较。不论是纵向比较还是横向比较，都通过经济差值来判断其差距。

比较分析法的基本计算公式：分析对象数值－判断标准数值=差异值。

（二）比率分析法

将同阶段企业财务报表中的重要项目数据进行对比就是我们所说的比率分析法，比率是通过一个数据除以另一个数据得到的，这种财务分析法主要用于对企业经济收益进行评估，并且将其结果与过去的比率进行对比。比率分析法是财务分析法中最为基础的一种方法。企业管理中财务比率共分为四种，包括经营效率比率、盈利能力比率、经济增长能力比率和偿债能力比率。比率分析法在财务分析中使用范围比较大，但也存在一定的局限性。和比较分析法不同，比率分析法是静态分析法中的一种，对财务动态情况的分析效果较差。企业管理中比率分析法主要针对历史数据进行分析，因此在企业未来发展的预测上并不能发挥出较大的作用。使用比率分析法时，需要将历史相关数据联合起来分析，这样结果才更具有科学性和全面性，能够用于企业整体运行状况的评估。

（三）因素分析法

财务分析法中的因素分析法主要是研究目标和相关影响因素之间的联系，从最后的结果数据上判断各种外界影响因素对目标结果的影响。企业的项目或者经济活动都属于一个完整体，因此每一个财务指标都会受到多种因素的影响，进而出现数据波动的情况。通过数据的变化来研究每种因素的影响程度，能够帮助企业管理者找到其中的问题，并且对当前企业的经营情况进行准确的评估。

连环替代法是因素分析法中使用最多的一种方法,当目标受到多种因素的干扰时,假设其他因素都没有发生变化,按照顺序来判断某一个因素对目标产生的影响。使用连环替代法时需要注意替代的顺序和计算结果的假定性等。差额分析法是连环替代法中一种最简便的计算方法,能够准确地观察出某一因素发生变化时对目标的影响。

二、智能财务分析的内容

(一) 12个关键决策问题的智能分析

财务分析智能化是让计算机软件系统自动完成数据查找、指标计算及分析等大量烦琐、重复性的财务分析工作。在企业经营决策分析中,运用智能财务分析方法可以回答以下 12 个关键决策问题:

(1) 企业的经营业务是否开展得良好?

(2) 企业的成本费用支出是否合理?

(3) 企业的资产结构是否合理?

(4) 企业投资、融资和经营活动是否协调?

(5) 企业的偿债能力如何?

(6) 企业的盈利能力可否接受?

(7) 企业增加负债是否可行?

(8) 企业可动用资金数额有多少?

(9) 企业的经营风险有多大?

(10) 企业的盈亏平衡点在哪里?

(11) 企业的财务风险有多大?

(12) 企业现金流动的协调性及有效性如何?

传统观念认为,许多企业的经营管理和决策问题,不同的人有不同的看法,不存在一种科学、准确、唯一正确的结论。比如,存货减少 5%,有人通过计算认为会带来 100 万元的利润,有人通过计算认为会带来 200 万元的资金节约。不同的人使用不同的计算方法,会得出不同的计算结果。但是从本质上来说,企业客观上只存在一种状态,符合实际情况的分析方法也只有一个,经过研究、验证,正确的结论也只有一个。如果说存在两种方法,计算得出的结果又不相同,那肯定是出现了两种不同的情况。在这种情况下,只要对两种方法和情况进行比对,看哪种方法与实际情况相符合,采用正确的方法就行了。

如果有一种方法过去认为是正确的,在新的情况下变成了错误的,只要将新情况下的正确方法找到,将其固化到计算机软件之中,计算机软件就会在新的情况下得出新的正确的结论。显然,使用科学的、唯一正确的智能化技术和方法的企业,将可以通过智能化工具和技术来保证其不会再犯同样的决策和经营管理错误。

(二)对企业经营和财务状况 11 个方面的智能分析

财务智能分析可以从实现利润、成本费用、经营协调、现金流量、发展能力、资产结构、资本结构、营运能力、偿债能力、盈利能力、经营风险这十一个方面进行诊断,生成专题分析报告。

实现利润分析功能,通过多指标的相互关系并利用因素穷尽法来分析企业利润的稳定性,评价企业的经营业绩和经营战略;成本费用分析功能,从收入、成本、费用、利润四者之间的相互关系及多个角度来判断企业成本、费用支出的合理性;经营协调分析功能,通过营运资本、现金支付能力、营运资金需求三者之间的相互关系,从经营活动、投资活动、融资活动这三个环节来综合、动态地判断企业的资金缺口、企业经营的协调性及企业资金的健康状况;现金流流量分析功能,通过对现金流量的稳定性、协调性、充足性、有效性这四个特性的分析,从不同角度判断企业的"造血"能力和可持续发展能力,揭示企业可自由动用的现金净流量;发展能力分析功能,通过准确计算可动用资金总额、挖潜节约资金额确定企业可用来投资新项目的资金额;资产结构分析功能,通过对增产没有、增产增收没有、增收增利没有、增利增效没有、增效增债没有这五个方面的连环设问和判断,穷尽各种组合情况,得出资产结构是否合理或是否向合理方向转化的基本判断;资本结构分析功能,主要通过对负债及权益构成基本情况、流动负债构成特点、负债变化及其变化原因、权益变化及其变化原因等进行分析,揭示资本结构的特点及其变化原因;营运能力分析功能,从收入、成本、存货、应收账款、应付账款这五个方面之间的关系来评价企业的营运能力,揭示企业营业周期的长短;偿债能力分析功能,从动态、发展、准确计算的角度,判断企业的偿债能力,确定企业负债经营的可行性,准确获得企业能否按期还债、能否增加新债;盈利能力分析功能,从内外资产的盈利能力的比较、实际借款利率与盈利水平的比较,评价企业盈利能力的强弱和可接受程度;经营风险分析功能,通过企业整体的盈亏平衡点和营业安全水平,来准确判断企业经营风险的大小。

(三)对企业经营管理52个问题的智能分析

通过企业的财务数据,能够回答许多企业的经营管理问题。运用智能财务分析方法,通常可以回答以下企业经营管理问题:

1.资产负债方面

(1)企业资产由什么组成?

(2)资产规模是否扩大?

(3)资产增减变化的原因是什么?

(4)流动资金占用最大的项目是什么?

(5)负债结构如何?

(6)流动负债由什么构成?

(7)流动比率是否合理?

(8)负债总额的变化原因是什么?

2.成本费用方面

(1)企业成本由哪些项目构成?

(2)销售费用是否合理?

（3）管理费用变化是否合理？

（4）财务费用如何变化？

（5）成本费用使用效率如何？

3.盈利能力方面

（1）企业利润的主要来源是什么？

（2）营业利润为什么变化？

（3）经营业务的盈利能力是否提高？

（4）盈利能力的基本状况如何？

（5）内外部资产的盈利能力如何？

（6）资产盈利能否接受？

（7）净资产收益率（ROE）是多少？

（8）总资产报酬率（ROA）是多少？

4.营运能力方面

（1）存货周转一次需要多少天？

（2）企业生产体系的效率如何？

（3）收回赊账销售货款需要多长时间？

（4）销售收现能力如何？

（5）企业销售环节的效率如何？

（6）供应商的货款能够拖欠多长时间？

（7）经营活动现金周转一次需要多长时间？

（8）营运能力整体变化如何评价？

5.现金流量方面

（1）现金流入能否满足支出需求？

（2）现金流出的最大项目是什么？

（3）现金流动是否稳定？

（4）现金流动是否协调？

（5）企业"造血"功能如何？

(6) 现金流动是否充足？

(7) 经营扩张对现金有影响吗？

(8) 现金流动的结果是什么？

6. 还债能力方面

(1) 现金支付能力如何？

(2) 短期借款能否偿还？

(3) 长短期借款能否偿还？

(4) 偿还全部长短期借款需要多长时间？

(5) 短期还债能力是否可靠？

(6) 短期还本付息有无困难？

(7) 长期付息能力有无保证？

(8) 还债能力整体如何？

7. 发展能力方面

(1) 净利润增长率是多少？

(2) 收入增长率是多少？

(3) 总资产周转率是多少？

(4) 注入新资金能否还债？

(5) 盈利水平提高能否还债？

(6) 加速资金周转能否还债？

(7) 资产结构是否合理？

三、智能化时代下企业财务分析的优化路径

（一）提升分析数据的精确性

从资产定义的角度对企业经济资源的未来流入情况进行合理分析，重新整合企业的资产负债表，对相应的财务指标进行精确计算，如此得出的财务数据

才能尽可能地准确。如果财务报表中的相关数据涉及时点数，数据分析方面则需要尽可能地保证详细，要改变以往只关注年末数平均值的情况以及年初数平均值的情况，避免在数据获取过程中由于季节性因素的影响，导致相应的核算结果出现偏差的情况发生。

（二）合理应用现金流量信息

从企业经营活动自身的角度来讲，要想更好地体现企业的实际经营情况，最为直接以及最为客观的依据无疑就是现金流的相关信息，这也是在对企业的偿还债务能力进行评价过程中依据的一个最为重要的标准。具体来说，如果企业的流动负债小于现金流，就说明企业即使不使用长期资产，也能够在规定的时间之内偿还债务。从这一角度来进行考量，在实际应用比率分析法进行分析的时候，也需要充分考虑企业自身现金流量的相关因素。从现阶段的情况来看，很多企业在核算财务比例的时候已经融入了现金流量的相关内容，但是扩展空间依然有待增大。举例来说，可以将企业的现金支出情况以及企业的现金净流量指标纳入考量的范畴，以此来评估企业自身的债务偿还能力，明确企业的未来发展方向。

（三）合理区分金融性资金和经营性资产

在对企业的盈利情况进行衡量的过程中，不仅要关注企业常规的销售净利率指标以及销售毛利指标，还需要关注企业投资资产的营收情况，相关指标主要包括投资性固定资产、长期资产以及金融资产等长期资产等。在对净利润进行核算的过程中，只有在将业务的相关费用项目扣除的情况之下，企业的获利水平才能得以真正反映。对于一个企业来说，由于金融性资产与经营性资产在本质上存在不同，那么如果在实际进行财务分析的过程中，没有对两者进行合理有效的区分，而是采用统一的方法进行核算，最终的分析结果则很难保证精确。因此，在实际的财务分析工作开展过程中，针对经营性资产以及金融性资产给企业盈利以及企业资产结构调整所带来的影响的不同，要对两者分开进行考量。

（四）加大对于非财务信息的分析力度

在实际进行财务分析的过程中，还需要关注企业自身的技术更新情况以及产品开发情况。对以上两项因素进行量化考评，确保所得出的财务分析结论能够具有较高的准确性，也确保在进行财务分析相关工作的过程中能够及时发现企业在运营过程中存在的问题。通过对非财务信息进行辅助分析，找出企业运营过程中存在问题的原因。例如，通过合理应用趋势分析法，能够使企业上一年度的营业成本以及营业收入变化趋势得到清晰显示，进而了解企业真实的运营成本以及企业的收益率，使财务分析所得出的信息能够尽可能地准确。在实际进行成本控制的过程中，通过对非财务信息的分析，可以为管理者进行企业运营决策提供必要的支持。

第二节　经营协调分析

一、企业经营协调分析的方式

企业的生产经营活动，是不断取得、使用、生产和销售各种经济资源的过程。企业所拥有的这些经济资源，都是由业主（股东）或债权人提供的。企业资产总额等于负债总额加所有者权益总额。

在经营过程中，企业各项经济资源的数量和价值都在不断地发生变化，如资产和负债或者所有者权益同增，即资产增加的同时，负债或者所有者权益以相同数额增加；资产和负债或者所有者权益同减，即资产减少的同时，负债或所有者权益以相同数额减少；资产一增一减，资产的总计、负债和权益的总计不变；负债和所有者权益项目一增一减，资产的总计、负债和权益的总计不变。

在资产、负债和所有者权益的这种变化过程中，企业实现其经营活动。在一个经营周期内，企业一方面会取得收入，并因此而增加资产或减少负债；另一方面要发生费用，并因此而减少资产或增加负债，但总平衡式保持不变，即，

资产总额+经营费用=负债总额+所有者权益总额+经营收入

通过收入和费用的会计核算，可计算出企业新增净资产总额，即，

新增净资产总额=经营收入-经营费用=实现利润或亏损总额

企业在分利之前，如果盈利，则资产增加，所有者权益增加，增加额等于实现利润。如果企业亏损，则资产减少，所有者权益减少，减少额等于亏损额。

企业资金在会计核算过程中始终保持平衡，但这只是总平衡。在这总平衡的背后，常常出现资金在数量上和时间上的不协调，这种资金在局部或在分布上的不协调，会导致企业资金周转的中断或停滞。比如，企业某月收支平衡，但支出大部分发生在月初，而收入大部分发生在月末，如果企业不采取相应措施，必然会影响企业资金的流转和生产经营活动的正常进行。

企业经营协调，就是企业资金在时间和数量上的协调。这种协调，不但要求在某一时点上存在静态的协调，而且要求在某一期间保持动态的协调。分析企业资金协调状况，就是分析企业资金的物质形态（资金占用）和价值形态（资金来源）在时间和数量上的协调关系。

企业经营协调，意味着企业的经营活动之间应当相互协调。企业的经营活动包括投资、融资、生产、采购、销售、资金支付和结算等多方面的活动。只有相互协调，企业的各项活动才能持续顺利开展。财务工作者不但应该能够通过价值形态的核算对企业的各项经营活动进行记录，而且应该能够通过财务报表来揭示和反映企业各项活动的协调情况。

理论上，按照资金使用（投资）与长、短期资金来源的配比关系不同，主要有三种可供选择的管理策略：

（1）配合（对冲）型策略。其特点是对于临时性流动资产，运用临时性负

债筹集资金满足其资金需要；对于永久性资产（永久性流动资产和全部长期资产），运用长期负债和权益资本筹集资金满足其资金需要。它的基本思想是将资产与负债的时间相匹配，以降低企业不能偿还到期债务的风险和尽可能降低债务的资本成本。

（2）激进型策略。其特点是临时性负债不但融通临时性流动资产的资金需要，还解决部分永久性资产的资金需要。这是一种收益性和风险性均较高的资本融资策略。

（3）稳健型策略。其特点是临时性负债只满足部分临时性流动资产的资金需要，另一部分临时性流动资产和永久性资产，则由长期负债和权益资本作为资金来源。这是一种风险性和收益性均较低的资本融资策略。

这三种融资与投资配比策略，充分体现了融资规划与战略最佳融合的要点，要求融资规划必须结合"募资投向"来考虑，而且融资策略的差异充分说明了融资策略必须具有权变性。

经营协调性分析通常包括三个基本方面：企业长期投融资活动协调性分析、企业的生产经营活动协调性分析和企业的现金收支的协调性分析。

二、智能化时代下虚拟企业经营协调分析

在智能化发展的大背景下，构建虚拟企业，实施虚拟经营，正成为许多企业迅速发展的有效途径。

（一）虚拟企业及其经营

虚拟企业是一个新生事物，它为经济活动拓展了全新的空间，被称为"正酝酿着的一次新的企业革命"，是"公司疆界向一个无形空间的大拓展"。这里的虚拟企业是指整合不同企业的优势资源组合成为一种没有围墙，超越空间约束的企业模式，是在有限资源的条件下，为取得最大的竞争优势，企业以自

己拥有的著名产品或高信誉品牌为中心,根据需要由若干规模各异、各有专长的企业、车间或法人实体,利用契约合同等作为纽带,通过有效分工协作,由信息网络和快速连锁系统整合而组成的开放式组织形式。它的实质是发挥联合优势,与外部资源和力量进行有效整合,形成全新的运转机制,达到降低成本,提高竞争力的目的。虚拟企业是信息经济技术高度发达与企业追求创新而形成的一种结合体。随着互联网络的兴起,其用途已从科研、航天、军事等方面逐步渗透到社会经济和人们的日常生活中,如网络学校、网络银行、网络商场等,形成了空前的社会大变革。

(二)虚拟企业的协调分析

虚拟企业是一个动态联盟、一种开放式的组织结构,其成员可以遍布世界各地,相互间的合作关系又是动态的。管理对象在时间和空间上必然要求突破以内部组织制度为基础的传统管理方法。由于虚拟企业具有独特的时空特点,作为管理基本职能的协调面临新的变革和挑战。

1.虚拟企业协调障碍

现代通信技术已使虚拟企业成员间的沟通和协调方便快捷,但管理者仍不可避免地遇到许多协调上的问题。在企业原有固定边界被打破后,新的边界面临更多非组织性的因素,影响沟通的障碍主要有:

(1)网络的不安全性。这里的安全性,一是企业间信息交流过程中的安全性,二是网络上的商业欺诈性。目前信息网络上的安全状况较脆弱,至今没有统一的信息安全规范、密码算法和协议,信息安全漏洞难以堵塞,网络安全事件时有发生。这不仅对虚拟企业间敏感的商业信息交流构成威胁,也对企业内部数据库的安全构成威胁。同时,网络上的欺诈行为容易使虚拟企业成员心怀戒备,不利于彼此的持久真诚合作。

(2)文化背景差异。有效沟通是卓越管理和组织成功的关键,一个长期培育的企业文化则是实现良好沟通和协调的坚实基础。但是虚拟企业的组织形式和动态性决定了它无法实施单一文化。在跨地域文化和企业文化背景下,个体的文化、组织环境、管理风格和技巧等的不同都可能造成沟通和协调管理问题的产生。

（3）利益的不一致性。虚拟企业是在企业成员共同利益的基础上实现联合的，但有时仍会存在不一致，比如风险开发项目，每个成员企业都想从中获得更多的利益，由于结果的不确定性，最终可能因成员间的利害不均衡、不对等而使各方对承担风险的态度不一，导致开发高风险项目的动力不足，项目难以及时顺利实施。

2.虚拟企业的协调策略

（1）建立和选择合适网络系统。由于世界上没有形成统一的操作系统、计算机网络系统和数据库管理系统，企业在决定建立内部网和进入某个网络时必须慎重考虑。进入符合企业发展战略、规模较大的网络，不仅便于合作伙伴间的资源共享、沟通协调，也能减少将来会发生的转换成本。

（2）建立和完善网络安全防范机制。由于虚拟企业建立在信息网络基础上，网络信息安全与否十分重要，必须建立相应的电子化业务安全防范机制和体系。采用包括防火墙、智能卡和网络监测系统等技术措施，不定期评估系统的危险系数，制订备用方案，确保企业进行协调时信息交流安全有效。对付网络上的欺诈行为，企业也要采取相应的措施、程序和方法加以防范，逐步完善企业的安全防范体系。

（3）谋划和塑造企业文化。构建以网络架构为基础的虚拟企业的文化首先是培育团队精神，在实现整体目标的同时能够兼容并蓄各种不同文化，以信任和自律辅助监督，追求合作各方互补"双赢"；其次是通过不断学习和内外交流尽快提高职工队伍的素质，只有较高知识水平的职工才能在网络上充分沟通信息，减少因知识层次差异而导致的交流障碍；最后是勇于创新，要敢于冒风险进行创造性的活动，充分发挥成员知识结构的集成优势，不断进行组织创新、管理创新和技术创新。

（4）建立网络化企业组织结构。传统企业内部结构基本上是直线型的，横向沟通和联系相对困难，无法适应虚拟企业的协调管理要求，必须进行改造。

通过减少层次、充分授权使组织结构扁平化、柔性化和信息化，充分发挥成员企业及其员工的积极性；积极运用先进网络技术减少信息成本，提高沟通效率，逐步转向网络化组织结构。

（5）逐步加强和培养企业核心优势。在日趋开放和竞争激烈的网络组织中，企业的协调管理能力在很大程度上取决于自身的核心能力。最成功的虚拟企业总是处于虚拟网络的中心，因为其拥有突出的能力，可以对其他成员产生凝聚力，从而使虚拟企业的协调管理变得相对容易。如果企业忽视长期培养自身的核心优势，它在网络中的地位将会渐趋弱化。

第三节 资金需求预测

一、资金需求预测的定义和作用

资金需求预测是指根据企业的发展规划和相关历史资料，运用一定的预测方法，对资金需求量进行预计及测算。企业资金需求的预测主要包括总资金需求预测、流动资金需求预测和固定资金需求预测。

资金是保证企业正常运行的重要因素之一，一旦资金链发生断裂，将使企业的生产经营活动停止，甚至会产生财务风险，最终导致破产。因此，对资金需求量的准确预测在提高企业经济管理水平和企业经济效益方面起着十分重要的作用。一方面，资金需求预测为企业的经营决策提供依据。准确的资金需要量预测可为企业使用资金确定客观的标准，企业可在此基础上合理地筹措资金，并有效地运用资金，从而达到减少资金耗费、增加营业收入、提高经济效益的目的。另一方面，资金需求预测是编制资金预算的必要步骤。预算是被广泛使用的一种经营管理方式，资金预算是预算的一个重要组成部分，准确预测资金需求量可为编制资金预算提供数据，从而保证预算的现实性。

二、影响资金需求量变动的主要因素

（一）产品的产销情况

产品的产销情况常常与企业的生产经营能力紧密相连，进而影响资金需求量，这种关系体现在企业生命周期的各个阶段中。如果产品的产销情况稳定，现有生产经营能力可满足要求，企业仅需保证流动资金的需求，不用追加固定资金的投入；如果产品畅销，企业处于成长期，须扩大生产经营规模，不仅要追加流动资金的投入，还须追加固定资金的投入；如果产品滞销，企业处于衰退期，应停止固定资金的投入，减少流动资金的投入。

（二）原材料的资金需求量

在产品的各项成本中，原材料成本往往比重最大，原材料成本支出需要企业大量流动资金的支出。原材料成本支出受到原材料的市场供需情况、价格、数量、运输费等多个因素的影响。原材料是产品最重要的组成部分，一旦发生短缺将会影响到整个生产流程。因此，企业应对原材料的资金需求量进行准确预测，使原材料采购有充裕的资金保证。

（三）资金周转速度

资金周转速度与资金需求量的关系如下：

$$资金需求量 = 平均每天资金需求量 \times \frac{365}{销售收入/资金平均余额}$$

资金需求量包括流动资金需求量和固定资金需求量，销售收入除以资金平均余额表示资金周转速度。资金周转速度越快，资金的使用效率越高，资金需求量越低，反之则要追加资金的投入。

（四）资金的来源渠道

企业资金的来源主要包括借款、发行股票、发行债券、股东投入资金等。无论是哪种筹资方式，均会产生资金成本。借款或发行债券，需要支付利息；发行股票或股东投入资金，需要支付股利。但利息和股利的支付方式不一样：无论企业经营状况如何，利息一旦到期就必须支付，否则会发生违约风险；而企业只需在经营状况良好、盈利的情况下，根据企业的具体情况决定是否支付股利。因此，不同筹资方式的资金成本不同，且资金成本支付方式存在区别，从而影响资金需求量和支出时间。

三、资金需求预测方法

（一）因素分析法

1.含义

因素分析法是以有关项目基期年度的平均资金需求量为基础，根据预测年度的生产经营任务和资金周转速度加速率的要求，进行分析调整，来预测资金需求量的一种方法。

2.公式

资金需求量=（基期资金平均占用额-不合理资金占用额）×（1±预测期销售增减率）×（1±预测期资金周转速度加速率）

式中，如果预测期销售增加，则用 1+预测期销售增加率；反之，为 1-预测销售增加率。如果预测期资金周转速度加快，则应用 1-预测期资金周转速度加速率；反之，为 1+预测期资金周转速度加速率。

（二）销售百分比法

1.预测原理

销售百分比法就是先假设某些资产和负债与销售收入存在稳定的百分比

关系，然后根据这个假设来预测企业外部资金需求量的方法。企业销售规模扩大，要相应增加流动资产；如果销售规模扩大很多，还必须相应增加固定资产。为取得扩大销售需要增加的流动资产，企业需要筹措资金。这些资金，一部分来自随销售收入同比例增加的流动负债，还有一部分来自预测期的留存收益，另外的部分则需要企业通过外部筹资获取。

2.基本步骤

（1）确定随销售额变动的资产和负债项目（敏感资产和敏感负债）

资产是资金使用的结果，随着销售额的变化，敏感资产项目将占用更多的资金。随着敏感资产的增加，相应的敏感负债也会增加，如存货增加会导致应付账款增加。此类债务称为"自动性债务"，可以为企业提供暂时性资金。敏感资产与敏感负债的差额通常与销售额保持稳定的比例关系。这里，敏感资产项目包括现金、应收账款、存货等；而敏感负债项目包括应付票据、应付账款等，但不包括短期借款、短期融资券、长期负债等筹资性负债。

（2）确定敏感资产与敏感负债有关项目与销售额的稳定比例关系

如果企业资金周转的营运效率保持不变，那么敏感资产与敏感负债将会随销售额的变动成正比例变动，保持稳定的百分比关系。企业应当根据历史资料和同业情况，提出不合理的资金占用，寻找与销售额的稳定百分比关系。

（3）确定需要增加的资金量

需要增加的资金量=增加的敏感资产-增加的敏感负债

增加的敏感资产=增量收入×基期敏感资产占基期销售额的百分比

增加的敏感负债=增量收入×基期敏感负债占基期销售额的百分比

（4）确定外部融资需求量

外部融资需求量=增加的资金量-增加的留存收益

增加的留存收益=预计销售收入×销售净利率×利润留存率

（三）资金习性预测法

1.资金习性的含义

资金习性是指资金变动与产销量变动之间的依存关系。按资金习性可将资金分为不变资金、变动资金和半变动资金。不变资金是指在一定产销量范围内，不受产销量变动影响的资金，包括为维持营业而占有的最低数额的现金，原材料的保险储备，厂房、机器设备等固定资产占有的资金；变动资金是指随产销量变动而同比例变动的资金，包括直接构成产品实体的原材料、外购件等占用的资金，另外，在最低储备以外的现金、存货、应收账款等也具有变动资金的性质；半变动资金是指虽然随产销量变动而变动，但不成正比例变动的资金，如一些辅助材料占用的资金。半变动资金可以分解为不变资金和变动资金，最终可以将资金总额分成不变资金和变动资金两部分，即

$$资金总额（y）=不变资金（a）+变动资金（bx）$$

根据资金总额（y）和产销量（x）的历史资料，利用回归分析法或高低点法可以估计出资金总额和产销量直线方程中的两个参数 a 和 b，用预计的产销量代入直线方程，就可以预测出资金需求量。

2. 资金需求量预测的形式

（1）根据资金占用量与产销量的关系来预测（以回归分析法为例）

设产销量为自变量 x，资金占用量为因变量 y，则它们之间关系可表示为，

$$y=a+bx$$

式中，a 为不变资金；b 为单位产销量所需变动资金。

只要求出 a、b，并知道预测期的产销量，就可以用上述公式测算资金需求情况：

$$a = \frac{\sum x_i^2 \sum y_i - \sum x_i \sum x_i y_i}{n \sum x_i^2 - (\sum x_i)^2}$$

$$b = \frac{n \sum x_i y_i - \sum x_i \sum y_i}{n \sum x_i^2 - (\sum x_i)^2}$$

（2）采用逐项分析法预测（以高低点法为例）

根据两点可以确定一条直线原理，将高点和低点的数据代入直线方程 $y=a+bx$ 就可以求出 a 和 b。把高点和低点代入直线方程，得：

$$最高收入期资金占用量=a+b×最高销售收入$$
$$最低收入期资金占用量=a+b×最低销售收入$$

解方程，得：

$b=$（最高收入期资金占用量-最低收入期资金占用量）/（最高销售收入-最低销售收入）

$a=$最高收入期资金占用量$-b×$最高销售收入

$\quad=$最低收入期资金占用量$-b×$最低销售收入

采用逐项分析法预测时的解题步骤如下：

①分项目确定每一项目的a、b。

②汇总各个项目的a、b，得到总资金的a、b。其中，a和b的计算公式为

$$a=(a_1+a_1+\cdots+a_1)-(a_{m+1},a_{m+2}+\cdots+a_n)$$

$$b=(b_1+b_2+\cdots+b_m)-(b_{m+1},b_{m+2}+\cdots+b_n)$$

式中，a_1, a_1, …, a_1 分别代表各项资产项目不变资金；a_{m+1}, a_{m+2}, …, a_n 分别代表各项负债项目的不变资金；b_1, b_2, …, b_m 分别代表各项资产项目的单位变动资金；b_{m+1}, b_{m+2}, …, b_n 分别代表各项负债项目的单位变动资金。

③建立资金习性方程，进行预测。

第四节　资金链风险防控

一、资金链及资金链风险的概念

（一）资金链的概念

马广奇（2017）将资金链定义为把资金的正常流动过程当成一个整体来看待，以链条的方式来体现公司健康生存、发展壮大的过程。这虽对资金链进行

了定义,但定义比较简单,没有指出资金循环的过程。王品祎(2020)在多位学者对资金链进行定义的基础上,重新定义了资金链。他将资金链定义为公司进行日常生产经营时,资金周而复始循环运转的过程,叫作资金链。资金链的具体表现为现金到资产再到增值后现金的循环过程。

通常把资金链分为资金筹集、资金使用以及资金回收三个阶段。资金筹集阶段与企业的筹融资能力息息相关,企业的筹融资能力是保证资金投入安全性的关键因素。资金使用阶段从资金角度来看,反映了企业的运营能力。如果企业流动比率和速动比率过低,经营资产在企业运营过程中,不能满足企业发展的需要,就会出现资金使用风险,最终问题放大至整个资金链,就会爆发资金链风险。资金回收阶段反映了从资产到现金的流动过程。这一过程事关企业应收账款是否能够顺利回流企业,是决定企业资金链安全性的关键因素。如果应收账款不能正常回收,就会使整个资金链出现只出不进的情况,影响资金回收安全,资金回收风险进一步传导,将会引发资金链风险。

资金筹集、资金使用和资金回收三个阶段在整个资金链循环过程中,相互依存,缺一不可。资金筹集是源头,保障企业的资金流入,使企业有持续不断的资金可供使用。资金使用是核心,资金能否合理高效地使用,决定企业能否获得资金增值。资金回流是保障,资金能否顺利回流企业,是资金链持续循环运转的基本保证。

(二)资金链风险的概念

徐玄玄等(2009)将资金链风险定义为一种会造成企业经营活动中断的财务风险,如果资金在循环过程中,长期流出量大于流入量,便会导致资金链风险。张金昌(2012)将资金链风险定义为在资金循环过程中,每一个阶段发生资金损失,造成资金链断裂的可能性的因素。

通常认为,资金链风险分为狭义的资金链风险和广义的资金链风险。前者是指企业资金流入量无法达到企业正常运营所需资金的流出量时,给企业所带来的财务风险；后者指企业在开展与资金相关的活动时，各种可能影响企业资金链条的环节，以及可能使企业遭受损失的不确定性因素。资金流入主要受企业筹资情况和企业资金回款情况的影响，资金流出主要受企业用于开展各项业务支出的影响。企业资金链缺口是企业资金流入和流出共同作用的结果，两者相互依存，密不可分。因此，在对企业资金链风险程度进行判断时，要从资金的流入和流出两方面同时入手。企业资金链风险受多重因素影响，当企业出现早期资金链问题时，公司若不及时发现并进行防控，会进一步引发企业经营风险，使企业经营投资过程中的实际收益远小于预期收益，给企业带来损失，进而影响企业资金周转。当企业陷入资金周转困境，便会引起资金链风险。

二、资金链风险防控的理论分析

风险管理是社会组织或个人以减少风险造成的不利影响为目的进行决策的过程。风险管理在风险识别、风险评估、风险估计的基础上，优化整合各种风险管理技术，通过管理技术的实施，及时有效地减少风险带来的不利影响，达到以最低成本获得最大限度安全保障的目的。

国际风险管理委员会（International Risk Governance Council，简称 IRGC）提出以风险链和风险管理框架理论为基础进行风险管理，为风险管理提供了一个有益的借鉴。具体理论如下：

（一）风险链理论

风险链从一个广阔的视角阐述了风险发生、发展的过程。该理论认为，风险包含在一系列因果序列中，以人类需要为开端，连接着人类需求、人类选择、危机事件、危机结果、风险暴露、潜在后果等内容，如图 5-1 所示。

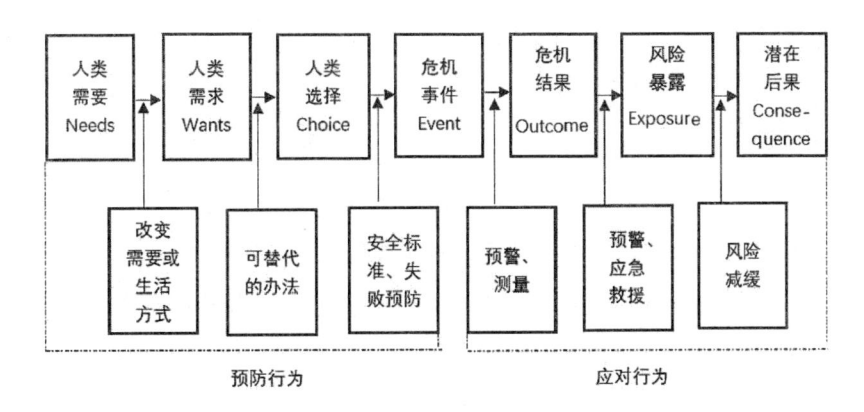

图 5-1 风险链发展过程图

IRGC 指出，风险来源于人们为了满足自身需求而进行的一系列选择（包括科学技术、社会制度等）。与之相伴的是预期结果或意外结果，并且这些结果可能与人类的其他价值相矛盾。风险管理就是要在这种价值的冲突之间中作出选择，并且尽可能地降低潜在风险发生的概率以及风险的后果。与风险链的每一个环节相对应，进行必要的改变，就可以降低风险。

具体而言，可以从以下六个环节来降低或防范风险：一是可以通过改变人类需要或人类的生活方式来避免风险发生；二是在确定人类需要的情况下，风险管理可以寻求替代方案，改变风险；三是确定选择方案后，设定安全标准与预防方案，确保风险管理有据可依；四是危机事件发生后，及时发出预警，减轻事件导致的结果的严重程度；五是及时开展应急救援，缩小风险涉及范围；六是进一步采取风险防控措施，减少潜在危害。

（二）风险管理框架理论

1.基于风险链的风险管理

风险链列出了风险发展过程和风险管理的关键策略。风险管理框架则描述了风险管理的要素和过程。也就是说，在风险链的各个阶段，均可在风险管理的框架下开展风险管理。该框架由风险识别、风险评估、风险管理必要性评价和风险管理几个连续的阶段构成。风险沟通则作为重要的内容嵌入在上述每一个阶段，如图 5-2 所示。

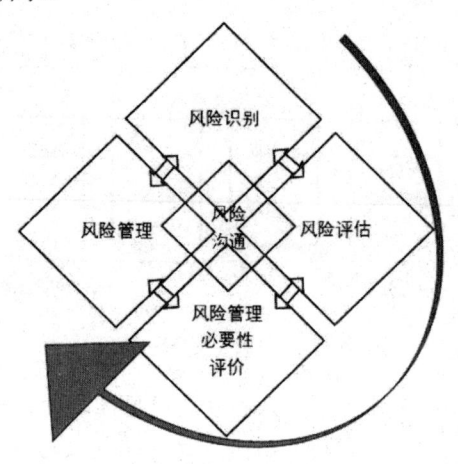

图 5-2 风险管理框架

风险识别包含两个部分，一是理解社会主体（政府、企业、科学团体和公众等）对风险的看法及关注点，识别风险源，形成预警、应对方案。风险评估对可能引发风险的原因以及风险可能产生的结果进行详细分析，发现关于风险、风险预防的知识。风险管理必要性评价将风险评估的结果与某一特定的社会标准（或价值）相比较，从而确定可接受的风险范围。风险管理则确定实施风险管理的方案，通常该方案包含避免风险、减少风险、转移风险和保留风险等。实现上述目标离不开风险管理决策的社会因素，风险利益相关者的广泛参与，以及透明、包容的风险沟通。风险管理要素与过程嵌入在风险链的每一个环节之中。

2.风险评价

风险评价伴随风险管理始终。风险管理者在进行风险评价与行为选择时，常常面临着多重困境。一是风险管理者的决策需要在利益相关者的价值和社会价值之间作出权衡。一方面以专家和利益相关者掌握的知识为依据进行判断；另一方面这些选择也必须以普适的社会价值为前提。二是风险管理者需要在对选择结果不确定的情况下进行选择。三是风险受众或风险利益相关者的行为受到复杂的社会、心理等因素的影响,他们常常难以作出正确的选择,这为风险管理者的决策增加了很多不确定性。上述因素皆为风险管理的关键。

三、资金链风险分析方法

学术界目前没有专门的方法对资金链风险进行整体分析,由于资金链风险最后会导致企业发生财务风险并陷入财务困境,所以学术界在分析资金链风险时通常借用识别企业财务风险的 Z 值模型和 F 值计分模型。

(一) Z 值模型

美国纽约大学教授阿特曼[①]于 1963 年提出了著名的 Z 值模型,阿特曼教授运用数理统计与多变量回归的方法,对大量破产企业进行了财务风险预测,将得到的数据进行实证研究之后得到了 Z 值模型。该模型先是加权汇总了选取的财务指标,得出一个总的判别分,然后利用这个判别分同设定好的最终标准值进行对比,用来预测企业的财务风险。阿特曼教授以 33 家破产企业作为样本,选取规模和行业相近的正常经营企业作为对照组,从包含反映企业资产的流动性、盈利能力、资本结构、偿债能力和发展能力在内的 22 个财务指标中,选出具有关键影响的 5 个变量,这 5 个变量被各自赋予权重之后,就得到了著名的 Z 值模型。

(二) F 值计分模型

F 值计分模型与 Z 值模型的不同之处在于 F 值计分模型将现金流对于企业财务风险的影响考虑在内,因而对财务风险的预测较为全面。国内学者周首华(1996)提出的 F 值计分模型是基于 Z 值模型,在 Z 值模型的基础上补充了

[①] Edward Altman, Financial Ratios, Discriminant Analysis and the Prediction of Corporate Bankruptcy, Journal of Finance, no.23(1968).

反映现金流的指标，以1990—1997年之间的62家公司为研究对象，包含了31家破产公司，对照组则是以一一对应的同年度、同行业、类似资产规模的31家非破产企业为研究对象，据此得到了F值计分模型的表达式和临界点，并且以4160家公司为样本进行了实证检验，预测的准确率在70%以上。[①]

Z值模型有一定的局限性，首先体现在企业不同的外部环境可能会有不同的Z值判别标准。例如，由于中国与美国经济体制的不同，中国经济环境下的Z值会与美国经济环境下的Z值存在差异。其次，Z值模型未充分考虑现金流量，而现金流量决定了企业能否长久生存，尤其对于医药流通企业这类资金密集型企业来说，现金流量显得极其重要。

第五节　自由现金流量分析

一、自由现金流量的概念

现金流量是我们比较熟悉的一个概念，而自由现金流量是近几年才开始在我国流行起来的一个企业财务管理方面的理论。因此一直以来，对自由现金流量的具体含义还没有形成一个比较统一的概念。但是可以肯定的是，自由现金流量对企业的价值评估有着积极的意义。企业通过对自由现金流量方面的评估，可以在一定程度上提高企业实际经营的动力，以更好维护企业的实际收益。

目前，对企业现金流量的基本定义是企业的自由现金流量就是用经营活动的现金流量减去维持企业现有生产能力需要的资金使用支出之后，能够剩下的

---

① 吕涛：《基于财务共享理论的企业资金链风险控制》，《商业时代》2013年第8期。

额外的现金流量,这就是企业的自由现金流量。从一定意义上来说,企业正向的自由现金流量越多,那么就相应的表示企业的现金更"自由",而这些自由的现金流量既可以用于对企业经营者,甚至是企业员工的奖励,同时可以将这些自由现金流量放在企业的经营中,使之继续产生更多的自由现金流量,以实现其真正的"自由"。

二、自由现金流量的计算

自由现金流量是指企业经营过程中产生的现金流量,在满足企业投资所需现金之后的那部分剩余现金流量。自由现金流量从企业和股东不同角度,可以分为企业自由现金流量和股东自由现金流量两种形式。

(一)企业自由现金流量的计算

虽然自由现金流量目前在企业价值评估领域已经得到广泛运用,但这一概念还处于发展过程之中,其定义并不严密,对其内涵还没有达成统一的认识,会计报表也没有披露该信息。比较可行的办法是利用现金流量表近似分析计算自由现金流量。

企业自由现金流量是指企业扣除了所有经营支出、投资需要和税收之后的,在清偿债务之前的剩余现金流量。企业自由现金流量用于计算企业整体价值,包括股权价值和债务价值。

企业自由现金流量可以从以下三个方面理解:第一,该现金流量是企业经营过程中产生的,不包括筹资活动产生的现金流量;第二,该现金流量减去了公司经营和发展所必需的现金支出;第三,该现金流量是可供股东分配的现金流量。按照该定义,自由现金流量可按照如下公式计算:

自由现金流量=(税后净营业利润+折旧及摊销)-(资本支出+营运资本增加)

现有的财务报表并没有直接提供自由现金流量的数据,要掌握该数据,需要经过分析计算。按照现金流量表的结构特征，本书以现金流量表主表中提供的数据计算自由现金流量。对自由现金流量的计算公式进行变形，可以得到：

企业自由现金流量

=（税后净营业利润+折旧及摊销-营运资本增加）-资本支出

=经营活动产生的现金流量净额+投资活动产生的现金流量净额

（二）股东自由现金流量的计算

股权自由现金流量是指扣除所有开支、税收支付、投资需要以及还本付息支出之后剩余现金流量；股权自由现金流量用于计算企业的股权价值。

股东自由现金流量

=（税后净营业利润+折旧及摊销-营运资本增加）-资本支出+（新发行债务-债务本金偿还）

=经营活动产生的现金流量净额+投资活动产生的现金流量净额+（筹资活动产生的现金流量净额-吸收投资活动收到的现金-分配股利、利润）

=现金及现金等价物净增加额-吸收投资活动收到的现金-分配股利、利润

（三）反映实际支付能力的自由现金流量分析

如果一个公司通过盈利带来的现金流仅能用于偿还到期债务，其实并不能代表公司财务具有真正意义上的安全性。真正安全的公司应是在维持现有经营规模和适度增长的前提下，有能够自由处置的经营现金净流量来归还债权人本息和给股东分配股利。目前认为能够衡量公司还本付息和分配股利的实际支付能力的重要指标是自由现金流量。

关于自由现金流量的定义和算法，并没有公认一致的标准。从公司的生产与发展角度看，一般倾向于认为自由现金流量就是公司产生的满足扩大生产需要之后剩余的现金流量，或者说是在不危及公司生存与发展的前提下可分配给股东和债权人的最大现金额。在数额上等于经营业务活动产生的现金净流量减去维持和扩大经营规模的资本性支出。自由现金流量主要用于衡量公司还本付

息和支付现金股利的能力,也是衡量公司财务弹性的指标。其计算公式如下:

自由现金流量=经营活动产生的现金净流量-投资活动现金净流量

自由现金流量可以反映公司总体支付能力。信息使用者通过对这一指标的计算分析能够了解公司给予其利益相关者的回报能力,因此,这一指标被认为是公司发展潜力的综合体现。

三、自由现金流量在企业价值评估中的优势和需要注意之处

(一)自由现金流量在企业价值评估中的优势

1.不受人为操控的影响

自由现金流量能够客观反映出企业的真实价值,不受人为因素的影响。这主要还是和在记录自由现金流量时,均采用现金的方法有关。自由现金流量不会将那些非经常性的收益记录下来,而只是对企业的经营利润进行计算。所以,自由现金流量也被人们称为是经营活动的现金。在一定程度上,自由现金流量还可以弥补经营利润等指标在反映企业实际经营状况上的不足。

2.可以体现出企业货币的时间价值

企业的自由现金流量不会凭空出现,是企业在长期的经营和发展过程中的资金积累,是能够真实体现企业货币的时间价值的,这样评估的结果会更接近企业的真实的价值数据。因为自由现金流量在计算时,是以现金实际的收入、支出为标准的,如果企业没有收到现金,就不会对其进行记录,收到现金才会进行记录。这样以实际现金方法记录的企业的实际经营情况,不仅能够反映出企业的发展前景,而且也考虑到了通货膨胀等的影响。和企业由于赊销而形成的应收账款的风险相比,自由现金流量是看得见、摸得着的,更能够反映出企业的真实的现金流情况。

3.弥补了会计利润核算的缺陷，减少价值评估风险

我们知道，在对企业的经营状况进行会计核算时，主要是通过资产负债表、利润表和现金流量表来体现的，这些从一定程度上可以反映出企业的资产情况、负债情况、利润情况以及现金流量情况等。如果我们只看某一个会计报表，就不能很真实地看出企业的经营状况到底如何。而自由现金流量就不一样，它的数据来源于企业的三个主要的财务报表，并且将这三个报表综合起来对现金流量进行分析，能更加完整地反映出企业的整体的经营水平，避免由于人为因素而影响到核算的真实性，进而也就可以起到减少企业价值评估风险的作用。

4.为企业未来一定阶段提供发展方向具有实际意义

企业的自由现金流量充足，就说明企业可以用于进行再生产或再投资的资金数量比较多，相反，如果企业的自由现金流量缺乏的话，那么也说明企业的现金周转情况不是很好。当企业的资金链断裂时，企业就很容易会走向破产。因为企业当中的很多活动，如偿还贷款、开发新产品、进行投资等，都需要有充足的资金来给予支撑。充足的自由现金流量就说明企业的偿还贷款的能力比较好，也有着较好的经营能力。而一旦自由现金流量不足，就说明企业可能会产生财务方面的风险。这同样也会给企业的价值带来影响。为此，有很多企业都把自由现金流量作为了一个衡量企业财务方面是否健康发展的重要内容。真实的自由现金流量可以为企业的未来发展提供发展方向和发展决策，帮助企业实现更大的发展。

（二）自由现金流量在企业价值评估中应注意的问题

自由现金流量在评估企业价值的应用中需要注意以下四个问题：

1.不同类型的企业一定要区别对待

行业不同，企业的自由现金流量也会有很大的不同。所以，针对不同的行业，使用自由现金流量时，不能采用统一的方法，一定要区别对待。比如对于一些零售企业来说，所面临的市场竞争压力是非常大的，一般这些企业会把更多的资金用在企业的促销活动中，以提升企业的销量来获得更多的市场份额，

自由现金流量相对就会比较少。而那些市场竞争力强的企业，比如一些垄断行业，他们不需要过多地考虑这些问题，相对来说，企业的自由现金流量就会多得多。

2.要关注企业不同的发展阶段

同一个企业，在不同的发展时期，其自由现金流量的情况也是不同的。相对来说，企业在刚开始创立的阶段，各方面都需要资金，所以自由现金流量就是比较小的，甚至很多时候都是负值。当企业经过一段时间的发展之后，可能会慢慢地积累一些闲置资金，用于企业经营的一些资本性的支出可能会降低，利润也会慢慢地增加，所以，企业的自由现金流量会呈现出比较好的增加态势。如果企业处在瓶颈期或者逐渐衰败的过程中时，经营情况和利润获得情况都不是很好，那么企业的自由现金流量自然也会受到很大的影响。

3.明确自由现金流量的适用范畴

目前，在国外一些国家，自由现金流量被广泛地应用在财务咨询、信用评级、投资银行等机构中，这是因为自由现金流量在衡量企业的经营业绩以及投资价值上的表现是要明显地高于净利润、经营活动现金净流量等指标的。因此，我国也要在对自由现金流量有更深入认识和了解的前提下，克服其存在的一些不足，慢慢地扩大自由现金流量的应用范围，并且在企业的业绩评价以及无形资产单项价值评估等领域大力推广自由现金流量。

4.要关注到自由现金流量本身的一些不足

作为可以评估企业价值的一种方法，自由现金流量虽好，但由于企业类型不同，企业的发展阶段不同以及面对着复杂的市场竞争环境，自由现金流量在使用时，一定要注意到自由现金流量本身的一些不足。比如，在遇到通货膨胀的情况时，一定要考虑到通货膨胀带来的影响，尤其是在长期的投资中，一定要在进行企业价值评估前对通货膨胀的情况进行预测，并随着通货膨胀情况的变化而及时作出调整，而不可以采用统一的标准来对企业价值进行评估。

第六节　资本结构分析与评价

资本结构是指企业各项资本的结构及比例。广义的资本结构是指企业全部资本的结构，如长期资本和短期资本的结构及比例；狭义的资本结构是指长期资本的结构，如长期债务资本与所有者权益资本的结构及比例。通常，广义的资本结构研究的主要内容是企业长、短期筹资的比例问题，也称筹资组合问题；狭义的资本结构研究的主要内容是长期债务资本与所有者权益资本的比例关系。

在当今经济转型形势下，企业生存竞争激烈，大多企业资产结构和资本结构不合理，需要调整与优化。一个合理的资产结构既可以满足企业日常生产经营的需要，又可以提高企业的盈利能力。资产结构的分析与评价对于企业未来的资产结构调整与优化有着重要的意义。

一、资本结构分析指标

分析企业资本结构的核心指标有资产负债率、权益比率、权益乘数、产权比率、财务杠杆指数等，辅助性指标有固定资产与长期负债比率、固定资产与长期资金比率、固定资产与权益比率等。

（一）资产负债率

资产负债率是负债总额除以资产总额的比率，也称为债务比率。资产负债率的计算公式如下：

$$资产负债率=（负债总额÷资产总额）\times 100\%$$

公式中的负债总额指企业的全部负债，不仅包括流动负债，还包括非流动负债。公式中的资产总额指企业的全部资产总额，包括流动资产和非流动资产。

资产负债率是衡量企业负债水平及风险程度的重要标志。

在分析资产负债率时，应把握以下几方面要点：

（1）资产负债率能够揭示企业的全部资金来源中有多少是由债权人提供的，或者说在企业的全部资产中债权人的权益有多少。

（2）从债权人的角度看，资产负债率越低越好。负债率越低，则所有者权益越大，说明企业的财务实力越强，债权人的资金安全程度越高。对债权投资者而言，如果企业负债比率过高，他可能会在企业融资时提出更高的利息率来对自己承担的风险进行补偿。

（3）对投资人或股东来说，负债率较高可能带来一定的好处，如由于财务杠杆的作用，可以提高资产收益率；由于负债利息是税前支付，可以起到税盾的效果；还可以用较少的资本（或股本）投入获得企业的控制权等。股权投资者关心的主要是投资收益率的高低，如果企业总资产收益率大于企业负债所支付的利息率，那么借入资金为股权投资者带来了正的杠杆效应，对股东权益的最大化是有利的。

（4）从经营者的角度看，他们最关心的是在充分利用借入资金给企业带来好处的同时，尽可能降低财务风险。因为，负债率过高意味着企业在较大程度上是依靠债权人提供的资金来维持其生产经营或资金周转的，一旦市场不景气，或企业一时缺乏偿付本息的能力，会使企业陷入无力支付的困境，甚至破产。资产负债率超过100%，说明企业资不抵债，有倒闭的危险。

（5）企业应努力使负债率维持在一个合理的水平上，衡量标志是企业不会发生还本付息的偿债危机，且融资成本最低。换句话说，企业的负债率应在不发生偿债危机的情况下，尽可能提高。这样的负债比率不仅能保护债权人利益，稳定市场秩序，而且能使企业和所有者（或股东）的风险较小而利益较大，这是一种风险成本和收益相称的负债比率，也是企业应寻求的负债比率。

（6）一般认为，资产负债率的适宜水平是40%~60%。对于经营风险比较高的企业，为减少财务风险应选择比较低的资产负债率；对于经营风险低的企业，为增加股东收益应选择比较高的资产负债率。利润比较稳定和资产流动性较强的企业，其偿债能力一般要大于利润波动较大和资产流动性较弱的企业，因而这些企业的负债率可以高一些。

（二）权益比率

权益比率也称资产权益率，是企业所有者权益与总资产之间的比值，是从另一个侧面来反映企业资本结构状况的指标，其计算公式如下：

权益比率=[所有者权益（净资产）÷总资产]×100%
 　　　＝[所有者权益÷（负债+所有者权益）]×100%

权益比率的分析要点：

（1）权益比率可以表明在企业所融通的全部资金中，有多少是由所有者（或股东）提供的，它揭示了所有者对企业资产的净权益。

（2）权益比率越高，说明所有者对企业的控制权越稳固，债权人的债权越有保障，对市场秩序的稳定也越有利，企业还可承受较低的偿付本息的压力。

（3）一般情况下，权益比率和资产负债率之间有如下关系：

$$权益比率+资产负债率=1$$

（三）权益乘数

权益乘数是资产总额与所有者权益的比率，其计算公式如下：

$$权益乘数=资产总额÷所有者权益$$

权益乘数的分析要点：

（1）权益乘数是权益比率的倒数，说明企业资产总额是股东权益的多少倍，一般情况下，权益乘数是大于1的。

（2）权益乘数越大，表明股东投入的资本在资产总额中所占的比重越小，企业对负债经营的利用越充分。

（3）权益乘数是构建杜邦分析法的一个重要的基础分析指标。

(四) 产权比率

产权比率是负债总额与所有者权益（股东权益）总额之间的比率，也称为净资产负债率、债务股权比率等，它也是衡量企业资本结构的指标之一，其计算公式如下：

产权比率=（负债÷所有者权益）×100%

=负债÷（总资产-负债）×100%

=资产负债率/（1-资产负债率）×100%

产权比率的分析要点：

（1）产权比率反映的是企业债务与净资产之间的结构对比关系。指标越大，表明债务比重越大，风险越大；反之，风险越小。

（2）产权比率体现了债权人投入企业的资本受所有者权益保护的程度。由于在企业清算时，债权人的索偿权先于所有者，因此，如果在清算时债权人投入企业的资本比重较低时，债权人受保护的程度就较高。

（3）产权比率与资产负债率是正相关关系，指标越大，说明企业加大了财务杠杆的力度，但同时偿债风险也有所增加，因此它们尽管分析的侧重点不同，但都具有相同的经济意义。

(五) 财务杠杆指数

在企业资本结构决策中，如果企业通过举债所获得的投资报酬能高于事先约定的债务利息，那么剩余收益将归企业投资者或股东所有，这就是企业财务杠杆的作用。财务杠杆指数就是衡量企业通过借债程度的变化而使企业投资者获取报酬发生变化的一项财务指标。该指标的计算公式如下：

财务杠杆指数=净资产报酬率÷总资产报酬率

其中净资产报酬率和总资产报酬率分别是衡量企业所有者（股东）的投资报酬能力和企业所有者及债权人共同的投资报酬能力的两项重要指标。

对财务杠杆指数的分析要点如下：

（1）若财务杠杆指数大于1，即净资产报酬率大于总资产报酬率，说明企业运用财务杠杆给投资者带来更大的收益，显示举债经营有力。

（2）若财务杠杆指数等于1，即净资产报酬率等于总资产报酬率，说明企业运用财务杠杆获得的利润正好与利息费用相等，显示企业没有获得财务杠杆作用。

（3）若财务杠杆指数小于1，即净资产报酬率小于总资产报酬率，说明企业借债的投资报酬低于约定的利息成本，显示举债经营不力，企业所有者因债务增加反而蒙受损失，说明其财务杠杆策略是失败的。

（六）其他辅助性指标

衡量企业财务资本结构的其他辅助性指标还有固定资产与非流动负债比率、固定资产与长期资金比率、固定资产与权益比率等，这些指标是评价企业从长期资本来源（非流动负债和所有者权益）中用于购建固定资产的比重，其公式如下：

固定资产与非流动负债比率=固定资产÷非流动负债

固定资产与长期资金比率=固定资产÷（非流动负债+股东权益）

固定资产与权益比率=固定资产÷所有者权益（净资产）

上述指标值越高，表明固定资产在长期资本中的占比越大。虽然固定资产是企业生产经营中必不可少的一部分，但是由于其流动性差，会对企业的偿债能力带来负面影响。特别是当企业的固定资产为特殊性的专用设备时，其作为抵押品的变现能力很低，根本无法起到提高企业偿债能力的作用。

二、资本结构评价因素

资本结构评价因素的含义非常宽泛，只要能从某一个侧面反映企业资本结构的因素都可以纳入企业资本结构评价体系。因此，下文尽可能将各类具有代表性的资本结构因素纳入评价体系构建,从而更加完整与准确地对企业的资本结构进行评价。

(一)企业结构评价

企业结构包括企业规模和资产构成两个方面。其中,企业规模反映企业生产能力和抵御风险能力的大小,企业规模越大,说明企业生产能力越大、抵御风险能力越强。资产结构不仅反映企业中所有者权益和负债所占比例,而且可以反映固定资产和无形资产所占比例。企业所有者权益所占比例越大,说明债权人的利益越能得到保护,那么企业的资本结构越好;固定资产比例越大,说明企业可用于抵押的资产越多,债权人的保障程度越大,企业资本结构也越好。

(二)财务结构评价

合理的资本结构应该是实现企业价值最大化时的资本结构。而从财务角度来看,企业价值最大化可以内在表现为企业财务结构的最优化。因此,财务结构从财务角度反映了企业资本结构的合理水平,那么应该把财务结构纳入企业资本结构评价体系。财务结构评价主要包括对于企业偿债能力、盈利能力、成长能力和营运能力四个方面的评价。

(1)企业偿债能力越强,对债权人而言,其债权的保障程度越大,越愿意发放贷款;对企业而言,表明其债务破产成本越小,抗破产风险的能力越大,那么企业资本结构就越合理。因此,在评价资本结构时要考虑企业偿债能力。

(2)企业是营利性的经济组织,以盈利为其生产经营的目的。企业融资的目的是增强现有资金的盈利能力。那么,最佳的资本结构应能使企业的盈利能力最大化。盈利能力参与资本结构评价已逐步成为全球资本结构研究的共同趋势,资本结构评价考虑企业的盈利能力已经成为广泛接受的观点。

(3)企业的成长性是企业管理的一个重点,资本结构优化的目的就是让企业健康稳定地成长,因此成长能力也从一个侧面反映企业资本结构的优化程度。在其他条件不变的情况下,企业成长能力越高,意味着企业资本结构优化程度越高。因此，应该把成长能力纳入资本结构评价体系。

（4）营运能力反映企业资金运营周转的情况，反映了企业对经济资源管理、运用的效率高低。企业资金周转越快，流动性越高，企业的偿债能力越强，那么企业资本结构优化程度就越高。因此，这里同样把营运能力纳入资本结构评价体系。

（三）人力资本结构评价

人力资本至今虽然没有纳入现实的会计体系，但是随着知识经济的发展，人们不得不关注其重要性。特别是在高新技术上市公司中，人力资本是非常重要的一项资本。人力资本越高，企业未来的发展潜力就越强，未来的盈利能力也就越高，相应的偿债能力也就越强，即资本结构也就得到了较好的优化。因此，本论文把人力资本结构纳入高新技术上市公司资本结构评价。

（四）股权结构评价

股权结构是指股份公司总股本中，不同性质的股份所占的比例及其相互关系。股权即股票持有者具有的与其拥有的股票比例相应的权益及需要承担的责任。股权结构是公司治理结构的基础，公司治理结构则是股权结构的具体运行形式。不同的股权结构决定了不同的企业组织结构，从而决定了不同的企业治理结构，进而决定了企业的行为和绩效，也进一步衡量了企业资本结构的优化程度。基于此，在评价企业资本结构时应该涵盖对于其股权结构的评价。

第六章 智能化时代下智能财务建设中的新技术

智能技术是推动传统财务向智能财务变革的主要动力。应用于智能财务领域的智能技术需要从财务洞悉力上帮助企业决策，从财务自主性上帮助企业协同，打通业财管技术壁垒，实现互联互通。这类技术应是成熟的、具备商业化应用价值的、有利于实现智能财务目标的智能技术。目前应用于智能财务领域的智能技术主要包括三类，如表6-1所示。

表6-1 智能财务领域的主要智能技术应用表

分类	智能技术	主要内容
人机交互	机器人	自然语言交互、自适应用户界面、智能RPA
	自然语言处理	对话分析，包括语义理解、意图识别、对话控制与管理、语言生成；文本识别，包括文本向量、依存句法分析、相似度识别、信息抽取、文本情感分析
	语音识别	语音转文本、语音合成、文本播报
	机器视觉	图片识别、视频识别
	推荐引擎	特征提取、用户行为分析、智能搜索
机器智能	知识图谱	知识抽取、知识融合、知识推理
	机器学习	分为监督式学习、无监督学习、半监督学习、强化学习、深度学习五类
	数据挖掘	异常数据监控、关联数据分析、归因数据分析、回归预测分析、聚类、分类
辅助决策	认知计算	直觉获取、搜索验证、优化选择
	情景情绪计算	分为情景感知计算和决策情绪计算，是人工智能的高阶技术

（1）人机交互类智能技术

这类智能技术的主要功能是实现人与系统的协同交互。比如，智能 RPA，也被称为数字化劳动力，可以应用在流程规则明确、业务量大、重复性强的多类财务工作中，减少财务工作的人工错误率。

（2）机器智能类智能技术

此类智能技术在实现人与系统协同交互的基础上，通过对系统赋能，让系统本身产生对问题的认知和理解。例如，机器学习技术可以应用于发票查验图片，让系统自动从大量发票查验图片中总结规律，生成一套针对发票查验图片的标准，让非财务专业或非技术专业人员也可以使用这类技术成果。又如，知识图谱技术可以应用在知识管理方面，智能客服关于问题反馈的答复或是知识共享中心关于制度规则的查询等，系统可以从海量信息中自动推理并快速找到关联信息。

（3）辅助决策类智能技术

这类智能技术是人工智能中的高阶技术，通过模拟人类智能，对复杂的公司经营管理问题作出智能判断，从而辅助人类生成和选择决策。然而，这类智能技术的开发还远未达到可以实践应用的程度。

本章所探究的智能财务建设中的新技术，是指以人工智能为代表的新技术。

第一节　数据挖掘技术

一、数据挖掘概述

数据挖掘（Data Mining, DM）是近年来随着人工智能和数据库技术的发展而出现的一门新兴技术。它是从大量的数据中筛选出隐含的、可信的、新颖的、有效的信息的高级处理过程。

（一）数据挖掘的含义

数据挖掘的关键性思路可以简单地概括为"实事求是"。"实事"即"数据"，"求"即发现、挖掘、探索，"是"即数据中蕴含的规律。因此，数据挖掘实质上就是探索数据中蕴含的规律的过程。

各种研究机构由于观点和背景不同，对数据挖掘从不同角度给出了定义，比如技术角度和商业角度。

1.技术角度

数据挖掘就是从大量的、不完全的、有噪声的、模糊的、随机的实际应用数据中，提取隐含在其中的、人们事先不知道但又有潜在用途的信息和知识的过程。

与数据挖掘相近的同义词有数据融合、数据分析和决策支持等。这个定义包括好几层含义：数据源必须是真实的、大量的、含噪声的；发现的是用户感兴趣的知识；发现的知识要可接受、可理解、可运用；并不要求发现放之四海皆准的知识，可仅支持特定的问题。

何为知识？从广义上理解，数据、信息也是知识的表现形式，但是人们更把概念、规则、模式、规律等看作知识。人们通常把数据看作形成知识的源泉，获取知识就好像从矿石中采矿或从砂砾中淘金一样。原始数据可以是结构化的，如关系数据库中的数据；也可以是半结构化的，如文本、图形和图像数据；甚至可以是分布在网络上的异构型数据。发现知识的方法可以是数学的，也可以是非数学的；可以是演绎的，也可以是归纳的。发现的知识可以被用于信息管理、查询优化、决策支持和过程控制等，还可以用于数据自身的维护。因此，数据挖掘是一门交叉学科，它把人们对数据的应用从低层次的简单查询，提升到从数据中挖掘知识。在这种需求牵引下，汇聚了不同领域的研究者，尤其是数据库技术、人工智能技术、数理统计、可视化技术、并行计算等方面的学者和工程技术人员,投身到数据挖掘这一新兴的研究领域,形成了新的技术热点。

2.商业角度的定义

数据挖掘是一种新的商业信息处理技术,其主要特点是对商业数据库中的大量业务数据进行抽取、转换、分析和其他模型化处理,从中提取辅助商业决策的关键性数据。

简而言之,数据挖掘是一类深层次的数据分析方法。数据分析本身已经有很多年的历史,只不过在过去数据收集和分析的目的是用于科学研究。另外,由于当时计算能力的限制,对大数据量进行分析的复杂数据分析方法受到很大限制。现在,由于各行业业务自动化的实现,商业领域产生了大量的业务数据,这些数据不再是为了分析的目的而收集起来的,而是由于纯机会的商业运作而产生的。分析这些数据也不再是单纯为了研究,更主要是为商业决策提供真正有价值的信息,进而获得利润。但所有企业面临的一个共同问题是企业数据量非常大,而其中真正有价值的信息却很少。从大量的数据中经过深层分析,获得有利于商业运作、提高竞争力的信息,就像从矿石中淘金一样,数据挖掘也因此而得名。

因此,数据挖掘可以描述为:按企业既定业务目标,对大量的企业数据进行探索和分析,揭示隐藏的、未知的或验证已知的规律性,并进一步将其模型化的先进有效的方法。

(二)数据挖掘的作用和意义

许多企业有数以百万计的历史数据,要通过传统的统计等分析方法精密分析相当困难,容易错失企业应有的商机;而数据挖掘工具能从庞杂的信息中筛选出有用的数据,以公正客观的统计分析快速准确地得知企业经营的信息,从而找出销售模式,正确掌握未来的经营动态。

数据挖掘通过高等统计工具的使用,从数据库或其他电子文档中识别出对商业有用的样本或关系,并收集与客户相关的数据,利用统计分析与人工智能技术,针对大量数据进行筛选、推导与模型构造等操作,以揭露隐含在数据与模式中的闪光点,从而把原始数据转换成商机,成为决策依据。

完整的数据挖掘不但可以做到准确的目标市场行销,当分析工具及技术成熟时,加上数据存储具有的大量存储客户数据的能力,可使数据挖掘进行大规模针对个人客户的订制,准确地对客户作一对一的行销。只有企业对客户有充分的了解,才能有效地和客户建立亲密的关系,进而有效地行销,创造商机。通过数据挖掘,能有效地提供行销、销售和服务的决策支持,让工作人员得到充分的信息而展开行动,并于适当的时间和地点给客户提供适当的产品及服务。

企业一旦提高了对客户的了解程度,针对目标市场行销的准确度就会大幅提高,这将直接影响成交的比例。在目前彼此竞争激烈的企业之间,如能了解客户的需求,就可以有效地过滤无效的原始数据,在未接触客户以前就能知道客户可能是未来成交的对象,减少以往无目标的行销策略,从而较其他竞争者优先获得商机。

"数据挖掘"也让消费者更有能力找到真正需要的东西。他们可以用全球语义信息网(Global Semantic)的红色链接轻而易举地找到相关的产品和它们的特性。个性化的信息存取和自动化能力,要能符合这些目的。在遇到有合适的新信息出现时,它们会根据产品的特性和指定的偏好是否符合,提醒企业注意。娱乐业是量身定做的另一大受益者。将来或许能把历年来几万部电影的数据库缩小,并且激活自动提醒功能,要系统去"看"有没有新片发行,以便找到引起企业兴趣的"完美"选择,然后用户就可以舒服地坐在摇椅上,通过网络租片子回来观赏。

在医疗保健、金融、政府、法律以及其他许多服务领域中,量身定做的天地将更为宽广。在经济系统、零售交易、娱乐等方面,这些活动居于主宰地位。企业对企业(B2B)的客户关系管理也会走上量身定做的道路,未来的市场将十分庞大。

二、数据挖掘的对象、过程、方法及工具

数据挖掘，又称为数据库中的知识发现（Knowledge Discovery in Database, KDD），是从大量数据中获取新颖的、潜在有用的、有效且可理解的模式的过程。数据挖掘是近年来随着数据库和人工智能技术的发展而兴起的一种全新数据处理技术，在众多领域中得到广泛应用。数据挖掘又是一种决策支持过程，在数据仓库的基础上进行自动化分析处理，帮助决策者作出合理、正确的决策。

（一）挖掘对象

数据挖掘对象一般具有数据量规模大、类型复杂、结构各异等特点。数据挖掘对象的数据源可以是数据库中存储的结构化数据、事务数据及数据仓库中的集成数据，也可以是文本型数据、多媒体数据、空间数据、时序数据、Web数据等其他类型的数据。数据库作为数据挖掘比较常见的数据源，存放的多是实际应用数据，但是数据具有潜在的杂乱性，可能存在着值丢失、数据缺失等问题。数据仓库则能为数据挖掘应用提供一个单一的、权威的数据源。

（二）挖掘过程

与传统数据分析不同，数据挖掘通常是在没有明确假设的前提下从大量有噪声的、不完全的、模糊的、随机的数据中挖掘先前未知的、有效的和可实用的知识和信息的完整过程。简单地说，数据挖掘就是从数据到知识的过程，如图 6-1 所示。

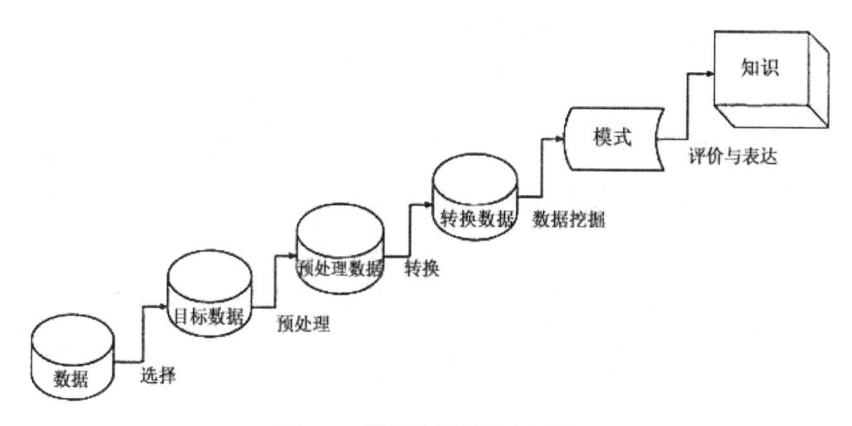

图 6-1 数据挖掘的基本过程

1.数据准备

数据准备主要包括数据选择、数据预处理和数据转换三个阶段。数据选择是在明确数据挖掘应用的目的后，搜集相关的业务应用数据，并从中选择适用于数据挖掘任务的目标数据。为了消除数据噪声、不完整、不一致、冗余，缩小数据范围，提高数据挖掘的质量，通常需要对数据进行清理、集成、变换、归约等进一步处理，这一过程称为数据预处理和数据转换。将实际应用数据转换或统一成适合数据挖掘的形式是数据准备阶段的工作，这一阶段的工作质量将直接影响到下一阶段数据挖掘的效率和准确度以及最终模式的有效性。

2.数据挖掘

数据挖掘阶段需要结合数据处理的需求选择相应的数据挖掘方法和工具对得到的转换数据进行分析，从而发现隐藏在数据中的模式。模式一般分为描述型模式和预测型模式两大类。选择应用合适的数据挖掘方法是数据挖掘成功的关键。

3.结果评价和表达

结果评价和表达主要是确定经数据挖掘发现的规则模式是否有效，以便发现有价值的知识。为了方便用户理解观察与分析评价，这一阶段可以通过利用可视化工具，将数据挖掘获得的知识规则、模式模型等结果呈现出来。

（三）挖掘方法

数据挖掘作为一种多学科综合的产物，综合利用人工智能、机器学习、模式识别、统计学、数据库、可视化等技术，自动分析数据并从中获得隐含的知识。根据特定的数据分析处理任务，通常需要选择合适的数据挖掘方法。目前比较常用的数据挖掘方法有决策树、人工神经网络、集成学习、聚类分析、关联规则、文本和 Web 挖掘、遗传算法、粗糙集法等。在实际应用中，为了适应各种不同要求的数据挖掘任务，需要对这些方法进行适当的改进和优化后再进行数据分析和预测。

1. 决策树

决策树是数据挖掘中一种比较常用的分类方法。它是以信息论为基础，以信息熵和信息增益度为衡量标准，通过已知的训练数据而生成的决策树，其表现形式类似于树形结构表示分类或决策集合的流程图。基于建好的决策树对检验数据进行预测分类，主要用于解决实际应用中有关分类的问题。生成决策树的典型算法是 ID3 算法及其改进算法 C4.5。决策树法因其描述简单、输出结果容易理解、精确度较好、效率较高、分类速度快、决策制定过程可见等优点，在大规模、非数值型的数据处理过程中表现出色。

2. 人工神经网络

人工神经网络（Artificial Neural Network，ANN）是通过模拟生物神经系统的结构和功能，建立自学习、自适应的抽象计算模型。它能对大量复杂的数据进行分析，完成分类、聚类、特征挖掘等多种数据挖掘任务。神经网络具有结构复杂、输出结果的表达不易理解、训练时间长以及过程具有"黑箱"性等缺点，但因其自行处理、分布存储和高度容错的特性以及联想记忆功能等优点，常用于处理非线性的、模糊的、不完整的、不严密的数据问题。神经网络主要应用于数据的分类、优化、模式识别、预测和控制。

3. 集成学习

集成学习方法的核心是组合训练数据生成的各种预测模型的计算结果，减少错误率。该方法分为训练阶段和检验阶段两个阶段：在训练阶段，集成方法通过采用不同的数据挖掘算法训练数据，生成不同的预测模型；在检验阶段，集成方法聚集每个预测模型的输出结果，以此预测一个测试样本的未知值。通过集成方法生成的预测模型也被称为多分类器、分类器融合或聚集，由两个或两个以上的预测模型和一个组合规则组成。

4.聚类分析

聚类分析方法是将给定的数据对象集按照聚类算法划分为子集的过程。每个子集是一个簇，每个簇内的对象具有较高的相似性，而不同簇内的对象具有相异性。相似性和相异性根据所描述数据对象的属性值进行度量，产生的簇的集合称为一个聚类。聚类分析被广泛应用于商业智能、图像模式识别、离群点检测、生物学、文本挖掘和 Web 数据挖掘等领域。聚类分析是数据挖掘应用的主要技术之一，常用的算法有 K-means 聚类算法、层次聚类法、基于密度的方法和基于网格的方法。

5.关联规则

关联规则描述数据中一组数据项之间某种潜在关联关系，是数据挖掘研究的主要模式之一。关联规则是在无指导学习系统中发现局部模式的最常见形式，反映了事物之间的相互依赖性或关联性，如最早针对超市购物篮分析问题发现超市交易数据库中不同商品之间的关联关系。关联规则数据挖掘对象一般是大型数据库，目前关联规则已在市场营销、银行、零售、保险、电信等领域得到成功应用。经典的关联规则算法有 Apriori 算法和 FP-growth 算法。

6.文本和 Web 挖掘

文本挖掘是从文本数据中发现和提取独立于用户信息需求的文档集中的隐含知识的方法，是一个从文本信息描述到选取提取模式、最终形成用户可理解的信息知识的过程。文本挖掘与计算机语言学、统计数理分析、机器学习、信息检索技术等密切相关。

Web 挖掘是使用数据挖掘技术在海量 Web 数据中自动高效地发现和提取

有用知识的一种新兴数据处理技术,涉及整个发现过程。按照挖掘对象的不同,Web 挖掘可以分为 Web 内容挖掘、Web 结构挖掘、Web 使用挖掘三类。Web 内容挖掘以 Web 页面的文本、图形、音频、视频等数据内容信息作为数据挖掘的数据源,多被应用于搜索过程,以帮助用户发现感兴趣的内容。Web 结构挖掘多用于网页分类、总结网站及其结构,是一种发掘 Web 潜在的链接结构模式。Web 使用挖掘把 Internet 的交互信息作为数据来源,关注用户的行为,有助于网络信息的合理组织和服务质量的改进。

7.遗传算法

遗传算法(Genetic Algorithm)是模拟达尔文遗传选择和自然淘汰的生物进化过程的计算模型。它基于达尔文生物进化论,是采用自然选择、遗传变异、遗传交叉等操作的一种并行、随机、自适应的最佳化空间搜索方法。利用遗传算法模拟自然进化过程,可以解决全局优化问题。遗传算法具有易于并行处理、支持各种数据类型等优点,但是技术复杂、编码困难、计算量较大,因此遗传算法常用于解决分类、优化、搜索等问题,亦可用于评估其他数据挖掘算法的适合度。

8.粗糙集法

粗糙集法是利用已知的知识库将不精确或不确定的知识进行近似刻画处理,是一种处理不确定性和不完整性问题的新型数学工具。它具有很强的知识获取能力,能对不完整的数据资料进行分析和推理,从中发现隐含的知识,揭示潜在的规律,从而解决对象不确定的度量问题。对于具有连续性的属性,需要先进行属性的离散化才能用粗糙集法处理。粗糙集法主要应用于分类、近似推理、数字逻辑分析和化简、建立预测模型等情况。

(四)数据挖掘工具

在数据挖掘技术日益发展的同时,许多数据挖掘的软件工具也逐渐出现。由于数据挖掘工具在企业经营管理、政府行政管理决策支持及科学研究等领域获得了广泛的应用,许多软件开发商或研究机构纷纷推出了各式数据挖掘商品化工具。这些工具可以按照使用方式、所采用的数据挖掘技术和应用范围进行分类。

1.按使用方式分类

数据挖掘工具按使用方式分类,可以分为决策方案生成工具、商业分析工具和研究分析工具。

（1）决策方案生成工具。决策方案生成工具往往是针对某个特定行业或特定问题而开发的一类数据挖掘工具,例如金融行业的欺诈检查工具、零售行业的客户流失分析工具等。

（2）商业分析工具。商业分析工具有两种类型。一种只为用户提供一个黑箱,用户只需将要分析的对象和相关的一些环境因素提供给工具,数据挖掘工具将自动给出数据挖掘的结果,其内部的一些复杂模型用户无须了解。这种类型的数据挖掘工具适合管理人员使用。另一种则是向用户展示数据挖掘模型,用户可以根据自己的需要去选择数据挖掘模型或对数据挖掘模型进行适当的控制。例如,将决策树展示给用户,用户可以对决策树进行切片处理。这一类工具主要为企业管理顾问或商业分析人员服务。

（3）研究分析工具。研究分析工具为用户提供了更大的数据挖掘应用的自由空间,其用户主要是数据挖掘研究人员或商业分析人员。这些工具包含了一些数据挖掘研究领域的最新研究成果,例如文本挖掘、Web挖掘、可视化工具等。

2.按应用范围分类

按数据挖掘的应用范围,可将数据挖掘工具分为专用型数据挖掘工具和通用型数据挖掘工具。

（1）专用型数据挖掘工具。专用型的数据挖掘工具针对某个特定领域的问题提供解决方案。在设计算法的时候,充分考虑到数据、需求的特殊性,并进行了优化。对任何领域,都可以开发出特定的数据挖掘工具。例如,美国IBM公司的Advanced Scout系统针对NBA的各种数据,能够帮助教练优化战术组合；加州理工学院喷气推进实验室与天文科学家合作开发的 SKI-CAT 系统，能够帮助天文学家发现遥远的类星体；芬兰赫尔辛基大学计算机科学系开发的 TASA，能够帮助预测网络通信中的故障。

特定领域的数据挖掘工具针对性较强，也正因为针对性强，往往采用特殊的算法，可以处理特殊的数据，实现特殊的目的，发现知识的可靠性也较高。

（2）通用型数据挖掘工具。通用型数据挖掘工具不区分具体数据的含义，采用通用的挖掘算法，处理常见的数据类型。例如，美国 IBM 公司开发的 QUEST 系统，美国硅图公司开发的 MineSet 系统，加拿大西蒙弗雷泽大学开发的 DBMiner 系统。通用型数据挖掘工具可以做多种模式的挖掘，挖掘什么、用什么来挖掘都由用户根据自己的需求来选择。

3.按数据挖掘技术分类

按数据挖掘技术分类，数据挖掘工具可以分成基于神经网络的工具、基于规则和决策树的工具、基于模糊逻辑的工具和综合性数据挖掘工具等。

（1）基于神经网络的工具。由于基于神经网络的工具具有非线性数据的快速建模能力，因此越来越流行。神经网络很适合非线性数据和含噪声数据，所以在市场数据库的分析和建模方面应用比较广泛。

（2）基于规则和决策树的工具。基于规则和决策树的工具通常对数据库的数据进行开发，采用规则发现或决策树分类技术来发现数据模式和规则，然后对新数据进行分析和预测。这类工具的主要优点是规则和决策树都是可读的。

（3）基于模糊逻辑的工具。基于模糊逻辑的工具常应用于对数据进行查询、排序等。该工具使用模糊概念和"最近"搜索技术的数据查询工具，可以根据用户指定的目标，对数据库进行搜索，找出接近目标的所有记录，并对结果进行评估。

（4）综合性数据挖掘工具。综合性数据挖掘工具则综合了多种数据挖掘方法。通常，这类数据挖掘工具规模较大，适合对大型数据库的数据进行挖掘。

第二节 机器人流程自动化技术

一、机器人流程自动化的概念与特征

（一）机器人流程自动化的概念

RPA（Robotic Process Automation），即机器人流程自动化，是人工智能领域智能化软件中的一种主要应用。RPA 的基本功能包括登录网页或系统、读取数据、计算数据和定期判断等。近年来，财务智能的理念被越来越多的公司所认可，人工智能的技术越来越成熟，在财务领域里得到了广泛的推广。它主要是利用信息技术来实现业务操作，涉及大量人工操作的过程可以通过重复执行常规任务来自动化。财务管理的改革创新都是由于信息技术的成熟和国家经济的发展，人工智能为企业财务管理模式转型提供思路。机器人流程自动化已成为当今人们越来越感兴趣的金融发展技术，可从调查数据入手，提高企业经营管理水平。

机器人流程自动化会根据不同的应用场景，对不同的情况作出灵活的反应，通过图像捕捉的方法实现用户界面的自动化，包括图像识别定位，分辨路径等一些基于计算机视觉的元素认知。将机器人流程自动化引用到企业的智能环境中，在不破坏原有的业务流程基础上，采用非侵入式系统集成模式，跨平台跨系统地交流，并且提供调试工具。

调试工具与编程动态结合，有助于研发人员完成业务流程改造，能及时发现流程中存在的问题，并且及时改正。机器人流程自动化内部安放了非常丰富的流程模板，可以随时定制或者改进模板。通过使用有效的流程模板，提高了研发效率，还会自动生成流程步骤、保存历史记录，有利于业务流程的设计优化。利用接口配置完成流程的逻辑规则，设置内部存放规则引擎，可以处理一

些复杂的业务，对现有的一些操作系统有很大的包容性，支持市面上包括 Android、Linux、Windows 在内的大多数操作系统。灵活的方案部署和资源库允许用户编写外部脚本，导入它们作为插件，并在 cyclone 软件中使用它们作为功能节点，根据指定的规则可以预测一些预期的异常，并且在流程设计中，通过制定相应的策略，使其运行得更加顺利。

机器人流程自动化技术的核心是通过预先设定好的计算机程序或软件来对人工操作进行模仿，实现对于具有高重复度和强逻辑性的业务流程进行批量化的处理，从而替代人力的劳动，可以认为机器人流程自动化就是自动执行的计算机脚本。机器人流程自动化程序被设定为可以记录操作人员的人机交互行为，借此来实现模拟操作人员对计算机程序的日常操作，自动完成识别、模拟与执行业务处理流程。通过用户在使用机器人流程自动化程序界面进行简单性处理，就可以将原先需要烦琐复杂操作的内容一键化实现，在很大程度上降低了人力成本、提高了工作效率。

（二）机器人流程自动化技术的特征

传统的业务流程处理程序往往依托于人工来实现，而 RPA 技术的出现打破了原有传统处理方式的桎梏，通过新时代下的数字化思想更好地对业务流程进行优化，在处理方式上有独到之处，主要特征有如下几点：

1.基于机器来进行处理

RPA 技术是通过技术人员对脚本语言提前编写并构建好用户使用界面，从而在电脑端上使用时实现模拟原有操作人员的重复机械性的操作。其编写成功后可以不间断工作，对于需要不间断执行的业务也能有效契合。

2.基于明确规则来运行

现有的 RPA 技术仍是作为弱人工智能存在的，该技术虽然可以代替人工来进行操作，但由于其仍是执行技术人员编写的脚本语言，所以其必须依托于可以被数字化的操作指令。作为业务流程而言，其必须建立在明确的业务处理规则上，才能转化为数字化的语言来实现。

3.模拟用户的交互

RPA 技术主要实现的是模拟操作者与电脑进行交互时发生的键盘键入、复制粘贴删除以及鼠标单击等操作,通过记录操作者在类似业务流程时的常规操作方式来进行学习模仿,从而实现批量化操作的目的。

4.基于非侵入式的系统

RPA 技术使用时并不需要在原有系统的基础上增加接口来为原有系统增加负担,而是以外挂程序的形式来运行的,对于需要在不同系统间切换的业务处理流程也可以通过其自身的运行逻辑来分别处理,有较好的独立性。由此可以看出,RPA 技术非常契合现如今的财务工作,其通过编写好的脚本语言运行,模拟人工自动化处理业务流程,同时也存在一定的逻辑分析能力,能够承载于不同的业务系统,具有较高的适用性。

二、机器人流程自动化的应用价值与场景

(一) 机器人流程自动化的应用价值

在发展越来越迅速的房地产行业,由于人工的使用率比较高,造成的损失也比较大,财务共享服务中心引入 RPA 代替部分人工后可以降低人工操作的失误率,也可以通过分析数据,策划简单的活动。此外,RPA 能够及时处理数据和信息,由于是电脑机器人处理数据,效率必然高于人工。RPA 可以寻找对应的规则自动处理信息和数据。此外,人类需要记住每一个步骤,花时间才能熟练掌握,而 RPA 比人类更有效率,也更准确。RPA 和财务共享服务中心相辅相成,从而实现双赢的目的。

在原有的财务共享服务中心模式上引入 RPA 可以更加高效地完成财务工作。财务管理转型需要两个步骤。财务部门从发展战略、信息技术、组织架构、职能分类等方面进行综合的改革,实现从财务会计到管理会计的转变、从会计工作到资源整合、价值管理的转变,为企业实现业财融合打好基础,整体降低财务的运营成本,为企业的核心业务提供支持和决策。财务共享服务中心是财

务管理转型的第一步。机器人流程自动化的广泛应用是财务管理转型的第二步。它在财务管理中起到虚拟会计人员的作用,具有操作简单、开发周期短、能够快速自动化的特点,完成特定过程节点中的传统重复操作。

(二)机器人流程自动化技术的应用场景

RPA 机器人基于编写好的脚本,从而代替人工去完成高重复度大批量的电脑操作,该工具能很好地实现流程的自动化,不难看出,RPA 机器人的应用场景是十分广泛的。一般来说,RPA 机器人的应用场景有财务机器人、人力机器人、物流机器人以及 IT 机器人等多种,以下将逐一进行介绍:

1.财务机器人

现如今对 RPA 技术的应用中,财务机器人也是应用得最多、最广泛的。财务领域是强规则性的领域,企业的日常财务工作中存在着大量高重复度低附加值的活动,在原先的财务工作中往往依赖大量的财务人员去处理,产生了大量的人力物力浪费,也不利于企业的良性发展,而 RPA 极大地改善了这一现象。从企业财务职能来分析,RPA 适用于日常交易的财务处理以及内部的审核自检等流程。一般来说,应用 RPA 较多的企业多为财务流程繁杂、下属分支机构多的企业,对于这类企业,往往采取的是财务共享的模式,在该模式下运用 RPA 可以大批量地执行财务工作,减轻财务压力。

2.人力机器人

人力机器人指的是 RPA 在人力资源管理领域的应用,由于人力资源领域也同样存在着大量高重复度以及耗费人力的工作,所以其与 RPA 也有很好的契合度。在人力资源领域对 RPA 的应用一般有招聘流程以及绩效考核等方面,以招聘流程为例,通过 RPA 机器人可以批量对大量简历进行筛选并对符合条件的应聘者回执邮件,将原本烦琐的简历审核工作变得轻松许多,有效降低了人力成本。

3.物流机器人

在物流公司的日常工作中,往往有大量的物流订单需要处理,且时间也从早到晚都有分布,在原先依赖人工检索对订单进行筛选的时候,不仅需要耗费大量时间而且还需要有员工从早到晚值班来避免订单遗漏,这个过程也极易发生错误,而有了 RPA 机器人后不仅不需要人全天值班,完成的工作质量也远高于原先人工检索的水平。

4.IT 机器人

除了以上在财务、人力以及物流方面的应用外,RPA 机器人在 IT 方面也有很多应用,如内部网络安全检查、IT 巡检以及对各种系统账号的管理包括开通、变更和关闭、密码重置等。这些工作重复率高、难度低,与 RPA 技术有较好的匹配性。

三、财务机器人的应用领域

(一)费用报销业务

在使用财务机器人时,需要考虑四个因素,以确保成功完成费用报销业务:第一,扫描各种报销文件,自动识别、分类、综合、提交并编写报销申请;第二,智能电子文档验证,可以根据费用报销交易的分类和相应的规则自动核准真实性、重复性;第三,自动付款,符合报销要求的申请将自动获得付款;第四,财务处理和报告,合并各种要求和有关业务资料并编制有关财务报表。

(二)采购到付款业务

在财务管理方面,还可以采用财务机器人来管理、协调供应商等,以确保快速有效的处理。一般程序如下:首先,提交采购订单,扫描为接收订单而生成的电子文件,自动识别和使用 FinZERP 系统中的 OCR 记录,将付款单与订单、库存信息和要求进行核对,并在核准后进行付款。之后,创建供应商证书,将相关文件传输到总分类账,并在必要时编写相关报告。用于采购的 RPA 财务机器人的功能主要集中在三个方面:第一,处理付款申请。扫描和准备电子付款请求,将其发送给财务机器人,连接到 FinZERP 系统并进行审计。第二,购买付款。在获得批准后,网上银行的付款账户和付款交易即告结束。第三,对供应商账户进行核对。

（三）资金管理业务

在财务管理方面，银行与财务机器人协同合作。财务机器人可以连接到相关的银行系统，访问银行和财务数据，并将银行账户与财务账户进行核对。在现金管理业务中，财务机器人按照既定的现金计划记录和处理现金。之后，引入智能算法，将支付策略、支付顺序和支付金额相结合，优化现金管理模式。此外，实现对收入和支出的动态监测。在收取和处理付款方面，根据有关的规则和要求，根据订单和供应商信息收集付款。在订单请求区域，财务机器人可以自动访问银行的财务信息，并对返回请求结果进行自动管理。

（四）税务管理业务

税务管理业务涉及的工作流程十分复杂，处理起来也较为困难。当使用财务机器人时，主要的税务活动包括按照既定程序处理相关纳税申报表；审查和分析税务公司的报告；编制纳税申报表，自动完成会计交易和税务提醒；增值税账户管理、账户验证、反馈、统计验证结果等。

四、基于 RPA 技术的财务机器人的具体功能

（一）数据检索和记录

搜索和记录数据是财务机器人的主要功能。财务机器人可以搜索数据、移动数据和输入数据，在传统模型中记录财务人员的人工交易，并制定计算规则。通过预先制定的规则，财务机器人可以模拟手动搜索财务人员的操作，自动访问内部和外部安全设备，自动获取关键领域的数据，检索和存储相关信息[①]。

---

① 陈雪欣：《RPA 技术的发展与基于 RPA 技术的财务机器人的应用》，《数字技术与应用》2022 年第 10 期。

与传统的编程方法相比，财务机器人在捕获页面元素方面更灵活。

如果页面部分更改，则无须更改项目结构，以节省系统维护成本。在系统化数据方面，财务机器人可以自动收集数据，并对数据进行逻辑转换和转移数据，并检查和纠正数据的完整性和准确性。在数据传输过程中，财务机器人不仅可以收集原始数据，还可以灵活地处理数据的逻辑转换，以适应数据或流程的变化。除了一个系统迁移和数据测试外，财务机器人还可以进行多个系统之间的数据测试。关于系统所要求的信息，如果获取了纸质文档并以电子形式获得数据，机器人可以模拟财务人员的人工管理模式，自行将事先填写的信息录入系统，并将原始信息存档。机器人可以从企业系统采集和管理企业信息，并将发票数据注入支付信息系统，即可以自行出具收据或将支付数据注入银行系统，完成普通和批量支付自助记账。

（二）图像识别和处理

财务人员可以通过对图像的识别，在图形字段中获得有用的数据，然后再将数据传递到文字信息中，这种信息能够结构化地处理、检验和分析，这对相关领域的研究与决策都有着重要作用。财务机器人还具有利用信息识别设备的扫描实现识别的功能。而在此基础上，它还能够获取大量文字图像数据并压缩其体积，以便于研究、训练并实现信息识别的分类。从目前来看，数据识别技术主要用来识别发票数据。财务人员可以对发票数据的识别和录入流程进行优化，打造财务人工智能化管理模式。通过图像识别技术和财务人工智能技术，按照预先选择的规律完成相应的图像处理流程，并根据指定的评估点和关键信息，验证和分析可识别的字符，完成图像到信息的转换和初始处理。

（三）平台上传和下载

财务机器人被编程进入内部或者外部操作平台加载并下载信息，从而实现数据流的自主收集与传递，进行后台记录的读取工作。如果平台内部的数据端口没有启动，以及平台内部的数据传输比较复杂，就需要实现信息共享和使用平台发布信息。财务机器人模拟自动加载，自动记录到多异构体系统中，并把特定数据和文档添加到独立的系统模块中。

财务机器人自动记录客户关系，并检查和加载用户的主要文档。之后，根据系统数据共享和本地文档保存的需要，财务机器人能够从多个异构体操作系统中自行登录，并下载特定的数据和文档，然后按照预先设定的路径规则保存它们，并继续按照规定下载平台或进行其他处理。比如，财务机器人可以自动接收并下载电子邮件，自动下载银行账号列表，建立文档并将其保存到相应的文件夹中。

（四）数据加工与分析

通过查询和下载历史数据，财务机器人能够通过明确的时间规律来进行检验、筛选、统计、排列、检验和分类。数据验证是处理原始数据的起点，通过财务机器人自动校验所获取数据的准确性和完整性，以及对发现的异常数据分析和预警。因此，财务机器人可以从各个角度检查并验证财务机构和行业信息系统中的原始数据，从而防止异常数据处理，并通过数据规则进一步减少差错。比如，财务机器人筛选核心指数和关键指标，这些指数和关键指标必须在大数据报告中进行统计和处理。进而处理信息，如根据过滤结果进行统计和排名，完成数据的运算。针对所获取的结构化信息，财务机器人能够按照确定的原则自行运算数据，从而获取更符合自身经营特点的数据。比如，财务机器人能够按照佣金分配原则，可以通过下载的详细产品信息获取佣金；还能够按照标准模板，对所得到的结构化和非结构化信息进行转换和排序，并输出文件以自动化从信息获取到分析和传递的全部流程[①]。

---

① 佘浩：《基于 RPA 技术的财务机器人在企业中的应用》，《中国管理信息化》2022年第 4 期。

五、RPA 是实现智能财务的第一步

在财务管理领域，RPA 基本覆盖了财务运营管理的方方面面，如账单管理、报表管理、预算管理、信用管理、税务管理、流程控制等。每个企业流程的规范化、标准化程度不同，RPA 应用的范围也不同。但是，RPA 仍然不是真正的智能财务。RPA 应用的实现基础依然是传统的流程规则，它针对企业现有信息系统提供的外挂自动化软件，对企业已经存在的系统、应用和流程，不会有任何的影响，只是把需要人工操作的部分变成机器代替人来操作。

智能财务的实现基础是机器的自我学习、自我认知能力。RPA 不仅仅只包含一个基于明确规则行动的自动化机器人，还包含人工智能的多项最新技术的综合运用，例如图像识别技术、语音识别技术、自然语言处理技术、语义解析技术、规则与流程引擎技术、机器深度学习技术等，为企业提供多场景、全方位的智能财务服务。以实际的应用场景举例，真正的智能财务机器人，不仅能自动化执行相关操作，如自动生成凭证、自动对账、自动月结、自动付款、自动报税等，同时还具备自我学习、自我纠正的能力，通过机器的自我学习使自己的功能更强大。

第三节　知识图谱

一、知识图谱的要素

知识图谱并非一个全新的概念，于 2012 年 5 月 17 日被谷歌正式提出，其

初衷是提高搜索引擎的能力，增强用户的搜索质量以及搜索体验。目前，随着智能信息服务应用的不断发展，知识图谱已被广泛应用于智能搜索、智能问答、个性化推荐等领域。尤其是在智能搜索中，用户的搜索请求不再局限于简单的关键词匹配搜索，而是将根据用户查询的情境与意图进行推理，实现概念检索。与此同时，用户的搜索结果将具有层次化、结构化等重要特征。例如，用户搜索的关键词为梵高，引擎就会以知识卡片的形式给出梵高的详细生平、艺术生涯信息、不同时期的代表作品，并配合以图片等描述信息。知识图谱能够使计算机理解人类的语言交流模式，从而更加智能地反馈用户需要的答案。与此同时，通过知识图谱能够将 Web 上的信息、数据以及链接关系聚集为知识，使信息资源更易于计算、理解以及评价，并且形成一套 Web 语义知识库。

本质上，知识图谱是一种揭示实体之间关系的语义网络，可以对现实世界的事物及其相互关系进行形式化的描述。现在的知识图谱已被用来泛指各种大规模的知识库。

三元组是知识图谱的一种通用表示方式，即 $G=(E, R, S)$，其中 $E=\{e_1, e_2, \cdots, e_{|E|}\}$ 是知识库中的实体集合，共包含 $|E|$ 种不同实体；$\{r_1, r_2, \cdots, r_{|E|}\}$，是知识库中的关系集合，共包含 $|R|$ 种不同关系；$S \subseteq E \times R \times E$，代表知识库中的三元组集合。三元组的基本形式主要包括实体1、关系、实体2和概念、属性、属性值等形式，实体是知识图谱中的最基本元素，不同的实体间存在不同的关系。概念主要指集合、类别、对象类型、事物的种类，例如人物、地理等；属性主要指对象可能具有的属性、特征、特性、特点以及参数，例如国籍、生日等；属性值主要指对象指定属性的值，例如中国、1988-09-08 等。每个实体（概念的外延）可用一个全局唯一确定的 ID 来标识，而关系可用来连接两个实体，刻画它们之间的关联。

就覆盖范围而言，知识图谱也可分为通用知识图谱和行业知识图谱。通用知识图谱注重广度，强调融合更多的实体，较行业知识图谱而言，其准确度不够高，并且受概念范围的影响，很难借助本体库对公理、规则以及约束条件的支持能力来规范其实体、属性、实体间的关系等。通用知识图谱主要应用于智能搜索等领域。行业知识图谱通常需要依靠特定行业的数据来构建，具有特定的行业意义。行业知识图谱中，实体的属性与数据模式往往比较丰富，需要考虑到不同的业务场景与使用人员。

二、知识图谱的关键技术

大规模知识图谱的构建与应用需要多种技术的支持，其中知识提取、知识表示、知识融合、知识加工是最为关键的几项技术。通过知识提取技术，可以从一些公开的半结构化、非结构化和第三方结构化数据库的数据中提取出实体、关系、属性等知识要素。知识表示则是通过一定的有效手段对知识要素进行表示，便于进一步地处理和使用。然后通过知识融合，消除实体、关系、属性等指称项和事实对象之间的歧义，从而形成高质量的知识库。知识加工则是在已有知识库的基础上进一步挖掘隐含的知识，从而丰富、扩展知识库。

（一）知识提取

知识提取主要面向开放的链接数据，通常典型地输入自然语言文本或者多媒体内容文档（图像或者视频）等。然后通过自动化或者半自动化的技术提取出可用的知识单元，知识单元主要包括实体（概念的外延）、关系以及属性三个知识要素，并以此为基础，形成一系列高质量的事实表达，为构建上层模式层奠定基础。

知识提取分为以下几步：

（1）实体提取是从原始数据语料中自动识别出命名实体。由于实体是知识图谱中的最基本元素，其提取的完整性、准确率等将直接影响到知识图谱的质量。因此，实体提取是知识提取中最为基础与关键的一步。

（2）属性提取的任务是为每个实体构造属性列表（如城市的属性包括面积、人口、所在国家、地理位置等），而属性值提取则为实体附加属性值。属性和属性值的提取能够形成完整的知识图谱维度的实体概念。常见的属性和属性值的提取方法包括从百科类站点中提取，从垂直网站中进行包装器归纳，从网页表格中提取，以及利用手工定义或自动生成的模式从句子和查询日志中提取等。

（3）关系提取的目标是解决实体语义链接的问题。关系的基本信息包括参数类型、满足此关系的元组模式等。早期的关系提取主要是通过人工构造语义规则以及模板的方法识别实体关系。后来，实体间的关系模型逐渐替代了人工预定义的语法与规则。但是仍需要提前定义实体间的关系类型，面向开放域的关系提取仍然在研究当中。

（二）知识表示

传统的知识表示方法主要是以 RDF（Resource Description Framework，资源描述框架）的三元组 SPO（Subject, Predicate, Object）来符号性地描述实体之间的关系。这种表示方法通用且简单，受到广泛认可。

知识图谱中包含三种节点：

①实体：指的是具有可区别性且独立存在的某种事物。如某一个人、某一个城市、某一种植物、某一种商品等。世界万物都由具体事物组成，这些都是实体。实体是知识图谱中的最基本元素，不同的实体间存在不同的关系。

②语义类（概念）：具有同种特性的实体构成的集合，如国家、民族、书籍、电脑等。概念主要指集合、类别、对象类型、事物的种类，例如人物、地理等。

③属性（值）：从一个实体指向它的属性值。不同的属性类型对应于不同类型属性的边。属性值主要指对象指定属性的值。

（三）知识融合

通过知识提取，实现了从非结构化和半结构化数据中获取实体、关系以及实体属性信息的目标。但是由于知识来源广泛，存在知识质量良莠不齐、来自不同数据源的知识重复、层次结构缺失等问题，所以必须要进行知识的融合。知识融合是高层次的知识组织，使来自不同知识源的知识在同一框架规范下进行异构数据整合、消歧、加工、推理验证、更新等步骤，达到数据、信息、方法、经验以及人的思想的融合，形成高质量的知识库。

（四）知识加工

通过知识融合，可以得到一系列的基本事实表达或初步的本体雏形，然而事实并不等于知识，它只是知识的基本单位。要形成高质量的知识，还需要经过知识加工，从层次上形成一个大规模的知识体系，统一对知识进行管理。知识加工主要包括本体构建、知识推理、质量评估三方面的内容：

（1）本体构建可以采用人工编辑的方式手动构建（借助于本体编辑软件），也可以采用计算机辅助，以数据驱动的方式自动构建，然后采用算法评估和人工审核相结合的方式加以修正和确认。除了数据驱动的方法，还可以采用跨语言知识链接的方法来构建本体库。

（2）知识推理是指从知识库中已有的实体关系数据出发，经过计算机推理，建立实体间的新关联，从而拓展和丰富知识网络。知识推理是知识图谱构建的重要手段和关键环节，通过知识推理，能够从现有知识中发现新的知识。

（3）对知识库的质量评估任务通常是与实体对齐任务一起进行的，其意义在于，可以对知识的可信度进行量化，保留置信度较高的，舍弃置信度较低的，有效保证知识的质量。

三、企业财务知识图谱的构建框架

如图 6-2 所示，企业知识财务知识图谱的框架主要分为三个层次，分别为基础层、平台层和应用层。其中知识源、知识抽取等工作发生在基础层，知识建模、存储和融合等工作发生在平台层，知识智能应用等则发生在应用层。

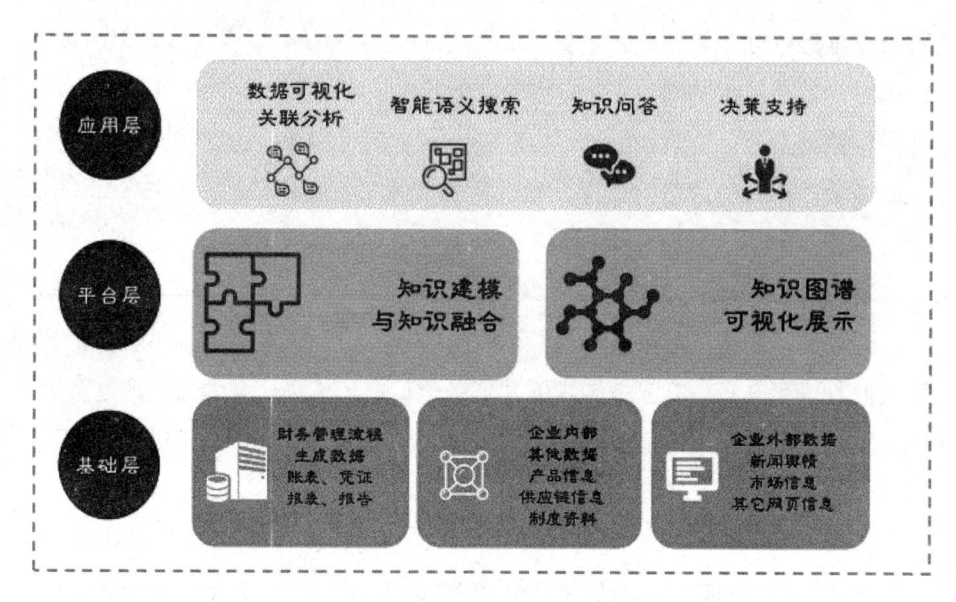

图 6-2　企业财务知识图谱构建框架

首先是基础层。财务知识图谱的知识源除了包括传统财务数据账表、凭证、报表、报告外，也包括企业内部其他有关数据，包括产品信息，供应链信息，制度资料，以及企业外的相关信息，比如新闻舆情、市场信息、其他网页内容等。从技术可行性角度来说，传统财务账表信息是结构化数据，可以通过直接映射语言 DM 等手段进行知识抽取。文本等非结构化数据可以通过实体抽取等基于自然语言处理的方法实现。

其次是平台层，从各类数据中抽取来的将在这一层次进行建模和融合，构成 RDF 三元组结构，并通过关系和属性的联系建立起链接，从而构成图数据库，在需求发生时进行存储和调用。在这一环节，财务知识图谱的形态已经完成，可以进行可视化展示。

最后是应用层。知识图谱的最终目的是为企业各个环节进行服务，所以，在这个层次将会提供知识图谱的各项应用功能，包括数据可视化关联分析，智能语义搜索，知识问答等，从而满足企业各部门的数据需求，并为管理层决策提供的数据支持。

四、知识图谱的典型应用

知识图谱为互联网上海量、异构、动态的大数据表达、组织、管理以及应用提供了一种更为有效的方式，使得网络的智能化水平更高，更加接近于人类的认知思维。知识图谱的典型应用有语义搜索、智能回答、个性化推荐、辅助决策等。

语义搜索是知识图谱最典型的应用，它首先将用户输入的问句进行解析，找出问句中的实体和关系，理解用户问句的含义，然后在知识图谱中匹配查询语句，找出答案，最后通过一定的形式将结果呈现到用户面前。谷歌构建的知识图谱已经拥有 5 亿个实体，约 35 亿条实体关系信息，已经被广泛应用于提高搜索引擎的搜索质量。

智能问答可以被看作语义搜索的延伸，通过一问一答的形式，用户和具有智能问答系统的机器之间进行交互，就像是两个人进行问答一样，具有智能问答系统的机器就像一个智者一样，为用户提供答案，友好地进行交谈。同为智能问答，特点不同，依赖的知识图谱技术也不同。聊天机器人不仅提供情景对话，也能够提供各行各业的知识，它依赖的知识图谱是开放领域的知识图谱，提供的知识非常宽泛，能够为用户提供日常知识，也能进行聊天式的对话。行业内使用的专业智能问答系统，依赖的是行业知识图谱，知识集中在某个领域，专业知识丰富，能够为用户有针对性地提供专业领域知识。

个性化推荐是根据用户的个性化特征，为用户推荐感兴趣的产品或内容。我们上网的时候会经常查找一些感兴趣的页面或者产品，在浏览器上浏览过的痕迹会被系统记录下来，放入我们的特征库。个性化推荐系统通过收集用户的兴趣偏好、属性，产品的分类、属性、内容等，分析用户之间的社会关系，用户和产品的关联关系，构建用户和产品的知识图谱，利用个性化算法推断出用户的喜好和需求，从而为用户推荐感兴趣的产品或者内容。

辅助决策就是利用知识图谱的知识，对知识进行分析处理，通过一定规则的逻辑推理得出某种结论，为用户决断提供支持。

第四节　区块链技术

区块链有着去中心化、不可篡改、可追溯、开放性以及匿名性等特点,将其应用于企业财务管理,可以帮助企业从各个方面节约成本,提高管理水平。

一、区块链技术的定义与特点

(一)区块链的概念

区块链的概念有广义和狭义之分。狭义的区块链是指一种按照时间顺序将数据区块以顺序相连的方式组合成的一种链式数据结构,并以密码学方式保证的不可篡改和不可伪造的分布式账本。广义的区块链则是指利用块链式数据结构来验证和存储数据、利用分布式节点共识算法来生成和更新数据、利用密码学的方式保证数据传输和访问的安全性、利用由自动化脚本代码组成的智能合约来编程和操作数据的一种全新的分布式基础架构与计算范式。

(二)区块链的特点

区块链具有如下特点:

1. 透明可信

由于区块链是一个去中心化的系统,如果将每个进行交易的个体都看成一个节点,那么每个节点都可以平等地收发消息。因此这些个体就能观察到系统中其他个体的交易事项,他们再各自记录下这些交易事项,相应地也就维护了这个系统,形成了一个共享账本。对于传统的中心化系统而言,所有的账务都要经过这个中心,这就容易导致出现信息不对称的问题。于是交易的可信性只能通过外部机制才能得以保证,维护这样一个处理庞大数据的中心所要付出的代价也是极大的。

2.防篡改，可追溯

防篡改性是指一项交易经过各方的确认后被记入区块链，其他人很难对这项交易进行篡改。首先这个篡改者需要有51%以上的算力，这是很难达到的；其次这个篡改者的攻击过程会被所有人见证，那么这个系统就不再被人所信任。可追溯性是基于防篡改性之上的，由于区块链上的交易难以被篡改，所以链上的每一笔交易都会被完整地记录下来，想要追溯区块链上的有关某笔交易的全部信息也会因此变得很轻松。

3.隐私安全保障

区块链系统中的任意节点都可以独立追踪到自身交易的全部内容，而不需要依赖其他节点，那么每个节点也就不需要去额外相信其他节点。这样节点与节点之间不需要互相公开身份，就可以有效保障各个节点的隐私安全。而快速发展的密码学也为节点的信息加密提供了技术支持。

4.高可靠性

区块链系统的可靠性体现在以下两个方面：一方面，每个参与交易的节点都是相互平等的个体，他们在一起组成了区块链系统，也在共同维护这个系统。不论单个节点出现什么问题，加入或退出整个系统都仍能够保持正常。另一方面，区块链系统具有很高的容错能力，传统的分布式系统虽然能容忍节点自身出现问题，但是一旦受到外界的攻击便容易出现问题。

二、区块链的核心技术

总体来看，区块链是一种全新的分布式基础架构，主要结合了四个方面的核心技术，即分布式账本、共识机制、现代加密技术和智能合约。

（一）分布式账本

分布式账本是区块链最基本的核心技术，在去中心化的分布式网络中，每个节点权限相同，任何一个节点都无法独自记录账目，各区块之间可以查看、分享、复制所有数据。只要通过区块链系统网络的许可，任何人均可以成为账本上的一个节点。凭借安全的分布式存储进行验证，被篡改的信息可立即被检测出来。

（二）共识机制

在区块链中，没有一个中心来指挥协调，各节点分布式记账，因此要保证所有节点交易数据的一致性，就必须能够获得全网的认可与共识，共同自觉维护数据。目前在诸多共识机制中，工作量证明（POW）和权益证明（POS）是应用最多的，两者分别以工作量、资产量和持有时间的多少来竞争记账权。

（三）现代加密技术

各区块通过加密的方式存储网络上的所有记录，交易信息虽然是公开的，但是各区块记录者的身份信息却是高度加密的。哈希函数及其算法作为现代密码学的高级手段，是保证信息不可篡改的单项密码机制。除非准确匹配到区块的哈希值，否则任意变动都无法被执行，从而保持了区块链数据的匿名性、唯一性、完整性和安全性，常见应用有交易验证、数字签名等。

（四）智能合约

智能合约由计算机代码生成，是一套特殊的数字化协议，包含相关交易的全部信息。根据特定交易模式形成相应的编程脚本，所有触发条件都可用代码编译。将预先设置的规则和条款嵌入区块链，可自动执行满足条件的操作，大幅提升系统的响应效率，实现了去信任的交易模式。交易过程不可逆转且能够全程跟踪。

三、区块链的基础架构

区别于其他基础语言或系统平台，区块链体现为一种多层架构设计的形式，其基础架构的实现方式由底层向上依次分为六个层次，如图 6-3 所示。

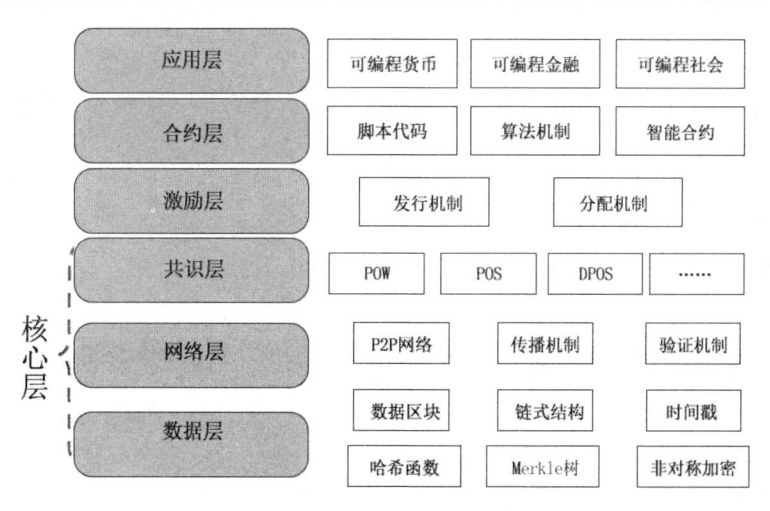

图 6-3 区块链基础架构

每一个层级分别运用一些技术完成相应的功能，来保证整个区块链的正常运作，各层级之间互相支撑，实现区块链去中心化的信任机制。数据层、网络层和共识层是区块链必不可少的三个基本核心层次，其他层次则可根据不同区块链的应用需求进行取舍，各层级主要功能如下：

（1）数据层是整个区块链技术中最底层的数据结构，主要描述区块链技术的物理形式，封装了底层数据区块以及基础数据、基本算法等，包括数据区块、哈希函数、时间戳、默克尔树等。

（2）网络层的主要功能是在区块链中实现各网络节点之间的信息交流，通过 P2P 点对点对等网络实现分布式网络机制，每一个节点既接收信息也产生信息，包括 P2P 网络、传播机制、验证机制。

（3）共识层负责区块链点对点模式的有效识别认证，促使高度分散的各节点在去中心化的网络中快速有效的达成共识，常用的共识证明机制有工作量证明POW、权益证明POS、股份授权证明DPOS等。

（4）激励层在公有链中是必需的，主要通过提供有效的激励措施，促使各节点积极参与区块链信息的安全验证，包括发行机制、分配机制等。在联盟链（联盟链只针对某个特定群体的成员和有限的第三方，其内部指定多个预选节点为记账人，每个块的生成由所有的预选节点共同决定）中由于所有节点都是已认证的节点，因此在没有激励的情况下也会自发维护系统的安全稳定。

（5）合约层是区块链去信任的基础，脚本代码、算法机制、智能合约等都是存储在区块链中不可篡改的程序，负责规定交易方式和流程细节，可以自动执行预设的规则或条款。

（6）应用层负责区块链技术在现实生活场景中的落地实施，包括区块链各种可实现的应用场景和具体案例，如可编程货币、可编程金融和可编程社会。

四、区块链的应用场景

由于各个区块链采取的技术组合不同，形成的区块链特点也大不相同，但是需要指出的是，区块链技术可以根据业务的需要进行有针对性的组合和创新。

区块链的创新性最大的特点不在于单点技术，而在于系统化的创新，在于思维的创新。而正是由于区块链是非常底层的、系统性的创新，区块链技术和云计算、大数据、人工智能、量子计算等新兴技术一起，被认为是最具变革性的新兴技术之一。其中，金融服务领域是即将被颠覆的关键领域之一，除此之外，区块链还可以被广泛应用于物联网、移动边缘计算等去中心化控制领域，以及智能化资产和共享经济（如自动驾驶汽车、智能门锁+租赁）等一系列潜在可应用的领域。

下面重点介绍几类区块链变革金融服务的场景：

第一，金融领域的结算和清算。以金融领域的结算和清算为例，全球每年涉及各种类型的金融交易高达18万亿美元。由于交易双方互不信任，因此金融机构需要通过处于中心位置的清算结构来完成资产清算和账本的确认。这类涉及多个交易主体且互不信任的应用场景，非常适合使用区块链技术。原则上，可以直接在金融之间构建联盟链，那么机构之间只需要共同维护同一个联盟区块链，即可实现资产的转移和交易。

第二，数字货币。货币是一种价值存储和变换的载体，过去都是由中央法定机构集中发行的。我国从2014年开始就启动了央行数字货币的相关研究，2017年1月29日，中国人民银行数字货币研究所成立，是全球最早从事法定央行数字货币研究的官方机构之一。2019年我国明确提出中国央行数字货币的名称为DCEP（Digital Currency Electronic Payment），亦称为"数字人民币"。发行数字货币将会对传统的银行业务形成巨大冲击，数字货币依托于区块链、大数据、云计算等技术，在自身发展的同时，也会倒逼传统银行进行业务创新。其次，数字货币的服务商也会对整个支付体系产生深远影响，客观上起到一种掌控作用。数字货币点对点的支付方式将会提高整体交易效率，也会由发达国家掌控的高度中心化逐渐转变为由发展中国家平等参与的适度中心化的局面。数字货币的发行也会提高中国在国际上的竞争力。相信区块链技术或者说分布式账本技术会在数字货币技术体系中占据重要地位。

第三，跨境支付。另一个区块链可颠覆的金融服务就是跨境支付通常跨境支付到账时间长达几天甚至一个星期。除此之外，跨境支付需要双边的用户都向当地银行提供大量开户资料和证明，以配合银行的合规性要求，参与交易的银行和中间金融机构还需要定期报告，以实现反洗钱等其他合规性要求。这是一个典型的涉及多方主题的交易场景，区块链技术可以应用在多个环节。区块链技术，一方面可以减少用户重复提交证明材料情况的发生，提升效率，另一方面可以更好地合规、实时完成交易，大幅提升金融机构的运行效率，提升监管效率。此外，由于区块链技术可以在银行等金融机构之间直接通过区块链实现资金和资产的转移，因此可以去掉高昂的中间费用。此外，还可以结合智能合约等技术，在合约中规定好实施支付的条件，在支付的同时保证义务的实施，提升交易的安全性。

第四，财产保险。传统上，财险理赔是用户的痛点和成本瓶颈，估计理赔成本的占比至少为保险公司收入的11%。而且由于理赔过程中需要客户提供大量的资料，客户体验往往非常不好。由于每次理赔可能会涉及大量的手工操作，因此需要占用大量的人力、物力来进行理赔处理。此外，由于保险公司各自为政，财险理赔还需要对抗保险欺诈。而区块链技术则可以很好地缓解财险理赔的用户痛点，降低理赔成本。首先区块链可以减少客户提供理赔资料和证明的负担，如果资产可以智能化地嵌入智能合约，则资产可具备自动启动理赔流程的能力，甚至可以实现自动化理赔，大幅加快理赔速度、改善客户体验，甚至可以在联盟链成员之间进行合理的数据共享，有效地发现和排除保险欺诈。此外，区块链技术的应用可以大幅度减少保险公司对中介代理服务人员的需求，从而大幅度降低运营成本。此外，区块链还可以广泛应用在物联网、边缘计算、存在性证明等许多领域。需要特别强调的是关于区块链的应用可能层出不穷，关键还是要理解区块链技术的内涵和变革原理，深刻体会区块链去中心化的系统化思维，从而可以结合自身对相关行业的理解和需求，创造出新的解决方案、新的价值。

五、区块链技术对财务智能数字化转型的推进作用

区块链技术的产生将对财务智能数字化转型带来巨大的推进作用。财务共享服务中心、RPA这些财务智能数字化产物将在区块链技术的推动下大面积被使用，区块链的去中心化特性将大大减少机械的人工操作岗位。区块链的防篡改特性使得网络中的账务及报表数据变得更加真实可靠，这将促使以往进行财务分析的会计人员也将大为缩减。未来在一家中小型企业的财务部门中，很可能只需要1~2名人员，而且这些人员不一定是专业的会计人员，因为在区块链网络当中引入RPA不仅可以降低企业的人工成本，还可以提高财务工作效

率及财务工作的准确性。同样,现有的财务共享服务中心只用于财务集团公司,在区块链技术的帮助下可以延伸到供应链、行政事业单位,财务共享服务中心的大量纸质票据也会被区块链电子数据所取代,会计行业的"互联网+"发展阶段一定会逐步发展到"区块链+",财务智能数字化转型进程将会在区块链技术的促进下进一步提速。

总之,随着区块链技术的不断发展,财务智能数字化转型将是必然趋势,现有的财务人员应该积极学习新的理论知识及技术,尽快适应新技术带来的变革,为我国的财务行业作出贡献。

第五节 智能识别技术

计算机的相关设备要想具有和人类一样的判断力,首先就是需要有对外界的感知能力。这种感知能力就是识别技术,通过相关的设备分辨出现实世界的物体,并按人类的预想作出判断。现实世界的同一物体可能具有相似的特征,却不会完全相同,这就提出了智能识别技术的概念。在不同的环境下,或者是非静态的环境中,可以自行进行识别优化是组成人工智能技术的一个必要前提。

一、文字识别技术

文字识别技术是指利用计算机自动识别字符的技术,是模式识别应用的一个重要领域。人们在生产和生活中,要处理大量的文字、报表和文本。为了减轻人们的劳动,提高处理效率,文字识别在近些年来有了快速的发展,在扫描、手写输入等各个领域都有极为广泛的应用。

概括来说,文字识别一般包括文字信息的采集、信息的分析与处理、信息的分类判别等几个步骤。首先,通过信息采集将纸面上的文字灰度变换成电信号,输入计算机中去。信息采集由文字识别机中的送纸机构和光电变换装置来实现,光电变换装置有飞点扫描、摄像机、光敏元件和激光扫描等。其次是信息分析和处理,对变换后的电信号消除各种由于印刷质量、纸质(均匀性、污点等)或书写工具等因素造成的噪声和干扰,调整大小、偏转、浓淡、粗细等要素。最后是信息的分类判别,对去掉噪声并正规化后的文字信息进行分类判别,以输出识别结果。

文字识别根据识别的内容又分为了印刷字体和手写字体的识别。相对于印刷字体的标准化,比较特殊的是手写识别技术。手写识别是指将在手写设备上书写时产生的有序轨迹信息化转化为汉字内码的过程,实际上是手写轨迹的坐标序列到汉字的内码的一个映射过程,是人机交互最自然、最方便的手段之一。手写识别能够使用户按照最自然、最方便的输入方式进行文字输入,易学易用,可取代键盘或者鼠标。用于手写输入的设备有许多种,比如电磁感应手写板、压感式手写板、触摸屏、触控板、超声波笔等。手写识别属于文字识别和模式识别范畴,我们常说的手写识别是指联机手写体识别。

随着我国信息化建设的全面开展,OCR(文字识别)技术诞生20余年来,经历从实验室技术到产品的转变,已经进入行业应用开发的成熟阶段。相比发达国家的广泛应用情况,OCR技术在国内各行各业的应用还有着广阔的空间。随着国家信息化建设进入内容建设阶段,为OCR技术开创了一个全新的行业应用局面。文通、云脉技术、汉王等中国文字识别的领军企业将会更加深入信息化建设的各个领域。

二、语音识别技术

语音识别技术就是让机器通过识别和理解过程把语音信号转变为相应的

文本或命令的技术。中国物联网校企联盟形象地把语音识别比作为"机器的听觉系统"。

我国语音识别研究工作起步于20世纪50年代，近年来发展很快，研究水平也从实验室逐步走向实用。从1987年开始执行国家"863"计划后，国家"863"智能计算机专家组为语音识别技术研究专门立项，每两年滚动一次。目前我国语音识别技术的研究水平已经基本上与国外同步，在汉语语音识别技术上还有自己的特点与优势，并达到国际先进水平。

语音识别技术主要包括特征提取技术、模式匹配准则及模型训练技术三个方面。语音识别系统可以根据对输入语音的限制加以分类。

根据识别的对象不同，语音识别任务大体可分为三类，即孤立词识别（Isolated Word Recognition）、连续语音识别（Continuous Speech Recognition）和关键词识别（或称关键词检出，Key Word Spotting）。其中孤立词识别的任务是识别事先已知的孤立的词，如"开机""关机"等；连续语音识别的任务则是识别任意的连续语音，如一个句子或一段话；关键词识别是在连续语音流中检测出一组给定的关键词的过程，它并不识别全部文字，而只是检测已知的若干关键词在何处出现，如在一段话中检测"计算机""世界"这两个词。

从说话的方式考虑，语音识别的方法有三种：基于声道模型和语音知识的方法、模板匹配的方法以及利用人工神经网络的方法。

语音识别的应用领域非常广泛，常见的应用系统有：语音输入系统，相对于键盘输入方法，它更符合人的日常习惯，也更自然、更高效；语音控制系统，即用语音来控制设备的运行，相对于手动控制来说更加快捷、方便，可以用在诸如工业控制、语音拨号系统、智能家电、声控智能玩具等许多领域；智能对话查询系统，根据客户的语音进行操作，为用户提供自然、友好的数据库检索服务，例如家庭服务、宾馆服务、旅行社服务、订票服务、医疗服务、银行服务、股票查询服务等。

近年来，现代科学技术呈现出高速发展的态势，特别是人工智能技术得到了前所未有的发展，让人类充分体验到了现代科学技术带来的便利优势。随着便利优势的体现，人们开始了对更高生活质量的追求，为了使生活和工作更加便利，智能语音识别技术得到了迅速发展。近年来，智能语音识别技术在人类生活和工作中已经应用得越来越广泛，但是仍然存在许多不易解决的问题。智能语音识别技术是人机交互研究的重要基础，对人工智能的发展有着重要的理论和应用价值。智能语音识别技术在未来将会是一个热门的领域，国家和企业对智能语音识别技术给予大量资金支持。智能语音技术中的智能语音助手，核心在于人类通过语音信息来实现与机器的交互，让智能语音助手帮忙完成人类指派的任务。基于智能语音识别的人机交互有着很大的发展潜力，所以很多企业都看好这个方向，对人类生活质量的进一步提高有着很大的实用价值。

智能语音识别的理论技术主要包括如下三方面内容：特征提取技术（语音信号的表示）、语音信号建模（语音识别单元的选取）及模型训练技术。人类语音的多变性和复杂性使得智能语音识别理论技术的研究面临着巨大的挑战。

三、图像识别

图像识别是计算机对图像进行处理、分析和理解，以识别各种不同模式的目标和对象的技术。识别过程包括图像预处理、图像分割、特征提取和判断匹配。简单来说，图像识别就是让计算机像人一样读懂图片内容的技术。

图像识别的发展经历了三个阶段：文字识别、数字图像处理与识别、物体识别。文字识别的研究是从 1950 年开始的，一般是识别字母、数字和符号，从印刷文字识别到手写文字识别，应用非常广泛。数字图像处理与识别的研究开始于 1965 年。数字图像与模拟图像相比具有存储与传输方便可压缩、传输过程中不易失真、处理方便等巨大优势，这些都为图像识别技术的发展提供了强大的动力。物体识别主要指的是对三维世界的客体及环境的感知和认识，属于高级的计算机视觉范畴。它是以数字图像处理与识别为基础的结合人工智能、系统学等学科的研究方向，其研究成果被广泛应用在各种工业及探测机器人上。

现代图像识别技术的一个不足就是自适应性能差，一旦目标图像被较强的噪声污染或是目标图像有较大残缺往往就得不出理想的结果。

图像识别问题的数学本质是模式空间到类别空间的映射问题。目前，在图像识别的发展过程中，主要有三种识别方法：统计模式识别、结构模式识别、模糊模式识别。当信息由文字记载时，我们可以通过关键词搜索轻易找到所需内容并进行任意编辑，而当信息由图片记载时，我们却无法对图片中的内容进行检索，这就影响了我们从图片中找到关键内容的效率。图片给我们带来了快捷的信息记录和分享方式，却降低了我们的信息检索效率。在这个环境下，计算机的图像识别技术就显得尤为重要。

图像识别技术是人工智能技术的重要分支，已广泛应用在很多领域。经过长期发展后，当前的图像识别技术在识别范围和识别精准度等方面都有了明显的提高，促使越来越多的市场主体开始注重与该技术相关的产品和服务内容。

图像识别技术具有信息处理能力强、信息处理精确度高、信息处理灵活性强等特点。其信息处理能力强是指在硬件与软件配置达到特定技术应用条件时，图像识别技术可以对海量的图像信息进行识别；信息处理精确度高是指图像识别技术可以借助计算机系统的数据处理能力以及数据库的强大存储能力，对图像进行分割检测和特征提取，为图像识别提供信息支持，使图像识别的结果更加精确；信息处理灵活性强是指图像识别技术可以借助计算机系统对图像信息进行放大处理，使图像的大小与图像识别的精度和时效性更匹配，满足不同图像识别处理的需求。

第七章 智能化时代下的智能财务的技术应用实践

第一节 搭建智能财务共享平台

一、财务共享平台介绍

（一）财务共享模式

早在20世纪80年代的美国，财务共享模式便被首次提出，并且广泛应用于企业的各个领域中，而其中占比最大的是财务共享服务[1]。结合国内外学者对于财务共享平台模式的理论研究，财务共享模式的内涵如下：财务共享模式是在大数据和区块链等技术的广泛应用和推广下，产生的一种更高效的新型财务管理模式[2]。财务共享平台的建立以信息技术的应用为基础，通过对企业财务业务流程的规范化、具体化的审核和操作，将企业内部分散在不同部门、不同业务领域、不同管理模块的基础型财务工作集中起来，由财务专职人员进行

---

[1] 张庆龙、黄国成：《财务共享服务中心建设咨询服务系列专题（一） 创新业务领域服务企业集团财务共享》，《中国注册会计师》2012年第1期。
[2] 徐晨阳、王满、沙秀娟、马影、于增彪：《财务共享、供应链管理与业财融合——中国会计学会管理会计专业委员会2017年度专题研讨会》，《会计研究》2017年第11期。

统一的分析、处理,从而为企业内部各个部门以及企业外部诸多相关机构和企业提供更为精准高效的服务[1]。在这种集中基础型财务工作进行统一处理的模式下,一方面,企业建立起了更为统一、规范、有明确标准的财务处理模式,使得现有的财务处理规范化程度进一步提高,同时也将财务工作的步骤和流程进行了一定程度上的简化,实现了复杂工作简单化、简单工作标准化的目标,进一步带动了企业整体业务各个操作流程规范程度的提高。另一方面,在原财务管理模式下,财务部门耗费资源用于整合碎片化的财务信息,财务工作人员也耗费时间和精力处理基础性、烦琐性的工作,而财务共享平台的推行将财务人员从重复冗杂的工作中脱离,使得其工作重心转移到管理会计上,更多地为企业预估财务经营风险、评判业务可行性,从而帮助企业进行管理、决策[2]。

(二)智能财务共享的核心价值

智能财务共享是实现财务组织扁平化、流程简化、数据体系化的有效路径。与传统财务共享相比,智能财务共享的核心价值有四点:

一是重构传统财务处理流程。通过构建内外部融合的交易平台,实现流程自动化,消除烦琐、低效、冗长、不增值的财务环节。

二是实现财务组织扁平化。组织扁平化是指通过减少企业的管理层级、压缩职能部门和机构、裁减冗员,从而提高管理效率。而在智能财务共享服务中心模式下,那些共性的、重复的、标准化的会计核算等业务被集中在财务共享服务中心进行统一、自动化的处理,在简化审批流程、提升效率的同时,也实现了财务组织的扁平化。

三是实现企业交易端的信息完全透明化。将日常采购和支出的业务活动置于财务共享服务中心的支撑和管控之下,让财务人员的视野延伸至业务的全流程,进而理解每一笔账背后的业务逻辑,还原一本"最真实的账";让业务人

---

[1] 马健、李连军:《企业财务共享模式的经济后果研究》,《现代经济探讨》2020年第2期。

[2] 朱建明、郝奕博、宋彪:《基于区块链的财务共享模式及其效益分析》,《经济问题》2019年第10期。

员懂得他们的每项工作都会对财务产生结果；让管理者心中有一本"明白账"；真正实现业务与财务的深度融合。

四是为管理会计更好地发挥规划、预测、决策、控制、评价等功能提供了大量真实、可靠的信息，进而让分析更精准、管理更高效。

二、基于 RPA 技术的智能财务共享平台结构与框架

下面以代理记账公司为例，探究基于 RPA 技术的智能财务共享平台的结构和框架。

（一）基于 RPA 技术的智能财务共享平台结构

以代理记账公司为中心的智能财务共享平台，利用聚合效应将一个企业的不同业务部门集中到一个核算平台里，通过自动化的业务处理，将非结构数据处理为结构数据，标准化的业务流程和输出结果增加了财务信息的可比性和可验证性。实时化的数据提高了增值业务的质量，增加了代理记账公司收入。

智能财务共享平台下的代理记账公司相较于传统代理记账公司组织结构混乱不清、专职人员数量稀少而兼职人员过多的情况，因此更需要标准化部门划分、细化岗位分工和制度化管理监督、通过协同效应最大化企业价值。

区别于传统的代理记账公司，RPA 技术下的智能财务共享平台可以连接税务机关、工商部门、海关、银行和金融机构等外部使用者，实现智能报税、工商注册、自动对账等功能。

（二）基于 RPA 技术的智能财务共享平台框架

基于 RPA 技术的智能财务共享平台通过信息化手段输入数据，利用 RPA 处理信息，经由特定企业通道传输到专门的财务共享平台和数据中台。再利用 RPA 技术可视化处理信息，将数据输出到不同主体的使用者层面，构建一个标

准化、智能化、自动化、自升级、可定制的财务共享平台。平台主体框架包括三部分：数据输入、数据加工和数据输出（如图7-1所示）。

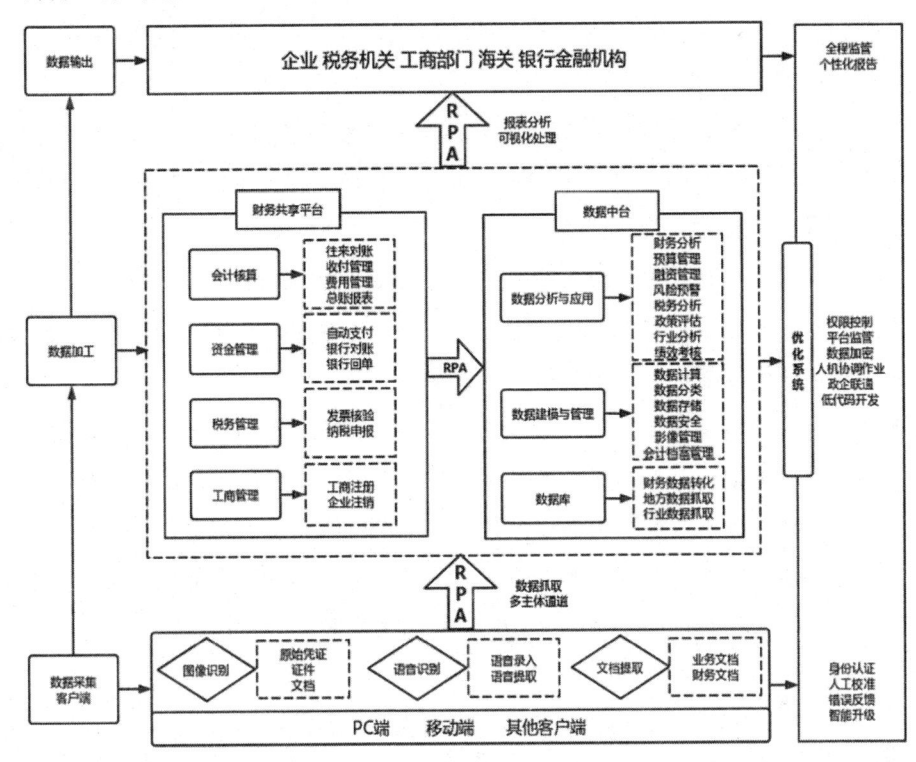

图 7-1 基于 RPA 技术的智能财务共享平台框架

1. 数据输入

代理记账公司客户数量庞大，客户来源多种多样。针对有业务系统平台的客户，可以利用 RPA "非侵入式"技术连接当前使用的 PC 端、移动端和其他客户端从中提取企业信息导入平台。对于无业务系统平台的企业，可以搭建 PC 端、移动端接口，利用图像识别、语音识别、文档提取技术完成对原始凭证、证件、录音和文档等数据的提取。基于 RPA 数据和文字检索、图像识别和处理等功能精细清洗数据，识别信息传输主体，归类到独立的企业数据池中，完成不同财务系统的企业数据输入。

2. 数据加工

为了构建聚合、集成的财务平台进行日常财务业务处理、满足不同场景以及不同主体的财务分析需求，数据加工模块搭建了财务共享平台和数据中台：

（1）财务共享平台

财务共享平台是标准化的共享平台，主要处理代理记账公司的基本业务，基于其业务范围，财务共享平台主要划分为四个模块：会计核算、资金管理、税务管理和工商管理。

会计核算主要处理大量同质化的业务，通过将业务规则输入 RPA 流程中，依据输入的财务信息智能制证并进行会计核算，通过标准化的处理程序分别输入对应企业数据池中，形成总账，最终生成报表。

资金管理涉及往来对账，通过内置 RPA 程序录入不同银行的登录信息，自动登录网上银行，下载银行对账单，并将数据提取至固定格式的表格中上传至共享平台，基于内置的对账规则利用财务机器人进行智能化对账，搭建一键对账的功能。自动付款也同样，通过识别付款银行自动登录划款，大幅降低人工失误率。银行回单则主要依靠 RPA 的图像抓取能力，识别主体和银行自动归类到企业的影像档案中。

税务管理利用财务机器人将财务共享平台与税务局的智能税务信息系统连接，自动读取企业财务数据到税收软件上，实现自动填表，最终申报纳税。流程化、标准化和智能化的纳税申报可以降低代理记账公司报税人员负担，规避人为失误，降低成本并提高服务质量。

工商管理系统依据 RPA 文字提取功能，接入工商局系统，智能填表、自动工商注册、注销。降低了因办理工商注册和注销而产生的时间成本、人力成本和交通成本。

（2）数据中台

数据中台主要依据数据的类型和应用途径分为三个模块：数据库、数据建模与管理、数据分析应用。

数据库的数据来源分为三部分：财务数据、地方数据和行业数据。财务数据主要是将财务共享平台处理完成的企业内外部业务和财务数据经过清洗、分类和加工转化为数字化的信息。通过平台，依据客户行业分类，同时接入代账协会、地方财政局、地方统计局等数据接口，RPA可以提取地方数据，并构建地方数据库。行业数据则主要依靠财务机器人抓取国家统计局等公开平台的信息数据，依照行业分类清洗和加工，构建一个企业—地方—行业的阶梯式数据库。

数据建模与管理主要有六部分：数据计算、数据分类、数据存储、数据安全、影像管理和会计档案管理。通过数据建模构建模型，提取数据库中的信息计算企业财务指标、地方指标和行业指标，将其分类至对应的企业数据池中存储。因数据的保密性，数据管理需内置防火墙保护数据安全。客户端输入的标准化影像和财务共享平台生成的标准化会计档案也应依照主体存储。

数据分析应用致力于提供增值服务。依据不同模型的需求自动提取企业数据池、地方和行业数据库的信息，填充到对应的财务分析、预算分析、融资管理、税务分析、行业分析和绩效考核模型中并编制报告。依据编制好的预算分析在企业运营过程中实现全过程监察，一旦指标超过设定界限，RPA系统会自动发送风险预警到财务人员和企业管理者手中。政策评估主要通过RPA抓取国家新政上传至平台，通过模型构建评估新政下的企业表现，帮助企业申领政策优惠并依法运营。

3.数据输出

通过整合财务共享平台和数据中台的信息，基于企业所处行业和地理位置，横向上破除内部业务壁垒、纵向上连接外部使用者进行数据交互和比较，针对不同的使用主体前瞻性地生成可视化的分析报告，提供可理解性高的财务分析，为战略决策、融资决策、税务监管等提供数据化支撑。

4.优化系统

基于RPA技术的智能财务共享平台的运营需要软件和硬件，因此软件和硬件的优化系统至关重要。数据采集时需先核验使用者身份，通过人工校准非标准化凭证，如手写凭证信息的提取。及时反馈错误给IT部门，进行系统升级，规避同类错误，最终形成数据输入自动化，彻底解放人力。

数据加工环节需严格控制权限，因不同业务涉及的权限等级不同，为防止权限混乱而造成的业务处理或数据分析错误，平台应设立监管系统进行全流程把控。企业涉密数据应加密存储，防止黑客攻击，损害公司声誉。对于数据分析等应用，因 RPA 编制的分析报告基于模型和内置程序，模板化、同质化严重，因此人机协调多用于此模块。财务人员依据机器人编制的底稿，针对企业特性、地域特性以及行业特性，提出科学化的管理建议，通过政企联通引入政府数据和政策，于平台内实时更新，并设置交流平台，实时接线政府进行政策咨询和培训，切实提高财务人员专业素养。因 RPA 的低代码性，财务人员经过一定培训可以自行开发财务机器人，做到平台自升级、自更新、自优化，财务人员通过自主优化流程简化办公程序。数据输出环节需对接平台的内外部使用者，调动其监管能力，将反馈传输至 IT 部门，辅助构建健康发展系统生态。通过与客户部门和使用者的沟通，依据需求定制个性化报告，并将其需求分门别类汇总至企业数据池中，形成企业个性档案，提高服务效率。

三、智能财务共享平台搭建路径

财务管理的智能化以及全面化，始终具有关键性的作用。为切实有效地提升财务共享水平，不断夯实财务管理实效，应该注重依托于科学的工业互联网技术，科学精准地搭建智能财务共享平台，最大程度地提升其优化水平，更好地保障企业的财务管理成效。可以说，智能财务共享平台是一个高效化的平台，在具体的搭建实践中，有必要积极全面地创新并完善搭建路径，科学精准地应用管理模式，最大程度夯实其应用实效，更好地推动企业的长效快速发展。

（一）做好智能财务共享平台的搭建准备工作

在智能化的背景下，财务共享平台作用的发挥离不开高效的流程体系。基于此，应该从整体出发，科学全面地设计业务流程，并确保这一业务流程能够真正发挥作用，更好地推动企业的长效化发展。与此同时，基于高效化的流程体系，还利于实现财务管理工作的全面推进，不断保障财务管理的突出实效，更好地服务于企业的持续化发展。此外，在智能化财务共享平台的创建实践中，企业还应该结合实际情况来进行共享服务平台运营体系的规划建设，保障平台后续搭建的顺利推进，进一步夯实智能财务共享平台的作用。

（二）搭建规范化的财务共享服务平台

在工业互联网背景下，为深入全面地提升企业的财务共享实效，也为了更好地保障企业的发展水平，企业应该在翔实全面的准备工作的基础上，科学精准地搭建完善化、规范化的财务共享服务平台。可以说，智能财务共享的高效推进，离不开这一平台的建设。基于此，在实践过程中，企业应该积极应用新颖全面的智能技术以及通信技术等，以总体框架来搭建完善的智能财务共享平台，行之有效地促进信息技术与财务共享服务管理模式的融合以及发展，加速战略财务、共享财务、业务财务的协同并进，为企业进行财务管理创设良好的前提条件。

（三）建构科学的安全防范体系

在工业互联网背景下，企业在进行智能财务共享平台的创建实践中，应该着眼于安全防范体系的科学优化以及全面建设，还应该切实提升财务管理人员的综合素养以及专业能力。在实践过程中，企业应该利用信息技术手段来不断建构安全防范体系，将可能出现的安全隐患等全面梳理清晰，在此基础上以科学高效的安全体系来保障企业高效运行，更好地优化企业的发展水平。同时，企业还应该着力提升人员的信息素养以及安全认知，引导他们在具体工作实践中，科学全面地做好财务信息数据的收集以及分类整理等工作，为智能财务共享平台的应用提供必要的人力支持。

第二节　合理运用智能财务新技术

财务智能化是技术推动的财务变革。一系列信息技术和互联网技术的突破，使得相当一部分原本只能由人工完成的工作可以由智能化的机器人替代。

一、智能技术带动企业财务工作实现质的跨越

随着财务会计核算职能的不断弱化以及对会计管理职能的强化，智能化财务软件的发展方向逐渐明确。财务智能化的发展需要庞大的数据库以及网络化共享平台的支撑，相关专家将其可能的发展趋势描述为四个场景：场景一是财务核算全流程自动化系统，以智能感知、数据爬虫、光学字符识别（OCR）、电子发票、移动支付、机器人流程自动化（RPA）、自然语言理解、基于知识图谱或处理规则的专家系统、会计信息标准以及神经网络等技术为基础；场景二是智能财务决策支持系统，基于数据挖掘、神经网络、知识图谱、遗传算法、XBRL、大数据分析、对话机器人、智能预警、智能诊断和虚拟展示等技术，结合相关理论知识对财务进行预测、控制、分析与决策；场景三是结合了场景一和场景二的企业智能财务共享服务平台，从一般事务流程扩展到税务分析、公司治理、资金运作、风险管理等高价值流程领域，可能存在诸多不确定性，需要相关政策等的支持；场景四是人机智能一体化业财融合管理平台，涉及深度学习和认知，强调人脑、智能和环境与业务、财务和管理活动之间的深度融合，具有更大的不确定性，是有关未来的设想。

场景一中的某些技术在部分先进的企业中已经实现，例如RPA，在基础操作、智能对账、数据统计这几方面最容易实现。物资出库对账机器人在系统自动下载领料申请单和物资出库单，进行双方数据核对，并根据核对结果生成凭证，实现物资出库对账核算全流程自动化处理。中石化基于财务共享，将大规

模电子化的纸质单据线上审批，运用 OCR 技术自动识别纸质发票，智能分析判断，核对采购单、入库单、供应商发票、业务部门内审批信息及合同等要素之间的一致性，实现单据匹配和会计核算的全流程自动化。智能技术大大降低了人力成本，并提高了运作效率。可是智能技术的研发及应用前期投入成本大，风险高，没完全掌握智能化软件应用技术的员工会影响软件发挥作用，所以要最大限度地发挥智能财务软件的优势，尽可能规避其负面影响。初期不断调试优化，试用合格再投入使用，同时培养复合型优秀人才加以辅助；在风险控制层面，关注关键风险点，设置过程异常预警，经常对自动化处理结果稽核并对过程进行监控，保证信息安全。

二、高质量发展背景下合理运用智能财务技术

如何利用人工智能和大数据技术提高企业财务信息化服务水平，构建以管理会计为中心的智能化财务系统，提升财务数据对企业经营管理和经营决策的应用价值，是经济高质量发展背景下大型企业在信息化转型中面临的棘手问题。为更好地解决上述问题，智能财务的技术实施路径可以从技术后台、数据中台和业务前台这三个方面作为突破口，构建出适应企业高质量发展的智能财务信息化系统。

（1）技术后台对财务数据进行搜集。技术后台，又称数据仓库，主要为大数据的来源和集聚地。集聚在后台的数据既有企业内部财务数据，也有企业外部的行业大数据和物联网数据等，其中内部的财务数据主要通过财务软件、EXCEL办公软件等获取，外部数据可通过网络爬虫技术获取。

（2）数据中台对后台数据进行清洗。数据中台承接业务前台和技术后台，为企业内部的数据共享中心，是从普通海量数据向价值增值数据过渡的中间环节，可以实现数据整合共享，对杂乱的海量数据进行加工整理。数字经济时代企业通过对技术后台的数据进行加工处理，加工后的信息可为管理会计活动中的计划、预测、决策、分析、控制和评价等活动提供有效数据支持，为企业预

算管理、成本管理、营运管理、风险管理、投融资管理和绩效管理等活动奠定数据基础。

（3）业务前台对中台数据进行智能呈现。业务前台数据主要供管理层决策使用，经数据中台清洗后的财务数据，准确通过风险预警、指标预警、报告分析、异常穿透、行业对比、经营预测、风险管控和资金监管等模块，以数据可视化、智能报告等较为友好的方式进行展现。此外，结合企业实际需要，通过在系统中嵌入财政部会计司出台的《管理会计应用指引》中涉及的相关管理会计工具，真正提升企业财务管理水平，促使企业从简单会计核算向智能财务管理转型升级。

（4）"自上而下"构建集团型智能财务信息化系统。对于涉及多业态的集团公司，"自上而下"的信息化系统构建方式更能适应实务要求。具体而言，首先制定集团总部智能财务系统架构和功能模块，然后在此基础上应用到下属板块公司，结合下属企业行业特征和财务管理需求，有针对性地开发附加功能。这样既满足下属企业财务管理需求，也便于统一财务管理信息化功能，最终满足集团财务管理需求。

（5）智能财务信息化系统构建路径。智能财务是一个复杂的信息化系统，在前中后台每个层面细化数据来源（输入）和功能实现（输出），最终通过 PC 端、手机移动端等多种渠道完成信息交互及推送。

第三节　实现智能财务全流程自动化

RPA 是基于软件机器人技术和人工智能分析技术衍生的新型业务流程自动化技术。RPA 可以代替业务人员完成计算机上各类软件系统的操作和业务处理，准确实现业务流程链接和自动化处理。许多企业引进RPA技术，既有效解决了劳动力不足的问题，又满足了跨系统流程连接和数据集成的需求。

一、财务流程自动化在企业智能财务中的具体应用

（一）报销企业费用

企业智能财务中RPA首先应用在报销费用上。对RPA技术来说，其在企业费用报销上优势突出。报销费用的主要流程较多，相对而言，在RPA技术的帮助下，流程更为清楚和简便，适合一站式报销费用，在提单、审核、付款以及账务几个环节和流程上都能实现智能化。同时在OCR技术的支持下，RPA系统还能自动化地识别账单，将其主动汇总，按照一定的规则去审核账单。这在一定程度上对费用报销十分便利。同时当账单出现问题还能及时提醒财务人员进行复核，提升账单核对的质量。在账款核对后，付款环节，RPA系统能自动生成账单凭证，让整个财务工作十分顺畅，此外，RPA技术除了核对、生成账单外，还对费用报销数据进行分析，挖掘数据与信息，警示异常情况。在没有使用RPA技术之前，财务部门在报销相关费用时，不仅审批环节多，而且审核结果还存在误差，极大地耽误了财务工作，降低了财务工作质量。而使用RPA技术后，企业费用报销效率大大提升。

（二）采购与付款环节

企业智能财务中RPA技术还应用在采购以及付款环节。对RPA系统来说，采购以及付款都能实现自动化。具体流程主要包括以下几个方面：一要及时处理请款的单子，避免单子延误带来问题；二是在处理的过程中要对发票进行核验；三是处理账务，形成相应的报告；四是明确供应商的对账内容。在RPA技术的帮助下，能较好地简化财务流程，让财务流程更为清晰与可操作。在采购以及付款环节，还需要OCR技术的支持，这一技术主要是用来识别的，也就

是说，RPA 技术处理后，OCR 技术识别，最后才能被录入财务系统中；使用 RPA 技术之前，要设定与采购以及付款相关的规则，基于这一原则，RPA 才能运行，并准确处理财务数据。当发票被认证后，RPA 便能自动进行处理，录入相关数据；当已经付款时，RPA 也能根据系统导入的信息进行财务的处理，这便是 RPA 技术的优势所在。当对 RPA 设定有关时间、规则、要求后，当触发开关，RPA 就能实时进行操作，并更好地审核以及处理账务。

（三）订单到款环节

在企业智能财务中，RPA 技术也应用在订单到款环节。在这一环节中，RPA 技术是如何发挥作用的？首先，要明确订单与收款之间的流程；其次，在 RPA 系统中设置相应的流程规则，如录入订单、开具发票、管理返利以及收账款等，只有设置了规范的规则，RPA 才能自动化地操作。电子订单或数字化的订单都能被 RPA 识别，这是其功能优势。针对有变化需求的订单，RPA 也要对应地进行识别以及变更。在识别订单信息的过程中，RPA 要根据订单开具发票，同时传递给财务人员；财务人员要积极与 RPA 相配合，特别是返利工作更需要二者的配合。财务人员及时上传报表，RPA 才能生成内容，并将表更新后传给财务人员。

（四）财务报表应用

在财务报表中 RPA 主要应用在总账报表上。RPA 在处理总账到报表时，需要了解中间的流程，那么应为其设置有关的流程规则，如关账、对账、出具报表等。RPA 应做好关账，关账包括盘点现金、确认销售等工作。关账工作是财务工作的重要收尾工作，应引起重视。利用 RPA 技术做好总账到报表之间的工作，能降低财务风险。RPA 在工作的过程中遇到数据有差异的问题，能自动化发送预警信息，告知财务人员来处理；此外，RPA 还能自动化地完成核对账目以及打印调节表，将各类数据汇总在一起，及时分析与整理，便于接下来的财务工作。

（五）科学管控资金

RPA 在企业智能财务中还应用在科学管控资金上。资金是企业的经济基础，企业要合理使用资金，确保企业正常运行。财务部门的重要工作之一便是管理资金，让资金用在合适的地方，为企业的发展提供财力支持。通过将 RPA 应用在财务中，能帮助财务更为科学地管控资金，实现资金的最大化利用。具体来说，RPA 在资金管理上主要有多个方面的内容，如处理收付款、管理好现金以及回收银行账单等，这些都是财务管理资金的重要方面。在 RPA 使用后，上述步骤都得以规范。RPA 能从银行流水中挖掘出数据的意义，并将银行的账单与企业的账单进行核对，在核对之后开具调节余额的报表，帮助企业更好地管控和使用资金。此外，RPA 还能动态监控企业的资金使用情况，自动根据订单付款以及根据银行的相应指令来回收相应的账单。这些都是 RPA 在企业智能财务中的具体应用，通过这些行为可以发现 RPA 技术对财务智能化的作用较大，企业要加大力度推广该技术，并深入推进该技术应用在财务工作中。

二、财务流程自动化的应用措施

（一）结合 AI 技术为 RPA 的有效运用赋能

AI 与 RPA 之间既有区别也有联系，很多人会混淆这两者，认为 RPA 就是人工智能，其实不然。简单来说，RPA 就是替代人工进行一些机械性、重复性的操作，缺乏判断、认知能力，而 AI 具有推理、分析、预测、决策、深度学习的能力，其算法机制要比流程自动化更高级、更复杂。如果把 RPA 比作神经网络，那么 AI 更像大脑。由 AI 发布指令、RPA 执行指令，可以实现神经网络与智能算法的有机结合，确保应用程序运行的科学化、数字化、智能化。有了 AI 的智能算法和分析、决策、推理等能力，即使在程序应用过程中出现"异常事件"，也能随机应变地进行处理。企业要想提高财务管理的效率，光靠 RPA

技术是难以实现的，还必须融入智能 AI 算法，科学引入决策支持系统思想，完善财务自动化流程。由此可见，AI 与 RPA 的深度融合是大势所趋，是创新应用的重要举措，是企业数字化转型的抓手。从"劳动密集型"向"AI 密集型"转型，推动生产模式与业务流程实现颠覆式创新升级。目前，在财务机器人的自动化处理流程中，AI 技术得到了广泛应用，如 OCR（用于扫描与识别）、NLP（用于文字检索与分类）及 ML（用于分析与决策）等技术。

（二）构建稳定的应用环境

RPA 技术能够在业务处理的过程中实现流程自动化，体现了其流程固定、规则既定的特征。创设稳定的应用环境是确保 RPA 财务机器人高水准、高效率运转的前提条件，也是降低营运维护成本的主要途径。一方面，要在软硬件上提供支撑，及时配备或更新相关软件设备，提升运行速度，优化网络环境，构建运行环境测试中心和控制台等部门，并合理设置应用权限，做好重要信息的保全措施，防止数据遗漏、泄漏，增强数据与信息的安全性；另一方面，要加强对财务人员综合能力的培训，制定财务机器人使用手册，培养财务人员 RPA 与人工智能技术的应用能力，使财务人员掌握相关技术的操作原理、程序流程、应用场景等。

（三）及时跟踪优化机制

应市场经济发展的需求，企业的经营方式、内外部环境和业务处理流程也时常会进行调整，而基于既定规则实现流程自动化的 RPA 技术只适用于标准化程度较高的处理程序。为了保证 RPA 技术的高效应用，运行人员要及时记录并跟踪"异常事件"检测报告，完善基于 RPA 技术相关软件的运行风险预警机制，针对现有的问题调整应用流程设计和既定规则，重新部署和优化运行机制，制定有效应对措施。另外，企业要对 RPA 技术的运行过程实施精细化管理，提高其对企业的适配性，创新更多的应用场景，满足企业业务调整的各项需求，推进企业财务管理模式数字化转型。

第四节 构建决策支持系统

财务决策支持系统（Financial Decision Support System, FDSS）是在现代管理科学的基础上，综合运用数据挖掘工具、模型控制论、数量经济学等一系列理论，通过计算机解决企业财务管理中面临的半结构化或非结构化问题的系统。现阶段，基于决策支持系统（DSS）的数据库和模型库已广泛被企业用以帮助企业财务数据核算，进行结构化科学预测分析，辅助决策者问题分析的有效管理信息系统。

智能决策支持系统以信息技术为手段，根据计算机、管理学及其他有关学科的知识和方法，来解决结构化和非结构化的决策问题。在企业财务领域中，智能决策支持系统具体应用为智能财务决策系统，它是财务系统向信息化发展的必然趋势。

一、智能财务决策支持系统的内涵

目前尚未得出一致的智能财务决策支持系统的定义，多数该领域的研究者根据自己的研究方向对其作出了定义。董琼慧（2000）从财务决策支持系统的目标出发，认为它是运用一系列财务决策模型、专家知识库等工具，通过现代化信息处理和数据挖掘为手段的新型人机交互系统，用以帮助企业决策分析。程平（2018）指出财务决策支持系统凭借大数据技术，利用 Hadoop 技术完成对现有海量数据的规范化处理，最后通过数据可视化、文本分析等技术预测分析数据，帮助企业处理预算筹资决策、投资决策、分配决策、销售决策、生产决策、成本控制决策、利润分配决策等一系列流程的问题。

智能财务决策支持系统（Intelligent Financial Decision Support System, IFDSS）

是计算机人工智能和管理科学相结合的最新技术，是近年来计算机信息系统技术的最新发展。IFDSS 通过人工智能对话方式，为决策管理者提供一个将知识性、主动性、创造性和信息处理能力相结合，定性与定量相结合的工作环境，旨在支持决策工作，帮助高层管理者决策能力和水平的提高。一方面，大数据处理与数据爬虫挖掘技术的发展，使得企业大数据处理能力得到大幅度提升；另一方面，人工智能与专家系统的兴起和发展，促进了现代财务管理从信息化、网络化向智能化方向发展（曹魏，2014）。或者说，智能财务决策支持系统是企业财务信息化发展趋势所在，它有别于以 ERP 系统等业务核算系统为主要特点的传统企业信息化。

综上所述，智能财务决策支持系统以现代管理科学为理论基础，以信息分析处理能力为技术基础，以计算机为工具，综合模型理论、控制论、数量经济学、模糊数学等知识理论，是一种致力于解决财务分析、预测、控制与决策为一体的人机交互系统。

二、企业智能财务决策支持系统的架构模型

这里提出的企业智能财务决策支持系统，运用数据仓库和数据挖掘技术，采用关系型数据存储格式存储海量业务主题数据，提高了大数据量系统管理扩展的能力；采用并行处理技术处理复杂的查询请求服务，实现了决策支持查询优化，同时亦可支持多维分析的查询模式。该系统从企业大量的数据集合中收集整理信息，并运用数学模型和数据处理技术，灵活、交互式地提供统计趋势分析和预测报告。系统还需要建立多种数据挖掘模型，自动分析数据，对数据仓库中的数据进行归纳性推理和联想，寻找数据间内在的某些关联，从中发掘出潜在的、对信息预测和决策行为起着重要作用的模式，从而建立新的业务模型，以达到帮助决策者制定市场策略、作出正确决策的目的。

系统的整体架构分为 3 个层次：数据获取层、数据组织存储层和数据分析展示层。

系统从逻辑上可划分为3个处理步骤：后端处理、中间处理和前端处理。

（1）后端处理。利用数据ETL（数据仓库技术）工具将多个数据源的业务数据，包括企业内部财务系统、本地外部财务系统、远程外部财务系统以及企业已经建立的诸如ERP、SCM（软件配置管理）、OA等系统和一些相关系统，根据定义的企业数据仓库模型进行抽取、清洗、净化、加载，对业务数据清零、清空、去除、格式转换，对原有的数据及其结构进行调整，为后续查询、报表、多维分析和数据挖掘等应用提供稳定、可靠的数据源。

（2）中间处理。根据定义的企业信息模型，利用数据建模工具，形成按企业信息模型存储的多级别、多层次的数据库，为财务数据分析、财务预测决策提供数据。

（3）前端处理。利用多维分析工具、多维报表工具以及数据挖掘工具对数据进行综合数据查询、分析统计并生成统计图等，通过人机交互界面，实现人机交互，为企业决策提供辅助支持功能。

三、人工智能技术应用于财务决策支持系统

（一）利用人工智能技术构建财务决策支持系统的基础条件

经济全球化发展，市场环境逐渐复杂化，企业在竞争日益激烈的环境中想要将自身的优势发挥出来，就要注重财务管理，将科学有效的财务决策支持系统制定出来是非常必要的。随着企业的智能化发展，采用传统的财务决策已经难以满足需求。在企业财务决策支持系统的不断完善中，对人工智能技术合理应用，使得财务决策体系得以优化，提高财务决策的效能。

1.财务决策支持系统之语言系统

财务决策支持系统中，语言系统是表层结构，其所发挥的作用是把有关财务各方面的问题用语音表达出来。具体而言，启动语言系统之后，用户就可以将要求以指令的方式传向问题处理系统传输，处理的结果就用语音表达出来。

如果在设计系统的过程中构建对话系统，随着系统的运行，用户就可以与系统之间进行语音交流。通常而言，对这个层次结构的设计，使用通用的 Python 设计用户界面，也可以使用 visualC++设计用户界面，用户与系统之间的交互就可以实现，用户的界面是以菜单的形式存在的，将对话框打开，就可以用语言交流了。

2.财务决策支持系统之问题处理系统

问题处理系统是财务决策支持系统中的核心部分，可以对用户的信息以及知识系统发出的信息进行采集，应用技术语言将用户提出的问题转变为技术信息。这种技术信息不仅是可执行的，而且信息的内容更加明确。

发挥问题处理系统的作用，可以在一定程度上抑制财务信息造假。用户提出的问题可以进行信息语言转变，形成计算机可以解读的数据信息。每一位登录系统的人员都会有唯一的账号和密码，以及自己的权限，因此信息的人为造假能够得到遏制。系统的自动化运行，会计人员不能内部操纵，对于所存在的问题能够及时处理，此时，就可以发挥知识系统的作用将问题信息进行处理。自动化程度提高，可以为财务决策及时提供信息，且可以保证信息的精准度。

3.财务决策支持系统之知识系统

财务决策支持系统运行的过程中，知识系统作为综合性数据库，发挥的作用是对财务管理方面的各种问题实施管理。事实上，知识系统就是对财务知识的客观表达。

从知识系统的构成上来看，主要包括数据库、方法库和模型库。知识系统对财务管理系统的有效运行给予支持，使其更好地发挥作用。其中的方法库又称为"规则库"，基本的系统运行过程以及算法都涵盖于其中。模型库发挥的作用是管理模型。

一些企业在对自身的发展情况进行分析的过程中应用了知识系统，就发挥了模型库的作用。比如，使用百分比较模型，就可以运用模型对金额进行比较分析。在方法库的具体应用中，使用方法库中的模型就可以执行基本算法。模型库的管理工作，就是采用相应的方法地模型进行管理。

（二）人工智能技术在财务决策支持系统中的应用

在财务决策支持系统中应用人工智能技术，主要体现在三个方面，即财务知识的表示、财务推理的表示以及财务专家系统的实现，具体如下：

1.财务知识的表示

财务决策支持系统中应用人工智能进行财务知识的表示，主要体现在两个方面：

一是从整体组织上对语义网络进行分析，对框架结构进行解释。网络分析和框架结构都是符号结构，构成了节点和框架，其发挥的作用是集中表示对象。这种表示方式被称为"结构化表示"。网络分析和框架结构之间存在的差异是网络分析更为注重表示对象关系；框架结构则是更注重表达对象的内部关系。所以，综合网络分析和框架结构的技术应用，就可以将对象的关系描述出来，对属性进行描述，知识库的检索功能得以实现，高效开展推理工作[①]。

二是关系数据库。关系数据库包括很多，诸如 Oracle 数据库、SQLServer 数据库、MySQL 数据库等都是较为常用的，采用的都是框架结构，用于表示财务知识。在财务知识的表示中，关系数据库本身就可以发挥作用。采用关系数据库的表示方式，可以获得有限的表达效果。但由于其处理效率高，使得工作效率提高。比如，国家的有关部门考察企业的财务比率的过程中，就可以发挥关系数据库的作用，用于表示对象，工作效率就会有所提高。

2.财务推理的表示

财务决策支持系统中，财务推理作为功能模块，对维持系统地有效运行发挥着重要的作用。财务推理包括两种：第一种为确定性推理，第二种为不确定性推理。确定性推理和不确定性推理之间是存在着差异的，主要是应用的范围不同。

确定性推理主要用于精确的计算过程，在财务分析中，能使分析的结果更加准确。比如，企业的财务比率等都属于确定性推理范畴。

---

① 仲夏：《财务决策支持系统的系统分析与结构设计》，《现代人工智能技术》2015年第22期。

不确定性推理则是模糊推理的运用。在财务决策支持系统推理的过程中对人工智能技术有效应用，就是要发挥模糊推理的作用。当前，财务决策支持系统运行的过程中应用模糊推理规则。比如，在筹资预测的时候，如果采用传统的筹资预测方式，就是用数学方法解决。采用运算方法，将资本成本数值准确地计算出来[①]。但是，计算的结果在实际的应用中存在着局限性，如果企业需要长期贷款，采用这种方法就不能对成本率有机表达。如果采用模糊数学原理，对模糊分布法合理使用，所获得的结果就可以归一化处理，模糊分析结构就可以建立起来。基于此，财务分析就更加准确，能够发挥其权威性。

3.财务专家系统的实现

多数的企业在构建财务决策支持系统的时候，并没有对人工智能技术有效应用。这就需要将财务专家系统建立起来，主要包括人机接口功能模块、解释机制功能模块、推理机功能模块、知识库功能模块等，其中推理机功能模块是核心部分。财务专家系统总体设计如图 7-2 所示。

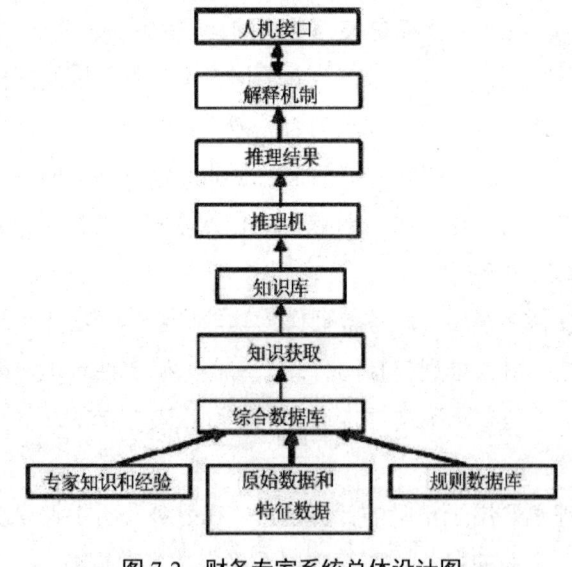

图 7-2 财务专家系统总体设计图

---

① 蔡伟：《工业智能财务决策支持系统的开发及构建思路研究》，《现代科技与财务》2014 年第 3 期。

人工智能技术在近年来快速发展起来，并在各个领域发挥着作用。财务决策系统要更好地发挥价值，推进企业市场环境持续稳定地发展，就要应用人工智能技术，提高财务决策支持系统的质量，使得企业的财务管理能力有效提高，企业的决策更加科学合理。

第五节　实现智能财务风险管理

风险是指事项发生并影响战略和商业目标实现的可能性。企业风险管理是指组织在创造、保持和实现价值的过程中，结合战略制定和执行，赖以进行管理风险的文化、能力和实践。

一、财务风险内涵

偿债风险是狭义上的财务风险，专指企业无法偿还融资的债务。债务的杠杆效应，有利于企业赚取资金。但是负债是要算利息的，如果企业债务超出承担能力反而会使企业的利润遭到损伤而减少，股东也就需要去额外承担风险，这样他们的权益也会大大折损。而广义上的财务风险，是企业在财务活动的过程中突发的多种意外情况，使真实收益远低于计划中的盈利额，从而给企业带来了财务风险。在企业管理财务的过程中，如果经营的活动太过复杂，这极有可能为企业带来财务上的安全隐患，财务风险会威胁到企业的每一个发展环节，甚至是主导企业整体发展的关键因素。所以企业要制定一系列充分、有效的防范措施，加强对财务风险评估的重视程度。

理论界频繁讨论如何定义财务风险概念，现在主要有三种支持者较多的观点：第一种是抓住资本结构来分析，企业资金的来源主要是企业本身具有的资金和融资的债务这两种渠道，这种情况下一旦企业的资本结构倒塌或者不稳定，就限制了企业的支付能力，进而加剧了企业的财务风险；第二种是深入研究企业筹资的全过程，如果企业的资金是借入，那就需要支付利息，而如果企业没有了稳定和强悍的还债能力，这既增加了企业压力又增加了企业的财务风险；第三种是从财务风险发生的难以预测来分析，由于未来的发展前景和企业的盈利能力难以保证，预期出的财务成果可靠性太低，这也在一定程度上增加了企业的财务风险。

二、企业技术创新财务风险分类与分级

（一）企业技术创新财务风险分类

所谓技术创新财务风险是指在规定的研制进度、技术约束下，不能按照预算经费完成研制目标的可能性。在技术创新研发全周期中，需要及时足够的资金保障。但在技术实际研发过程中，用于支撑各项研发投入和支出的资金来源往往可能由于各种原因发生问题，导致研发过程受阻，形成财务风险。费用超支和资金链断裂已经成为一个普遍现象。根据技术创新研发进程各阶段需求和各项资金的来源渠道，可以将企业技术创新财务风险分为资金投资与预算风险、筹融资风险、成本控制风险和效益回收与分配风险四个方面。

1.投资与预算风险

相比于一般的项目，技术创新的投资和预算表现出更高的复杂性和不确定性。因为这是一个技术迅猛发展的时代，信息技术研发更新换代快且创新过程复杂，设备要求高，原材料、元器件价格波动大，技术创新所涉及的技术领域广泛，面临的不确定性因素多，投资立项时的风险加大。与此同时，技术创新研发周期较长，研发活动涉及部门多，技术创新活动复杂，消耗的人、财、物额度大，难以归集预测，市场变化快，投资回收效果与回收周期均具有较大的

不确定性。因而，技术创新项目的预算非常难以精准编制与控制，企业的实际技术创新情况很可能与预算结果不一致，使得企业无法按时达成预定的目标，存在预算风险。

2.筹融资风险

关于技术创新，不同发展阶段的企业选择的筹融资方式也有所差别。初步创业阶段的企业，没有规模化生产能力，在银行等金融机构贷款的信用额度不大，也缺乏证券市场融资，该时期的企业开展技术研发主要依靠自筹资金积累和股权内源性融资，只能选择一些关键技术领域进行研发。处于成长发展阶段的企业，具有一定规模的生产能力，收益现金流开始稳定，产品单位制造成本和销售费用降低，品牌效应逐步显现，金融投资领域对企业的关注和授信增加，该时期企业开发新技术主要利用留存收益、银行信贷或风险资本，也可以获取政府基金支持，同时还可以同有实力的公司进行联合开发，但必须让政府部门、风险投资机构、合作伙伴充分了解技术的发展态势。企业进入成熟期后，企业经营业绩稳定，资产收益率高，资产规模大，自筹资金能力增强，获取银行信贷变得容易，银行等金融机构贷款成为主要融资渠道，但银行等金融机构可能对技术创新项目了解有限，所以要让他们支持该领域的创新需要做更多的沟通工作。

3.成本控制风险

技术创新过程复杂，对技术基础要求高，研发周期长，创新成本控制难度增加。例如，在研发船岸无线通信网络的时候，因为要克服海上或内河复杂的气象环境影响，在可靠性、安全性、维修性等方面也比普通产品要求高，有时候，技术人员为了少犯错，过度的保质、采用容错措施，也会进一步增加开发新技术的开发成本。当研发人员的成本意识薄弱时，往往为了赶进度而牺牲原材料、元器件的采购成本控制。有时候考虑到进口原材料、元器件停产或国外限制出口，会一次性积压许多原材料、元器件库存。

4.效益回收与分配风险

如果市场情况低迷，将导致企业资金回收困难。技术创新研发周期较长，材料与设备的成本、人员费用都是不小的开支，最终的技术创新成果如果能够得到市场认可，则会促进新技术的推广、应用，使企业顺利实现投入资本回收和逐步盈利；但如果不被广泛接受，将会引发一系列的资金回收问题，产品滞销将直接导致企业现金流回收困难，继而引发亏损甚至更严重的财务危机。当科技创新的成果产生良好的收益时，企业应该根据技术创新成果化产生的效益，对创新有功人员实行一次性激励或长期股权激励，稳定人才队伍和吸引尖端人才，但技术创新的贡献难以准确量化考核，股权激励又受国家政策、企业战略等限制难以快速体现效果，分配不公会导致企业技术人员心理失衡，不合理的激励又反而会造成人才流失、研发队伍不稳定等后果。

（二）企业技术创新财务风险分级

在技术创新财务风险评估时，可以通过风险系数给财务风险分级，以便企业采取不同的应对策略。

综合分析国内外文献资料，并结合工作过程中了解到企业的实际做法，本文定义：

风险系数=可能发生的损失×风险发生概率/主营业务收入

具体分级情况如表7-1所示。

表7-1 风险分级

风险等级	可能发生的损失（元）	风险发生概率（%）	主营业务收入（元）	风险系数（%）
微弱风险				0—5
一般风险				5—15
重大风险				15以上

同时，企业应明确技术创新各阶段的主要财务风险，有针对性地进行研究，各阶段主要财务风险情况表如表7-2所示。

表 7-2　各阶段主要财务风险

阶段	投资与预算风险	筹融资风险	成本控制风险	收益回收与分配风险
立项认证阶段	√	√		
研究开发阶段	√	√	√	
小批量试制阶段			√	
大规模批量生产阶段		√	√	
市场化推广阶段				√

三、财务风险分析与预警方法

对财务风险进行深入分析后，发现财务风险是可以进行度量的，因此就可以根据这一特性采取定量的分析模式，将企业的一些财务数据指标选取出来，再通过建立一些预警模型来完成对财务风险的计量过程，从而有效地降低企业的财务风险，维护企业的利益。对财务风险进行度量可以采用的办法很多，下面主要介绍其中几种：

（一）杠杆分析法

杠杆一般包含两种：经营性杠杆和财务性杠杆。一般来说，财务性杠杆指的是企业在筹集资金时将税前利润进行改动，从而增加利润，当企业维持日常的生产经营活动时，会有很多固定的经营开支，包括租金、工资等等，这种资金一经确定，一般是不会发生变动的，即便是有一些变化幅度比较小的成本，也不会受到销量的影响，所以可以用它来对税前利息和销量变化的关系进行衡量，这就是所谓的经营性杠杆。经营性杠杆跟财务性杠杆之间的关联性很强，会产生一系列连锁反应，这种反应就叫作综合性杠杆。

通过比较分析企业的盈利能力和筹资能力，来对企业实力作出评估，这种方法就叫作杠杆分析法。

主要指标公式具体如下：

经营杠杆系数（DOL）=税前利润值变化/营收值变化

财务杠杆系数（DFL）=普通股每股收益值变化/税前利润值变化

综合杠杆系数（DTL）=普通股每股收益值变化/营收值变化=经营杠杆系数×财务杠杆系数

判断企业的财务风险的大小，要看杠杆的系数大小，两者之间是正相关的。企业要想降低风险，最好将公司内部的成本降下来、销售额提上去，来降低经营杠杆系数从而达到降低经营风险的目的；也可以通过适当调整负债，降低财务风险，最终维护企业效益，达到预期目的。

（二）财务指标分析法

财务指标分析是分析财务报表数据的一种方法，研究对象就是报表数据，对有关数据进行综合性比较分析，最终判断出企业当前的经营状况和现金状况，分析企业的各项经营能力，分析企业的各项指标。通过对数据和指标的进一步分析，预估出企业经营存在的潜在风险，对风险进行防范，找到降低风险的举措，最终维护公司效益，促进公司长期可持续发展。

（三）Z值模型以及F值计分模型

1.Z值模型

5变量Z值模型是美国教授阿特曼所创建的，早在20世纪后期，该教授对美国市场进行了研究，对很多企业进行了观察，研究了他们的财务报表，经过计算和一系列实验，对企业的经营状况进行分析，对其破产的可能性进行预测，得出了研究结果。在此结果上，他创建了名震一时的5变量Z值模型，并且该模型后来经过了多次检验，证明了模型的科学性和可行性很高，该模型在很多发达国家如美国、澳大利亚、英国、法国、德国、日本等国得到了广泛的应用。

Z 值模型一开始是用来对即将破产的上市公司进行预警的,计算公式如下:

$$Z=0.012X_1+0.14X_2+0.033X_3+0.006X_4+0.999X_5$$

在公式中,X_1 代表的是营运资本(流动资金减去流动负债资金)除以总资产,该指标可以看出企业变现能力和规模的大小;X_2 代表的是累计留存收益除以总资产,这能够体现出企业的经营时间;X_3 代表的是税前利息(利润总额加上财务费用)除以总资产,这项指标体现的是企业的盈利能力;X_4 代表的是优先股和普通股市值(股票市值乘以股票总数)除以总负债,这个指标能够看出企业基本财务结构的稳定程度;X_5 代表的是销售总额除以总资产,体现的是企业利用资产的程度。

上市公司 Z 值模型评判标准,当 Z 小于等于 1.81 时,代表公司即将被破产清算;当 Z 在 1.81 以上,2.67 以下时,企业面临的危机很大,很可能会被破产清算;当 Z 处于 2.675 和 2.99 之间时,就说明企业可面临着财务风险;当 Z 大于 2.99 时,说明企业经营得很成功。

财务风险隐患并不只存在上市公司中,非上市企业的财务风险也很多,2000 年阿特曼在原来模型的基础上进行了修改,创造出了一种新的实用性更强的模型:

$$Z=0.717X_1+0.847X_2+3.107X_3+0.420X_4+0.998X_5$$

X_1、X_2、X_3、X_5 符号的代表意义不发生改变,但 X_4 的计算方法修改了,新模型中 X_4 代表的是所有者权益的账面价值除以总负债。

非上市公司 Z 值模型评判标准,当 Z 小于 1.23 时,表示公司即将被破产清算;当 Z 比 1.23 小比 2.9 大时,说明企业的财务危机很大,很可能会被破产清算;当 Z 大于 2.9 时,表示企业财务状况很健康,风险很小。

用 Z 值模型分析企业财务状况时,要充分考虑到一系列变量,比如公司的规模大小和盈利能力高低等指标,利用 Z 值模型可以更好地对企业将要面临的风险进行预估,真正地降低风险,促进企业可持续发展,维持经营活动。但是该模型也存在很多不足,第一是该模型对企业风险的预测会受到时间的限制,对于短时间内的风险预测比较准确,但是时间一长,就很容易出差错,对于实际规避风险起到的作用并不是很大。第二是该模型没有运用到比较科学、准确的数据，并没有真正地反映出企业的经营状态。第三是运用到的数据太多，计算太过于烦琐，很麻烦。第四是只能用于企业自身的比较和分析，无法在行业内进行比较分析。

2.F值计分模型

在对原来模型的研究基础上，我国著名学者运用了更加科学的办法，吸取Z值模型的不足，进行了更多调研，创建出了新的模型——F值计分模型。F值计分模型充分考虑了现金流量的作用，观察到了现金流数据的变化，准确地对财务风险进行了预测，并且在实验中对其进行了验证，证明了模型的可行性。

$$F=-0.1774+1.1091X_1+0.1074X_2+1.9271X_3+0.0302X_4+0.4961X_5$$

其中 X_1、X_2 及 X_4 的代表意义与 Z 值模型中的 X_1、X_2 及 X_4 一样；X_3 代表的是税后净利润值加上折旧除以平均总负债，X_3 体现了企业偿债务能力的高低；X_5 代表的是税后净利润加上利息加上折旧除以平均总资产，X_5 体现了公司的盈利能力。如果 F 比 0.0274 大，就代表着即将被破产清算；F 比 0.0274 小，公司就还能维持正常的生产经营活动。

相比 Z 值模型，F 值计分模型的标准性更强，科学性更强，充分弥补了 Z 值模型的不足，测量出来的数值更加准确、可靠。

第八章 智能化时代下的智能财务管理实践

第一节 智能财务管理概述

一、智能财务管理的基本内容

智能财务管理是一种基于智能财务平台的现代化管理模式，通过数据分析、数据整合、数据应用和数据拓展，实现了市场资源和企业内部资源的整合，达到节约成本，提高效率的目的[①]。智能财务管理的核心是智能财务系统的搭建，重点是通过技术手段，对财务信息、人员以及资料等进行整合。包括成本核算、财务运营、财务预算、财务控制等多种手段。通过智能财务管理，企业可以更好地获得发展的机会，提高发展的水平。智能财务管理具有数字化、动态化的特点，可以实时监测财务数据信息，并对财务风险进行预防和控制。通过将集团企业财务共享管理模式与云计算、移动互联网、大数据等技术有效融合，建立集中、统一的企业财务云中心，支持多终端接入，从而实现"核算、报账、

---

① 杨娇瑛：《大数据时代的智能财务研究》，《财会学习》2021年第20期。

资金、决策"在全集团内的协同应用、统一管控①。一方面,智能财务管理模式下,企业的各个业务主体、业务个体以及组织部门,都可以作为财务信息的提供者、分析者和创造者,可以更好地实现内部的自我驱动与管理;另一方面,移动化的智能报销、智能审核等人工智能应用会将更多会计岗位人员从以往基础性、重复性的工作中解放出来,他们中的一部分会成为业务财务人员参与融入业务,通过财务数据分析、模型推演等方式协助业务部门提升绩效。

目前,智能财务管理已经融入了人工智能、大数据以及区块链应用等新型内容,可以通过对传统财务进行有效的模拟、延伸以及拓展,改善会计质量信息,提升会计工作的效率,同时降低会计成本,帮助企业更好地创造价值。智能财务管理可以实现数据的全面共享,通过智能财务平台,在政策、流程、系统、数据的基础上,实现高效融合和深度协同。同时,做好财务专业分工以及财务组织,采用细颗粒度交易模块信息,实现基层业务单元以及各个流程环节的精细化管理。

智能财务管理涵盖财务工作的各个领域,包括财务工作任务设计、财务工作分工、财务数据测算、财务场景化设计等等。通过智能化的衔接,实现预算管理、核算管理、资金管理、业务管理等②。

从整体上看,有学者认为,智能财务管理包含有三个核心层次的内容:第一是实现财务智能共享模式下的专业深度分析;第二是实现基于平台架构的智能商业 BI 管理;第三是基于人工智能的纵向延伸③。

从组织架构看,智能财务的基本框架分为广义和狭义。广义的智能财务管理包括智能财务管理的应用主体、行业组织、内在供应链等。虽然采用了智能化技术,但是外部环境仍然起到主导性作用,比如财政、审计、税务、海关、

---

① 赵延鹏:《财务共享模式下航空运输企业财务管理体系构建研究》,《现代商业》2021 年第 17 期。
② 陆兴凤:《智能财务下"人机物"多元协同新型财务管理模式探究》,《财会月刊》2021 年第 12 期。
③ 方悦、倪银珠、曹永年、陈维林:《关于构建智能财务框架的研究》,《科技经济导刊》2021 年第 12 期。

行业协会等。狭义的智能财务管理一般包括智能财务在各类企业或者是组织当中的实践,目的是对财务应用主体进行描述,阐明企业或者是组织内部存在的驱动性逻辑关系。智能财务管理在架构上,主要包括企业智能财务系统、上下游企业系统、公共大数据以及企业内外部监督系统等。其中,以智能财务系统为核心进行延伸,包括经营活动控制、数据整合、数据反馈、信息处理等。

在智能财务管理体系当中,核心内容包括三个部分:智能财务会计、智能管理会计、大数据分析。内在的核心逻辑包括业务管理、数据管理和财务控制。涉及的范围包括制度模式智能化、财务信息智能化、财务风险控制智能化、内外部沟通智能化等。基本涵盖了传统财务管理的内容,并且从市场化的角度进行了延伸和拓展。

从2013年"工业4.0"和2015年"中国制造2025纲要"发布开始,制造业数字化、网络化、智能化快速发展。智能化技术性推动成为财务管理历史性变革的主要驱动力量,对数据的深度挖掘和融合应用已成为数字化、智能化的主要标志,财务会计迈入财务管控数智化时代。在实务管理过程中,大多数企业在财务智能化管理转型过程中存在约束瓶颈,观念落后、组织不适应、机制不配套限制了财务管理智能化效能的发挥。由此本章进行了深入研究,指出企业智能化背景下,进行财务管理方式变革应当树立新的目标,并提出了变革推进方法和实施策略。

二、财务管理智能化的机遇和困境

当前智能化成为企业管理转型的重要推动力量。通过新一代信息技术、自动控制、人工智能和物联网等技术与生产运营的深度融合,打破信息壁垒和业务壁垒,实现上下贯通、左右互联,推动工业技术与信息技术的深度融合,推动互联网与市场营销、业务管理、供应链管理的深度融合,最终实现智能制造和智慧管理,为财务智能化变革提供了机遇。在实务运作的过程中发现传统财务管理方式不能很好地适应企业智能化转变,一定程度上限制了智能化建设效能的发挥。

(一)智能财务管理方式变革的机遇

1.企业智能化成为推动企业管理转型的重要力量

企业智能化引起了企业管理四个转变:一是变封闭系统为开放系统。改变传统的单流向、单回路、隔离式的封闭管控系统,对全要素进行管控,构建模块化、可重构、可扩充的管控系统。二是变分散控制为集成控制。改变传统的控制方法,采用互联网技术实现整线连接和系统化控制,实现市场链、供应链、职能管理与生产制造的连接和系统化控制。三是变推动管理为拉动管理。改变传统的纠错方法,采用预警和预控制的管理方法,主动应对和预防管理;通过流程可视化和智能监控,实现企业管理高效化、精准化和简单化。四是变经验管理为科学管理。改变传统的依靠经验进行控制的思路,通过建立科学的控制模型和知识结构,实现设备的自学习控制,实现管理的规范化、结构化的快速运行。

2.企业智能化发展为解决财务难题提供了契机

企业智能化发展为财务管理中传统难题的解决提供了平台和契机。财务管理流程在企业中属于涉及范围最广、流程跨度最长的业务,是企业管理和战略策划、实施的核心,对企业利润最大化和风险最小化的实现起到非常重要的决策支持、运行控制和预警预防作用。但是单一闭环的财务管理存在管理不精准、资金控制被动、费用管控不严、成本管控不细的四大难题。随着企业智能化的发展,财务管理四大难题得到了很好的解决,主要体现在以下几个方面:

第一,财务智能化推动财务管理直接下探业务,解决财务管理的漏洞。通过财务系统和业务系统的连接,构建了财务与业务的勾连逻辑和分析结构,为财务分析控制提供了快速的信息支持。基于企业战略发展的角度建立了财务管理及预测模型,围绕企业价值进行资源配置与运营可以及时发现企业管理和决策过程中的漏洞。基于财务智能化的战略管控,优化企业投资决策、运行决策和管理调整控制策略，实现了保证企业增长、保证企业盈利以及保证企业风险可控的总体目标。

第二，财务智能筹划的算法支持企业及时进行资金筹划，防控资金风险。企业智能化可以为财务资金的提前筹划提供更为精准的策略，基于对在途库存、企业原材料库存、在制品和成品库存、市场库存、销售周期及货款回收的精准分析，建立现存及未来一定时间内的安全库存线、库存成套率分析模型，精准预测市场需求量和货款回收量。通过智能化建模可以对企业资金进行精确分析预判，根据支出需求和利率趋势进行资金计划测算，为企业资金筹划和预安排提供精确指导，为市场资金回流提供预警和预处置，推动企业资金管理保持良好的循环状态。

第三，财务智能化有利于提高财务管理效率，推动业财融合。通过数智化财务管控体系全流程管理，实现智能数据化财务共享，在政策、规则、流程、系统、数据和标准明确统一的基础上，建立智能财务管控服务系统与业务系统的预警规则，将财务稽核日前移，从而在业务发生时保证合规性。通过自动纳税归集、自动化凭证以及自动记账，可以提高财务会计核算效率，为财务管理转型提供了条件。

第四，财务智能化有利于精准把控成本实际，提高管控效能。财务智能化通过成本管控与生产流程的紧密勾连，可以把成本管控节点进一步细化，精准识别物耗管控点，准确把握各工序实际的劳动量和人工，掌控设备效能发挥情况，提高成本控制和筹划的科学性和指导性，做到发现不足、及时改进，提高企业盈利能力和经营水平。通过财务智能化可以进一步把控费用实际，精确识别其真实性、合法性、合规性、合理性，同时通过费用画像分析，对不必要或低效能的费用进行提前预警，对必要性费用进行预安排。

（二）智能财务管理方式变革面临的挑战

基于财务智能化发展的背景、需求和当前企业面临的复杂形势，企业财务管理定位和管理方式转变越来越迫切。但从传统的财务管理方式转型不能一蹴而就，思想观念、管理模式、人员能力等形成了财务管理方式变革的硬约束。

一是认知偏差和陈旧观念限制了财务管理方式变革的推进。企业各部门、各层级人员对记账式财务、被动式财务的传统观念根深蒂固，对财务主动运营、宏观控制、战略支持、深度参与的认知相对薄弱，赋予财务管理相关职能和权限不充分。同时由于财务参与业务和决策的力度相对薄弱，传统的职能认知和观念限制了财务管理人员的主动性，大多数财务人员对于主动转型参与价值创造的积极性不高。

二是组织模式不能适应财务智能化带来的管理方式转变。企业（包括很多开始导入智能化财务系统的企业）对财务管理部门的职责构建并不能支撑财务管理方式的转变，对于财务管理部门的职能界定还是限制在记账、核算、分析的层面，并未赋予财务管理部门控制管理、战略管理的职能和权限。职能化的组织结构限制了财务管理效能的发挥，财务管理相关信息通过层级传递形成决策、执行的方式，限制了财务管理参与业务流程运作的深度和广度。

三是人员能力不能快速满足财务管理方式变革的需要。财务人员能力与智能化背景下的管理方式型需要不能匹配，主要体现在对业务知识掌握不足、统计分析和建模能力不足、与业务部门的沟通协作能力不足等三个方面，从而影响财务管理正确决策和管理效能的发挥。业务部门人员对财务管理知识的基本认知不足、对企业财务管理运行情况了解不足、固守本职的传统做法也会影响财务管理效能的发挥。

第二节　人工智能在财务管理中的应用

人工智能技术在财务管理中的应用主要体现在以下系统中：

一、财务管理专家系统

财务管理专家系统涉及财务管理知识、管理经验、管理技能，主要负责处理各类财务问题。为了减轻财务管理专家对财务管理过程的描述、分析、验证等工作的劳动强度，很多企业都将涉及管理技能、管理理念及管理环境的财务管理专家系统应用到财务管理工作中。

人工智能技术在财务管理专家系统中的应用，根据具体的财务管理内容将其划分为筹资管理专家系统（涉及资金管理）、投资管理专家系统、营运管理专家系统（涉及风险管理与危机管理）、分配管理专家系统。这些系统中又涵盖了财务规划及预测、财务决策、财务预算、财务分析、财务控制几方面的子系统。

在对各系统进行优化整合后，财务管理专家系统的综合效用便体现出来了：提高了财务预测的精准度，强化了财务决策的科学性，实现了财务预算与实际的一致性，提高了财务控制效率，财务分析更加细致全面，进一步拓展了财务管理的覆盖面。

财务决策子系统在整个系统中占很大的比例，而财务决策子系统的顺利运行离不开其他子系统的支持，因此，对这些子系统集成后形成了智能化的财务决策支持系统。利用智能化的财务决策支持系统有助于综合评估内部控制与资产分配情况，通过对投资期限、套期保值策略等进行深入分析后，能使投资方案进一步优化和完善。

二、智能财务管理信息共享系统

财务管理查询系统和操作系统是智能财务管理信息共享系统的主要内容。通过 Microsoft Visual Studio.NET 对财务管理查询系统进行部署，然后操作系统中的 IIS（Internet Information Services，互联网信息服务）负责相关发布。

将.NET 框架设置于发布平台上，该框架负责运作各个.NET 程序。

为财务管理信息共享提供相应的体系结构，企业会在节约成本的理念下向所有利益有关方传递真实可靠的关联财务信息。简单举例，随着 B/S（浏览器/服务器）模式体系结构的构建并使用，企业实现了成本的合理节约，促进了各财务信息的及时有效共享，提高了财务信息处理效率。

通过操作系统中的 IIS 来发布财务管理查询系统，企业内部各职能部门只需要进入 Web 浏览器就能及时访问，而企业外部本有关使用者只需要利用因特网就能对单位每一天的财务状况予以充分地掌握。

随着智能财务管理信息共享系统的生成并被投入使用，财务管理工作变得更加完善、成熟，同时，在智能财务管理信息共享系统中利用接口技术吸收 ERP 财务信息包，实现了财务管理信息的透明化、公开化，突出了财务管理的即时性。

三、人工神经网络模型

所谓的人工神经网络，指的是通过人工神经元、电子元件等诸多的处理单元对人脑神经系统的工作机理与结构进行抽象、模仿，由各种联结方式共同组成的网络。人工神经网络从范例学习、知识库修改及推理结构的角度出发，拓展了人类的视野范围，并强化了人类的智能控制意识。

人工神经网络模型是诸多神经元结合起来产生的模型，人工神经网络涵盖反馈网络（也可称之为递归网络）与前馈网络两个部分。其中，反馈网络是由诸多神经元结合后生成的，将神经元的输出及时反馈到前一层或者同一层的神经元中，信号可实现正向传播与反向传播。由于前馈网络存在递阶分层结构，因此，由输入层进入输出层的信号主要以单向传播方式，将上层神经元和下层神经元进行了连接，同一层神经元相互之间不能连接。

人工神经网络存在很多类型，比如 RBF（径向基函数）神经网络、BP（误差反向传播算法）神经网络、ART（自适应共振理论）网络等。其中，RBF 神经网络现已在客户关系管理、住宅造价估算等领域中得到了有效应用；BP 神经网络现已在战略财务管理、风险投资项目评价、固定资产投资预测、账单数据挖掘、纳税评估、物流需求预测等众多领域中得到了有效应用；ART 网络现已在财务诊断、财务信息质量控制、危机报警等领域中得到了高效应用。

随着经济领域和管理领域对人工智能技术的广泛应用，越来越多的学者将研究重心放在了人工智能层面上，而财务管理中应用 BP 神经网络来预测财务状况取得了可喜的成果。因此，BP 神经网络成为现代人工智能应用研究的关键点，而成功的研究经验为财务管理系统的研究提供了重要依据。

综上所述，随着科学技术的快速发展，智能化的财务管理已成为必然，运用智能财务管理专家系统有助于提高财务管理水平及效率。今后的财务管理专家系统将逐步朝着智能化、人性化、即时化的方向快速迈进，可以想象，那个时候的智能财务管理专家将会全权负责繁复的财务管理工作，使财务管理人员不再面临庞大的工作量。出于对财务主体持续发展的考虑，在"以人为本"理念的基础上推行科学化财务管理工作，要在保证财务主体良性循环发展的同时，为各利益相关者提供预期的效益。

第三节　智能预算管理与业绩评价

一、智能化时代下预算管理与业绩评价的概念

（一）预算管理的内涵

智能化时代下，预算管理越来越重要。预算管理是指企业在战略目标的引

导下，对企业后续经营活动与相关财务结果实施全方面、深层次的预测和筹划，同时，借助对落实期间的监督管控，将具体完成情况和预算目标不断实施比较与分析，最终及时引导经营活动优化及改进，从而助力管理人员实现预期战略目标和更加高效地管理企业。预算管理的特点是全体人员、全过程以及全部门，借助对企业发展期间的经营活动实施事前预测分析，明确经营活动的发展前景，助力企业制定相应的规划，把握市场机遇，增强经营活动实践的可行性。进入经营活动的开展时期，借助对全过程的合理把控，让各项经营活动根据预期目标稳定推进，始终借助监督管理维护经营活动开展的连续性和稳定性，提升企业管理水平、运营效率以及经济效益。预算管理是一项系统化的管理工作，涵盖众多方面，关乎企业生产经营活动和全体成员。预算管理的意义在于为企业后续经营活动编制和执行计划，对资源进行合理配置，确保企业内部运行的稳定性，借助对企业管理、人员考察以及部门之间的协调等，满足企业预期目标并且推动自身稳定向好发展。

（二）业绩评价的内涵

业绩评价是企业在经营过程中对企业经营项目落实情况展开整体性考量的环节，具有判断、指导、预测以及管理的作用，可以让企业发现自身盈利水平、资本运营、债务情况以及基础管理等环节上存在的不足，及时总结教训，落实针对性对策，以此持续增强企业自身竞争力，提升企业经营活动的有效性。业绩评价需要遵守的原则包括全面性原则、发展性原则、客观性原则以及效益性原则。业绩评价环节的落实，主要依托企业自身的业绩考核，其借助内部构建的评价机制，根据相关标准制定评价指数，通过合理、可靠的评价方式，对评价工作展开实践管理，借助项目化评价体系满足对评价结果的充分获取需求。企业借助业绩评价指标体系的制定来落实战略思想，引导企业经营决策，实现员工行为与企业战略目标相统一。利用业绩评价指标体系构建战略前景和战略目标桥梁，让企业的战略思想得到具体的指导推动，为企业经营决策与战略管理提供恰当、科学的依据。业绩评价与鼓励机制是衔接企业战略与实践能力的重要纽带，构建完善的业绩评价与鼓励机制是企业保持和强化自身竞争力的基础步骤。形成依托战略的业绩评价体系，切实衡量企业与管理层业绩，借助业绩评价进行企业战略管理，据此强化核心及长期竞争优势，对健全企业管理架构、形成可靠的激励约束机制、强化企业竞争实力发挥着重要的理论价值与现实意义。

二、财务预算管理工作的智能化

当今社会的发展越发趋向于全面性，随着科学技术以及社会经济的不断进步，传统的企业财务预算管理方法已无法满足现今企业的发展速度，因此，财务预算管理工作的智能化势在必行。

（一）预算编制智能化

时代飞速发展的同时也带动了企业发展步伐，随之而来的是企业财务工作中繁复的账单、报表等一系列的数据处理工作。财务数据是企业发展态势最直观体现，传统的数据处理方式需要财务人员花费大量的时间和精力在数据间进行反复的核对，以确保数据的准确性以及可利用性。企业预算编制工作就需要对历史数据进行全面的分析处理，得到各类数据的变化趋势，从而为预算编制工作提供更加科学合理的数据支撑。将预算编制工作与人工智能技术相结合，可以对财务数据进行归集处理，提取出企业财务数据所包含的信息，并结合最新的企业会计准则和制度，全方位地分析出各项财务指标的变化趋势，并对其进行预测。人工智能技术的引入，节约了人工成本，也提高了预算编制工作的质效，同时也是企业在经济业务方面的良性反映。

（二）预算执行分析智能化

在预算执行过程中，企业会在某个时间节点对本年度的预算执行情况进行分析，意义在于可以准确掌握年度预算已执行情况，并据此对下一阶段各项经营活动进行较为充分、全面的预测，为企业作出更加切合自身实际的发展规划。通过引入人工智能技术，可以从会计凭证上直接抓取预算已执行数据，并对数据进行归集、汇总，形成相应的财务报表，更加迅速、便捷地反映预算执行进度，为预算执行分析报告提供基础的数据支撑。同时，根据不同业务的需求，针对不同的财务指标进行多角度、多层次的对比分析，确保分析报告的广度和深度，有利于直观地体现各项财务数据的变化情况，并可以对一些存在异动的数据进行预警，以便及时作出有效处理，提前化解风险隐患，做到防患于未然，保证企业健康发展。

三、企业业绩评价体系与预算管理的结合运用对策

（一）增强预算管理和业绩评价之间的关联性

为获得预期的企业预算管理效果，相关人员需要根据企业的实际情况确定合适的业绩评价管理模式，增强预算管理和业绩评价之间的关联性。业绩评价是一项高度专业化、复杂化的管理工作，需要在企业经营过程中与各种方法和模式有效结合，以满足相互完善的需要。因此，企业需要将战略目标作为业绩评价和预算管理的主要着力点，将部门利益和个人利益紧密联系，将部门和个人工作目标纳入业绩评价指标范围，以促进企业业绩评价工作更加稳定有序地实施。此外，企业管理者可以充分应用最终的考核评价结果，借此提升管理的质量，促进财务预算管理中业绩评价工作的不断优化和完善。

（二）构建完善的企业预算管理与业绩评价体系

通过长期实践可以得出结论，企业预算指标与最终实施结果会存在一定的差异，这就需要构建一个相对完整的评价体系，得到科学的评价结果，并准确

分析预算差异产生的原因并及时解决问题,充分增强预算的合理性和业绩评价的有效性。具体措施如下:财务人员在执行预算编制工作时,需要充分掌握企业当前的经营情况,全面考虑可能出现的隐患,强化业绩评价的应用性能。在明确预算目标之后,预算管理相当于预算控制的全过程,其需要稳定的内部控制体系和内部组织岗位职责,根据市场差异、人员差异和环境差异等诸多因素,明确预算执行的公平性,不仅要考虑预算系统的控制功能,还要充分意识到业绩评价对部门和个人的激励作用。不仅如此,企业在落实内部组织与流程评价时,需要从组织结构、人员水平和信息技术等方面构建相对完善的预算管理体系和业绩评价体系,落实预算控制任务,帮助企业获得更加理想的经济效益。

(三)建立健全企业预算管理中激励、考评体系,促进企业可持续发展

企业预算体系管理的搭建必须着眼于企业的具体情况。企业一般都有高效率的业务流程预算体制。在具体的行业竞争中,预算体制可以有效地减轻市场竞争工作压力,提高企业的核心竞争力。在我国一些企业预算体系管理搭建中,通常忽略企业鼓励和评价指标体系的基本建设,牵制了企业职工的晋级和发展,无法激起企业职工的主动性,从而危害企业的可持续发展。在企业预算管理方法中创建考核制度,规定企业依据经营状况开展精益化管理,精确考评每一个职工的业绩,依据预算规范开展合理考评,对呈现出色、积极主动的职工提供相对应的物资和精神实质奖赏,对业绩考核较弱的职工作出警告,激励其持续勤奋。在企业中执行高效的绩效考评和激励机制,可以激励团队,使企业活力四射,提升竞争能力,完成企业业绩考核的稳步增长。

第四节　智能财务资金管理

资金作为经营活动的血液周而复始地循环运转，其速度与质量会对企业目标的实现至关重要。所以，注重资金管理、提高资金使用效率是每个企业的重要任务。

一、资金管理概述

（一）资金管理的定义

在交易中，资金管理是最重要的部分，甚至超过了交易方法。如果要在市场中立于不败的地位，就不能不掌握此种方法。资金管理解决的问题，事关在市场中的生死存亡。它告诉交易者如何掌握好自己的资金。作为交易者，谁坚持到最后，参与最后的行情，谁就能获得一个较好的投资结果。资金管理恰恰增加了交易者生存下去的机会，而这也就是赢在最后的机会。

懂不懂资金管理，是业余爱好者和职业交易者的主要区别之一。大多数资金管理的书籍把资金管理讲述很复杂，或者一些富有经验的交易者在交易时也习惯性地说"重仓""轻仓""满仓"之类，以为这些就是资金管理。关于资金管理的模型研究确实非常复杂和高深，既有科学的成分也有艺术的成分，涉及许多概率学、数学和计算机科学等相关的知识。本文希望从最实用的角度选择性介绍一些相对常用的资金管理模式，让普通投资者快速理解职业交易者的风控模式。

资金管理，解决的是一单下去买卖多少、风险是多少、盈利后或亏损后如何加仓的问题。如果说技术分析解决的是怎么买卖的问题，那么资金管理解决的就是买卖多少的问题。我们在做交易时一次买卖动作包含至少两个方面的含义，其一是以什么价格买，其二是买入量是多少。如果我们钻研资金管理技术，那么很难在投资交易上取得长期、持续的成功。

（二）智能资金管理

智能资金管理，顾名思义是指运用自动化、数字化及智能化工具，取代企业传统的以线下手工操作为特点的资金管理业务方式，在集团内部构建统一的资金管理智能化平台，支持各类形式的资金运营及管理。集团总部通过收付结算、计划管控、实时监控等手段，可随时掌握成员企业资金运营行为，从而对集团整体资金营运情况进行清晰准确的掌控。

企业的管理者如果希望对企业资金的流入流出、银行贷款、货币性投资收益及债务进行动态、实时监控，如果不借助于新技术是很难实现的。资金管理的信息化已经朝智能化的方向发展了。当前严酷的信贷环境对企业资金管理能力提出了极高的要求，资金管理智能化将极大促进企业从粗放式转向精细化运营。

二、利用智能技术加强资金管理

在数字经济飞速发展的今天，互联网、大数据、人工智能等技术已快速融入生产生活，新业态模式正快速涌现。中国社会科学院发布的《数字经济蓝皮书：中国数字经济前沿》预计，"十四五"期间，我国数字经济整体延续快速增长势头，到2025年，我国数字经济的增加值规模将超过32.67万亿元。

数字化经济的快速发展让越来越多的企业开始尝试应用新一代智能技术助力财务管理智能化，实现降本增效。其中，以RPA和AI为代表的智能技术，与传统的资金管理工作重复性高、大量单一等特点相契合，能够有效代替人类执行相关工作，帮助财务人员从烦琐的工作中解脱出来，进而有效促进企业资金管理工作的高效化和智能化，是企业走可持续发展道路的助推器。

（一）促进资金收付管理高效智能

资金收付管理是企业资金管理的基础和源头，企业的管理者不仅要掌握公司的资金收支情况，而且要能够控制每一笔收支交易，确保资金安全。

由于资金收付款方式较多，包括现金、票据、电汇、第三方支付等，而收付的次数越多，相应的资金数据就越庞大，如果完全由人工来完成一系列收付票据的核算检查、签字、登记等工作，不仅效率低下且容易产生失误。

因此，企业可以借助 RPA 技术，利用高效的数据处理能力完成大量且重复性较高的资金收付工作。或者利用 AI 技术进行自动资金收付款管理，通过提前设置好的规则和逻辑，根据订单信息和供应商信息，自动完成收付款，减少财务人员仔细核对、签字登记的时间。

（二）规范银企对账，保障资金安全

银企对账是为了及时查找企业未达账项或资金，防范金融风险的一项资金管理工作。传统的银企对账，由于工作内容单一、模式落后且并未独立于业务操作，缺乏有效监控，往往会造成银企对账不及时、对账单回收困难、对账率不高、银企对账单管理混乱等现象。

在银企对账当中应用 RPA+AI 技术，可以定期、定时地获取银行流水和银行财务数据，并进行银行账和财务账的核对，自动出具银行余额调节表。这样不仅可以解决企业银企对账不及时的问题，还可以减少大量的手工工作，提高银企对账的效率，规范银企对账相关制度，最终保障企业资金的安全。

（三）优化企业资金分析与考核管理

资金分析与考核管理是集团企业作出正确投资决策、融资决策的关键。集团企业可借助大数据、云计算、人工智能等技术对历史业务数据进行分析，主要方面是分析企业不同业务涉及的不同现金流活动，从而帮助企业预测日常经营活动发生的资金收入和支出，并能准确提供企业融资、投资计划所需的关键数据，为企业提供强大的财务分析和决策支持能力，获取丰厚的战略性财务信息。

RPA+AI 可对企业资金的流动信息进行监控，利用大数据、云计算、人工智能等技术可以分析出各分、子公司的资金利用率，最终确定对集团企业绩效的影响，从而对分、子公司进行考核。

（四）保证企业资金管理安全

在传统会计信息化建设模式下，企业的资金管理全部由人工操作，资金业务与运作不可避免会存在一些管理上的漏洞。例如，财务人员隐瞒错报资金信息、信息不对称以及随意调拨挪用资金等问题，从而导致公司管理层不能及时、真实地了解企业财务状况，最终导致作出错误的决策。

RPA+AI 能够代替人工执行企业资金管理工作，对资金管理的每个环节实施可视化监控，使得公司管理层能够及时准确地掌握企业内部的资金情况。这不仅可以保证会计信息的安全，还可以降低企业资金管理的风险。

随着大数据、云计算、人工智能和移动互联网等现代科技不断发展，通过应用 RPA+AI 助力财务智能化已成为大势所趋。面对未来，RPA+AI 将逐步成为企业向智能化转型升级的核心力量。

（五）充分利用现代智能管理技术

企业应根据自己的资金管理目标选择购买财务信息化系统，目前市场上产品的选择性较多，而且功能也多样化，开发应用成本较大，但是对于企业后期的调整及优化更具优势，购买产品则需考虑自身业务量与智能系统的服务是否匹配，以及未来的业务增加如何进行模式拓展。需明确的内容是流程测试时间范围，配合部门及分工后台，技术人员名单以及测试工作内容及框架。建立财务系统运行的 SOP（标准操作规程）文件，有助于提高运作规范化机制，同时 SOP 文件也能详细记录试点的运行情况以及风险防范要点，其中包括相关技术控制数据以及安全持续运行数据等，财务系统的数据收集整理是促进企业不断推动自动化及智能化转型的重要基础。当系统通过测试后则应进行进一步的自动化流程推广，以实现财务系统的全流程、全范围、全场景上线，这个阶段需要评估业务目标以及流程设计部分，要让财务智能系统的流程符合企业整体运行需求。如果企业时间较为紧迫,也可以采用阶梯式的开发模式,但要注重培养员工的管理以及维护能力,并注重不同端口之间的数据传输标准,以保证能够持续改进。

第五节　智能财务内部控制管理

一、内部控制的概念

关于内部控制的定义,在《企业内部控制基本规范》(财会〔2008〕7号)中指出,其是一个包括由企业高层、管理层和基层员工共同实施的,　　为控制目标的实现提供保证的过程,该过程包含三方面的内容,首先是对各个业务层级进行的业务规范管理,再是企业运行当中的风险控制,然后是对财务信息的采集、披露及传递的管理控制。企业在运营过程中内部控制的具体表现为企业采取的一系列管理措施和规章制度的集合,内部控制的实施在不与法律相悖的前提下,应该达到为组织运行的有效性和效率提供保证、为企业信息的完整性和真实性提供保证、为企业战略目标的实现提供帮助的目的。

二、智能化财务框架下的内部控制管理

(一)内部控制管理的背景

随着管理信息化建设的深入,财务核算、资产、审计等业务信息管理更加智能化,财务核算工作、预算管理工作及财务管理工作等方面内部控制建设都

面临新的挑战。过去，企业内控建设按照业务事项类别分别设置，各企业内部控制风险防范标准不一，内控制度不健全、不规范，因内控管理不严导致的职务犯罪时有发生。企业应加强企业内部控制建设，提高部门治理能力，健全部门"明规矩于前，寓内控于中，施监督于后"的内部控制体系，实现规范化、标准化的全业务流程的内部控制管理。

（二）内部控制管理的原理

依托智能化财务体系，以梳理业务流程为切入点，以风险防控为核心，选取典型单位进行试点，建立适合试点单位实际的单位层面和六大类经济业务层面的内部控制体系。明确业务环节，分析风险隐患，制定应对策略，有效运用不相容岗位相互分离、内部授权审批控制、归口管理、预算控制、财产保护控制、会计控制、单据控制、信息内部公开等内部控制基本方法，加强对单位和业务层面的内部控制，建立内部监督、风险评估和内控评价制度，实现内部控制体系全面、有效实施并适时更新。

（三）内部控制管理的实现方法

1. 分析方法

采用定量分析和定性分析相结合的方法，按照风险发生的可能性及其影响程度，对识别的风险进行分析和排序，确定关注重点和优先控制的风险。

2. 工作方法

流程梳理：通过访谈、查阅资料，根据统一模板编制流程图。在流程梳理过程中，及时发现并记录有遗漏、杂乱、不符合相关法律法规、不相容职务未分离、权限设置不合理等内控缺失的工作流程。

风险评估：根据风险发生的可能性和影响程度，对流程中涉及的每个风险点进行综合分析，识别其固有风险。

风险应对：根据识别的风险，评价其影响，确认其风险等级，形成风险清单。根据风险等级，识别流程中的关键业务点，采取相应的措施规范操作流程，避免内部舞弊等重大风险出现,提高工作效率。

建立一套满足业务需求的企业内部控制体系:通过选取典型企业内部控制建设情况进行分析,采取自查自评和专家审核的方式,设置风险指标,排查风险防控异常原因,规范关键风险内控节点,制定对策。明确关键控制节点和风险评估要求,提高内部控制的针对性和有效性。

3.编制《内部控制规范手册》

内部控制规范化是有效防范财务风险的关键。采用因素分析法和抽样调查法,规范内控业务数据信息采集口径,收集管理者需求,编制《内部控制规范手册》。将内控节点嵌入信息化系统软件,利用信息化系统软件测试,达到以规范检测内控、以内控流程促进部门管理的目的,提升内部控制防范风险能力。

三、智能财务对内部控制产生的影响

在传统的财务会计领域中,内部控制的实现主要通过各岗位之间的分工合作,定期进行账账核对、账表核对、账实核对来实现,但随着智能财务的普及与 ERP 系统的功能逐渐完善,业务与财务深度融合,伴随着业务的完成,财务所需的单据、凭证由系统自动生成。财务共享服务中心负责储存这些数据,在这一流程中,财务人员本身的参与度很低。甚至实体账簿的消失给审计工作也带来了巨大影响,传统的数据审计将被颠覆,审计人员想要有所收获可能要偏向对行为的审计。这些整体的改观对企业内部控制流程产生了深远影响。

(一)控制形式颠覆

智能财务下,ERP 系统的智能化程度极高,系统本身能够形成完整的内部控制链条,原先的账账核对、账实核对、岗位分工等内控形式已经近乎被淘汰,系统本身可以代替人完成这些操作。而又由于系统本身的优越性,原先人工操作存在的漏洞也不复存在。内部控制的形式可能要转变为对系统行为的控制,而这又需要相关工作人员有一定的计算机基础。

（二）控制内容更新

云计算时代，海量的数据可以被信息使用者使用，但同样也引起了我们对数据安全的思考。大数据是智能财务的基础，自然而然，数据库的安全性和数据库的准确性成为智能财务背景下的研究重点。对数据库内容的完整性保护，防止泄漏非授权信息和篡改数据库信息，是当下企业内部控制流程中需要考虑的重要环节。各种计算机安全技术也要随之发展，编码保护、防病毒技术等都要引入，以确保企业智能财务平台高效、安全地运行。

（三）控制视角多样化

以往企业的内部控制，只一味地讲求风险最小化。现如今随着新技术的应用，如何在保证风险最小化的前提下避免烦琐而又复杂的程序，也成为企业内部控制的必修课。

四、智能财务的内部控制管理实施方式

（一）促进内控建设目标的精准化

企业发展过程中，如果财务内部控制体系无法适应现代化管理发展需求，无法与当下财务共享服务重心相统一，就必须根据具体需求对企业内控体系作出相应的优化与调整，确保财务管理思路与时代发展相协调，符合企业实际经营状况。与此同时结合财务共享服务特征，灵活应对，挑选有助于企业持续发展的信息，促使企业财务管理工作越来越规范化和秩序化，确保管理人员制定的经营决策能够顺利实施，更好地服务于财务管理与企业的整体发展。需要注意的是，专项工作开展初期，必须明确财务内部控制目标，并将其作为后续财务管理工作开展的导向，基于此开展企业资产安全与财务报表信息核查，制衡

财务隐形风险，不断提升企业财务内部控制效率与质量，推进企业战略性发展目标的顺利实现。

（二）持续优化财务内部控制流程

智能化背景下企业财务管理工作的开展，需结合各方面具体情况，不断优化企业财务内部控制流程，基于原有流程进行调整与完善处理，确保其科学性与合理性。同时积极拓展企业的经营范围，高度重视一些重点业务活动，针对关键性问题重点优化。相关管理人员应做到认真思考，谨慎对待每一个问题，逐步全面优化财务内部控制流程。构建财务内部控制稽核质量控制体系，对现有的各项业务进一步细化层级，加大排查力度，规范业务流程操作行为。重点监督和查询一些与企业财务管理关系较为密切的数据信息，比如会计报表和会计账户等，做到资金核算目的明确，核算标准足够规范，严格把控企业财务管理制度和内部控制机制的具体落实，及时发现问题，第一时间作出相应的调整和处理。否则不仅会使企业面临巨大的财务风险，甚至还会使其面临破产倒闭的风险。财务智能化在财务内部控制中的融入，实现了对内部核算部门及票据部门的专业复核，促使其支撑作用地有效发挥，保证了财务内部控制成效。

（三）构建完善的内控组织架构

企业要认真执行各项内控制度，不断加强财务结构建设，建立规范有序的财务结构体系，为企业发展提供强有力的组织保障。企业要成立专门的财务稽核部门，专门履行监督检查职能，对财务信息系统的运行情况进行动态监督，确保财务数据和财务报表真实准确。要合理分设职能部门，根据实际情况设立业务部门、财务部门、信息部门、风险管理部门、销售部门、内部审计部门和网络管理部门等。业务部门负责各项具体业务工作，审核业务产生的原始单据，保存业务发生的原始资料。财务部门负责财务记账、报账审核以及财务报表的编制，对财务系统进行日常维护，给财务系统设置口令，按照内控制度的要求对工作人员进行权限分配。信息部门专门负责对软硬件的维护，对数据进行综合管理，保证计算机设备正常运行，确保信息处理安全、准确、及时。内部审计部门是专门监督的部门，对企业的财务运行进行监督检查，参与到财务运行流程、企业主要业务、信息加工过程中，对信息系统进行审查，堵塞风险漏洞。对信息系统内的数据与原始凭证上的数据进行认真比对，确保一致。对数据保存方式进行检查，确保数据安全。网络管理部门负责内部网络的维护，确认身份（ID）信息，监督网络的安全运行，杜绝计算机舞弊。为进一步完善财务结构，各部门之间要协调配合，在最大程度上减少经营风险的发生，促进企业的发展。

（四）打造数字化、智能化的内控机制

1.打造端到端的业务流程

企业要优化业务流程，打造端到端的业务流程。从各项业务流程和审批层级的改进入手，根据财务流程的繁简程度划分为几个业务主线，根据财务业务场景和特点的不同进行归类，分为采购到付款流程、订单到交付流程和企业纳税管理流程等，并对不同的业务流程进行串联，做好上下游业务之间的协调配合。对各项财务业务流程的审批节点进行优化，在确保资金安全的前提下，简化审批流程，做到业财深度融合，服务于各项业务的开展。进一步梳理系统架构，构建财务端到端的流程框架，保证财务业务和经营业务的有序进行。

2.注重数据系统的交互和分析功能的利用

在智能财务背景下，企业内控体系建设要注重依托数字技术、智能技术等，提升内控效果。企业要通过引入数字化技术转变核算模式，即由事后核算向智能核算转变，在整个财务流程中实现自动化监督管控，及时根据预设规定对相关数据进行智能报送，并在分析是否存在风险的基础上进行自动预警。企业要借助数字技术，解决以往内控过程中重复性工作过多的问题，构建高效及时的人机交互模式，助推工作重心由基础核算向规范业务标准设定和异常事项处理方面转变，以提升财务内控质量。有效发挥数据系统的交互和分析功能，企业

在设定规范业务标准时要注重做好规则的优化改进和辨识归纳,通过在业财一体化系统中纳入规范业务规则和标准,在业务审核过程中便于系统能够根据具体化的规则进行自动核查。通过在数据系统中应用交互和分析功能,建立人机内控融合体系,以提升内控的智能化、自动化程度。

（五）强化中心系统管理和内部审计监督

财务智能化模式下,想要促使有效发挥财务共享价值,需要确保财务内部控制管理工作的全面有效落实。我国绝大多数企业过去都是采用金字塔形式的组织架构,由于其内部层级复杂,实际工作中不同等级间工作无法做到有效衔接,重复性工作内容较多,导致工作效率偏低,质量无法保障。这就要求加强对中心系统的管理,持续优化财务管理流程,积极引入新型财务管理模式,确保各部门间的畅通交流与信息及时共享,破除不同岗位之间的协商壁垒,企业内部组织架构扁平化。以此为基础在财务管理工作中融入信息共享模式,保证从源头给管理阶层传递其所需的数据信息,避免出现信息不对称的现象。除此之外,企业还可以委派专业人员不定期开展信息化建设工作,特别是在如今的信息化时代,计算机信息系统越来越完善,相关软件及技术也越来越成熟,这就为财务智能化和财务共享提供了可靠的技术支持,基于信息系统开展财务管理工作,能大幅度减轻财务人员的劳动强度,帮助企业走得更远。

科学合理的内部审计监督对财务智能化下的财务内部控制工作具有十分积极的意义,能够促使企业财务内部控制目标的顺利实现。内部审计监督工作的不断强化可以从以下几个方面进行着手:首先,在企业内部独立开展财务审计工作,设立专门的审计委员会,可以更好地保证财务内部控制的有效性。同时对企业财务自我评价及内部控制的具体落实过程进行严格监督管理,做好内部控制审计相关工作的协调处理,为内部审计工作的有序推进奠定基础。其次,不断提高内部审计质量。通过科学实施内部审计工作,促使企业生产经营管理目标的顺利实现,督促企业的运营形势不断向着更加稳定、科学、合理的方向发展，将内部审计的作用充分发挥出来。在此基础之上进一步梳理日常经营管理中存在的不足和欠缺，持续完善，达到最佳管理效果。最后，实施多样化的内部审计方式，借助现代化信息技术及共享服务中心，为数据传输提供便利，做好数据信息分析与整合工作，及时掌握企业关联信息，适时作出调整。

第九章　构建智能财务模式的多维探索与展望

第一节　智能财务下的企业财务团队变革

智能化时代下,建立专业的工作团队对于企业财务管理有现实意义,专业的工作团队可以提升企业财务人员的凝聚力,提高财务工作的效率和质量,有利于设置合理的工作目标并保证顺利完成。加强财务团队建设对财务活动的影响是深远的,因此提出加强财务团队建设的有效方法,对处理企业当前财务管理中的各种问题、提高企业财务管理水平能够起到重要作用。

一、企业财务团队的概念

财务团队是企业内部成员中综合管理财务工作的队伍,是企业管理的重要组成部分。财务管理是结合法律法规,以财务管理为目的开展的企业财务活动。财务团队工作核心紧紧围绕财务管理,注重各成员之间的协调能力以及互补能力。企业财务团队中,通常由领导人员带头,通过激励以及科学引导的方式不断增强团队的凝聚力、提高自身领导水平，以实现企业的快速发展。此外，通过领导人员优秀的管理能力以及团队的协调配合，最大程度发挥出各个成员的能力，并通过工作任务的完成以及与他人之间的交流沟通，形成较强的凝聚力和工作能力，继而有效推进企业的发展。

二、加强企业财务团队建设的意义

（一）促进企业提高财务管理水平

在专业财务团队的工作下，企业的财务工作能够顺利完成，获取理想的工作效果。财务工作属于比较系统化的工作，需要财务人员相互配合、各司其职，落实好财务工作，为其他财务环节工作的开展提供真实、完整的财务数据，提高财务工作效率，保证财务工作质量。通过建立专业化的财务团队，可以保证财务活动的各个环节协调一致，提高财务工作的准确性，确保财务团队的工作质量。在建立财务团队的过程中，需要从团队内的领导层入手，加强多层面的建设。财务团队建设可以让企业领导更好地了解各个部门的工作情况，掌握员工的工作优势，进而为员工提供能够满足其自身需求的工作岗位，由此可以整合并调配企业的人力资源，促进员工之间的交流，将团队的优势全面发挥出来，规避组织弱势，有效提高企业财务管理水平。

（二）有效提高企业经营管理效率

在企业财务管理工作中，随着企业经营业务和市场的不断变化，财务工作将会面临各种问题。财务工作属于多功能的工作，其工作性质要求财务人员之间相互协调配合。因为财务工作的各个模块之间在专业性上有着一定差别，如果团队之间的协调性出现问题，会给财务工作带来严重影响。专业化的财务团队可以保证各个成员将自身的优势全面地发挥出来，给团队建设发展贡献一份力量，帮助团队科学地处理工作中出现的问题，保证企业经营发展目标顺利完成。由此可见,通过建立财务团队,能够促进企业经营管理效率和水平的提升。

(三)提高企业综合竞争力

专业的财务团队建设可以提高团队的凝聚力和向心力。从财务管理专业性的角度来说,财务工作比较规范和严谨,要求财务人员秉持着认真负责的工作态度,对工作内容有精准的判断。通过加强财务团队建设,可以从多方面增强财务团队的向心力与凝聚力,创建良好的工作环境,改善工作氛围,保证工作保质保量地完成,提高财务工作的实效性。财务团队建设对每个成员的职责意识的培养有着重要意义,财务人员把本职工作作为自己奋斗的事业,在工作中充分发挥自己的专业技能,较强的责任意识促进自身工作潜力的发挥,对提高企业财务管理水平有着重要意义。加强财务团队建设,可以培养财务人员的主人翁意识,使他们对工作严谨、规范,将工作落实到位,保证财务工作中的各个内容都有人负责,降低财务风险,将风险控制在合理范畴内,增强企业的综合实力,促进企业更好地发展。

三、加强企业财务团队建设策略分析

(一)建设科学的财务管理团队组织结构

传统的企业财务管理中很容易出现组织结构陈旧、落后的问题,组织结构的陈旧直接阻碍了企业快速发展,在新的市场竞争中,如何优化创新组织结构成为企业必须要面对的重要问题。为了提升团队建设的有效性,必须对团队的管理运行组织结构进行优化,建立健全科学的财务管理团队组织结构。

首先,财务管理团队应该针对企业的发展目标和战略制定财务部门的发展战略,根据发展战略的需要进行组织结构设计,团队组织结构变化要提升团队运行效率,完成团队业绩指标,保证工作结果能够为业务发展提供充足的有效支持,基于科学的规划和实现团队的职能进行组织结构改变,这样才能保证团队组织结构的变化的有效性。

其次,在财务管理团队组织结构变化的过程中,要充分发挥团队各层员工的创造性,积极采纳意见和建议,凡是对团队的改革变化有益的建议均应予以重点考虑。在组织变化中加强对各类资源的集中管理,包括人财物等多种资源,充分利用企业的资源完成团队的目标,降低风险,提升团队领导层对团队的控制管理力度,增强团队的可控性。从运营管理角度分析,保持合理的团队组织结构流畅度是组织成功的必要条件,一个流畅的组织能够加快信息的流动、提升团队沟通效率和工作效率。建立科学的组织结构,能够加强对各层的监督管理力度,完善责任机制,将责任落实到岗,落实到人,做到权责明晰,严格杜绝管理混杂的问题。

最后,要加强组织中的监督管理职能,当前组织容易出现监管力度弱的问题,造成很多组织的监督工作流于形式,没有切实发挥应有的监督职能,导致团队执行力得不到监督,很容易造成管理混乱、机构冗杂、拖延等问题,阻碍团队的组织改革。

(二)培养高水平的财务管理人才队伍

在新的市场环境中,财务人员面临着日益严峻的挑战,财务行业对财务人员的要求也越来越高,综合技能成为财务人员的优势,不仅要有专业的财务知识和技能,还要有企业管理等多领域的知识和技能。团队建设也要求团队对成员的专业技能和其他方面的能力进行培训,增强团队成员的整体素养,提升整个团队的综合能力。首先,财务人员要定期进行专业技能和专业知识的培训,紧跟财务领域的前沿知识,了解相关法律法规的变动,不断更新知识技能,能够提高自身对行业要求的适应能力,在专业领域保持旺盛的学习力和行动力,保证专业技能扎实可靠。其次,财务人员应该更多地站在管理的角度从事自己的本职工作,利用财务的视角分析企业的运营情况,从而能够为企业提供专业可靠的管理建议,财务管理型人才能够更加适应未来财务领域所需。最后,团队中应该根据不同的成员优势进行合理分工,培养技能突出的专业型人才,充分发挥并放大技能优势,这样,团队才能应对更多复杂的专业问题,提高团队的凝聚力和战斗力,提高团队的工作质量。

(三)建立健全有效的绩效考评激励机制

企业在财务团队建设中要不断加强对财务人员的绩效考核激励机制,运用完善的绩效考评方式激励财务人员的工作,增强财务人员的团队凝聚力和对公司的归属感。企业应该建立健全现代化的绩效管理机制,以提升企业财务部门的工作质量并为其他部门提供更加有效的支持。企业应建立以业绩导向的绩效考核机制,围绕工作中的工作态度、业绩结果、工作能力等进行绩效考核。考核制度的制定应该遵循可量化原则,将这些因素建立量化指标,能够得到结果进行评估,这样,管理人员就能够对财务工作人员的工作有一个全面准确的了解,能够帮助管理层对相关人员进行工作安排。在实行激励制度的过程中,管理人员要减少单纯的金钱激励方式,根据马斯洛需求层次理论,在激励时要充分考虑员工的需求,包括在生理、安全、社交、地位、受到尊重和自我实现等不同层面的需求,在企业和团队的发展中,财务工作人员更加看重对自身能力的提升而不是单纯的金钱激励,所以在绩效管理时要将这些激励考虑在内。实施合理的激励机制,能更大程度上提升人才的效率。同时,在绩效管理的制度建设过程中,要将企业和团队的发展目标作为分析基础,以企业和团队要达到什么样的目标作为绩效管理的指导,此外还要充分考虑不同成员的实际工作岗位性质,制定符合各成员发展的目标,根据该目标作出绩效管理办法,在考核制度的构建中,要充分遵循公平公正公开的原则,执行的考核办法必须坚持科学有效的原则,保证绩效考核能够科学准确地反映财务工作者的绩效水平。以科学有效的绩效考评激励机制来加强财务团队的凝聚力和创造力,提高整个团队的工作效率,促进企业的财务管理目标的实现。

第二节　高校智能时代财会人员的培养

一、智能财务复合型人才培养的原则、目标、课程体系

智能时代财务人员与工作边界越来越模糊，财务人员定位与转型产生新的需求。于增彪等[①]的研究指出，随着企业经营环境的变化，我国会计职业发展存在泛会计化和非会计化两种倾向，这两种倾向在人工智能时代表现尤为突出。所谓泛会计化，是指按照传统会计的定义判断，某些不参与具体会计工作的人员（如 CEO、中层经理、一般员工等）现在也参与会计工作。所谓非会计化，是指按照传统会计的定义判断，某些做会计的人做了一些看上去不属于会计工作的事情（如操作计算机、参与公司重大决策等）。在智能时代，财务人员应具备扎实的财务专业知识、计算机编程知识、智能分析与决策知识成为基本条件，智能财务人员本质上是一种跨学科深度交叉融合的复合型人才。在企业实践中，要求财务人员从海量数据中主动挖掘价值、创造价值，能够预测管控风险，根据数据直接制定决策与进行创新，实现业财完全融合。总之，智能时代的财务人员不再局限于擅长财务知识，将更多地主动挖掘信息、直接创造价值、管控企业风险、制定经营管理决策。

（一）智能财务复合型人才培养原则

智能财务不是一个独立的教育分支，具有跨学科与交叉融合的显著特征，这需要相应的跨学科师资、课程体系和平台等作为支撑，实现多方交叉融合。在人才培养过程应遵循"融合原则"与"跨界原则"。

---

① 于增彪、王竞达、袁光华：《中国管理会计的未来发展：研究方法、热点实务和人才培养》，《首都经济贸易大学学报》2006 年第 1 期。

1.融合原则

首先,知识的融合。智能财务至少由财务会计、计算机信息科学、数学统计科学三部分知识为支撑,需重构新的课程体系、重建新的教学内容、形成新的教学方法。其次,平台的融合。教学平台除了传统的课堂讲授条件、财务信息化平台,还应包括实验室仿真智能财务决策平台,依托于智能企业平台的智能学习工场,做到理论与实践融合、线上与线下融合、虚拟仿真与真实场景融合。最后,师资的融合。培养智能财务复合型人才需要有复合型师资,不同专业背景或知识结构的师资应做到重构教研团队、联合科研攻关、共同开发与讲授课程。

2.跨界原则

首先,要树立跨界的理念。智能时代的发展要求教师与学生都应转变观念,从财务专才向智能财务复合型人才转变。财会专业仅教授财会知识是远远不够的,智能财务是未来发展趋势,必须迎合这一潮流,从理念上变革思想。其次,跨学科边界培养。智能财务远远突破了传统的财务知识边界,需打破"纯财会教育模式",从根本上重构知识体系,主动进入计算机信息科学、数学统计科学边界。最后,跨组织边界培养。单纯的会计学院培养的智能财务人才已经不能满足需求,需要跨学院组织边界、学校组织边界和智能平台企业边界,使组织边界柔性化、模糊化。

(二)智能财务复合型人才培养思路与培养目标

智能财务复合型人才培养思路可以概括为"3+1+1"。"3"是指要熟知三种逻辑,即财务逻辑、智能分析与决策逻辑、计算机编程逻辑;"1"是指具备一种思维,即战略思维;"1"是指开拓一种视野,即国际视野。

财务的发展趋势与根本动力是财务、技术和信息科学的交叉融合,智能财务人才培养目标也应具备这三方面特征,具体表现为能够满足智能化时代经济社会对会计数据分析和会计管理需要;能够适应未来大数据和人工智能发展,集会计财务、数据分析和智能决策等专业能力于一身的复合型、创新型、应用型专门人才；具备战略思维和国际视野的高层次复合型商界领导者。

（三）智能财务复合型人才培养课程体系

课程体系建设是高校人才培养的核心内容①。"传统财务"课程体系以通识教育下的专业人才培养为理念，课程体系分为通识课程与专业课程两类，专业课程又分为专业基础课与专业必修课，这种体系下课程划分较细，知识面较窄，会计类课程比重较大，且理论课程居多，实验和场景课程较少。智能时代财会专业学生的知识与能力结构塑造，应坚持以数字素养为导向，结合"跨界原则"和"融合原则"。"智能财务"课程体系以学科交叉融合下的复合型人才培养为理念，在这种理念下需重构"传统财务"课程体系，增加知识基础厚度与跨学科培养，强化计算机信息科学、数理统计科学模块，并且着重突出"智能"特色。

二、智能财务人才培养的实现路径

从目前的技术环境、创新环境和发展环境来看，企业需要的会计人才是复合型人才，在会计和财务管理领域，可以从"技术+财务管理+企业经营管理"三方面来培养其所需的复合型人才。当前很多企业对会计和财务管理人才的要求除了要具备扎实的会计和财务管理知识外，还要拥有数字化知识和能力。同时，必要的企业经营管理知识也是必不可少的。结合未来技术发展方向，财务人才培养路径应更加注重与实践领域相结合，培养有以上三种知识结合的复合型人才。

---

① 王爱国、牛艳芳：《智能会计人才培养课程体系建设与探索》，《中国大学教学》2021年第6期。

（一）校际资源的强强互补：财经院校与理工院校的无缝对接

诚然校内学科资源可能有强有弱，那么将此学校的最强学科与彼学校的最强学科结合起来、强强互补，联合培养智能财务人才，是跻身国内一流水平的另一条有效路径。这种强强联合模式，恰好切中了智能财务跨学科交叉融合的痛点。在此方面也有成功先例可供借鉴。例如，某财经类大学联合某电子科技类大学共同申报的"金融学+计算机科学"联合学士学位项目已经获批，已通过全国高考招生，这种校校优势学科强强结合的模式使人才培养水平显著跃升。后发达地区高校应借鉴并大力推广这种强强结合模式，这是在有限资源条件下发挥后发优势，成功培养一流智能财务人才行之有效的路径。

（二）高校与企业的双向融合：财经院校与人工智能企业平台的深度合作

企业是市场经济中最活跃的细胞，新技术研发与应用始终处于前沿。高校培养智能财务人才必须广泛吸纳人工智能企业平台的优质资源，这是由自身师资、技术、实验室平台条件不足决定的。企业与高校深度合作培养智能财务人才存在相向而行的内在动力。从企业的角度看，一方面智能技术的研发与应用已经如火如荼展开，积累了深厚的技术与项目，应用场景、数据资产和智能技术是它们最具价值的资源，需要通过合作将这部分资源变现与升值；另一方面当前智能财务人才高度紧缺。清华大学发布的《中国经济的数字化转型：人才与就业》报告显示，"当前我国大数据领域人才缺口高达 150 万，到 2025 年或将达到 200 万"，而后发达地区人才缺口尤为严重。企业需要高校为其培养输送优质的智能财务人才，可以把高校打造为对口人才供给的专属孵化基地。

从高校的角度看，一方面虽然人才培养与科学研究是其传统优势所在，但它们缺乏企业智能财务管理经验、智能财务应用场景、海量数据及智能应用技术等，特别是对于开展智能财务人才和大数据审计人才培养，后发达地区高校十分缺乏海量数据资产和现实应用场景，这是企业优势所在；另一方面当前后发达地区高校培养智能财务复合型人才最紧缺的仍然是师资力量，既懂财务又懂智能技术的复合型师资十分稀缺，高校可以邀请智能平台企业的管理人员和技术工程人员到学校访学、培训和讲座，特别是聘请他们直接担任智能财务人才培养师资，将智能平台企业人力资源转化为高校师资人才储备库。

（三）建立企业经营管理和管理会计完整培育体系

当前高校会计专业的学生更多的是对素质和能力的培养，在将来新技术环境下，会计和财务人员还需具备建模和思维能力。我们学习新技术是为了服务于企业的会计和财务管理的，如果有更多的技术为企业的运营管理提供服务，那么财务人员的自我价值也会彰显，所以高校需要尽快在管理会计和企业运营管理方面增加学生的专业知识背景和能力。通过新文科、学科交叉、文理重组来满足社会的需要，让技术的叠加应用达到由量变到质变的升级。

第三节　智能时代财务组织与模式变革

一、智能化带来的组织革新

财务的智能化不仅仅带来财务管理模式的改变，也在驱动着财务的组织形态发生改变。

（一）财务组织的智能化外延扩展

很多企业构建了包括战略财务、专业财务、业务财务和共享财务这四分类的组织结构模式来支撑企业的财务转型，实践表明，这一组织结构模式很好地帮助企业实现了从传统财务模式向现代财务模式的转变。随着智能化的发展，很显然这一组织形态还将进一步演进以适应智能经济时代的发展。其中最为典型的组织结构演进模式是在这四分类组织架构模式基础上进一步衍生出具有外延扩展特点的创新组织，从而更好地助推企业财务向智能化转型。

首先，是数据中心的出现。在传统的组织结构中，由于数据存在集中度不足的问题和一定的壁垒问题，很难满足大数据发展的需要。建立数据中心，不仅能够从组织上保障数据的集中化管理，还能有效实现对数据获取、加工、存储、维护和提供等活动的全过程管理，为后续数据的发展和应用提供了重要支撑。此外，数据中心应该是能够跨越在财务、业务、信息技术等能力边界之上的，因此要求其具有一定的复合技术能力。

其次，是数据应用团队的出现。构建数据中心是对基础数据进行管理，在此基础上进行数据应用。其中，最为典型的数据应用团队就是管理会计团队，通过对基础财务数据的进一步分析和应用，构建基于管理会计的考核体系等。在数据及智能技术的基础上，结合企业财务管理的实际应用场景，从而实现更高更好的智能化价值。

最后，是财务智能化团队的建立。不管从理论还是应用上来说，财务智能化和传统的财务信息化差异还是非常大的。因此，对于企业来说，将传统的财务信息化队伍向智能化升级显得非常必要和迫切。其中，对于财务智能化团队的职能要求有两方面相对比较重要：一是构建场景能力，财务智能化团队要承担业务需求分析，能够帮助各业务团队去发现和挖掘智能化的应用需求；二是技术实现能力，财务智能化团队能够有效将业务需求转化为技术需求，推动技术部实现对业务需求的落地。

很显然，与传统财务组织形式相比，智能化背景下的财务组织将更多地以数据和场景为核心，推动智能化的外延扩展。

（二）财务组织从刚性向柔性转变

迈入智能化时代，财务组织的另一个变化也值得我们去关注，即财务组织呈现出从刚性向柔性转变的特点。

传统的企业管理更多强调的是刚性，比如森严的管理层级、简单粗暴的制度、固化的流程、信息系统中难以改变的架构等。随着智能化的发展，企业管理特别是财务管理释放出了强烈的改变信号，同时也赋予了我们一个改变的机遇。原本需要"刚性"完成的工作将更多地通过人工智能来完成，比如财务核算、资金结算等。财务人员也将释放出更多的精力，这将有助于我们重构创造力和柔性管理能力。智能化时代，财务组织的柔性主要表现为组织结构的柔性和财务文化的柔性这两方面。

（1）组织架构的柔性。在传统财务组织中，最为常见的组织结构就是极具刚性的层级式架构，很显然这种组织结构不利于发挥创造性。而组织结构的柔性则要求财务组织要减少层级，建立扁平化的组织结构，并且在目标管理下更多地使用团队的架构方式，从而更好地适应智能化发展的要求。

（2）财务文化的柔性。严谨一直是传统财务组织的主旋律和显著特征，但智能化要求充分发挥技术想象力和场景创新力，很显然，二者是不匹配的甚至是相违背的。因此，改变财务组织文化变得非常有必要，特别应鼓励协作和创新型的文化，从而促使财务组织文化向柔性转变。这里要注意，适度地引入市场文化，推动财务工作适度地以市场化方式参与到公司的经营中，这同样也有助于建立柔性文化。

二、智能化带来的财务管理模式转型

随着互联网、大数据、云技术、人工智能等新技术的应用和发展，不仅在技术层面全面支持了财务管理的升级转型，也从思维模式对企业财务管理的转型提出了更高要求。

（一）企业集团管控向全局视角的转变

长期以来，财务管控一直是企业集团面临的难题和挑战。在管理机制和传统信息结构的约束下，要实现数据在企业集团层面的高度集中是非常困难的，通常数据都是分散储存在不同的管理主体中，这样也造成了企业集团在横向、纵向的信息割裂，如图9-1所示。

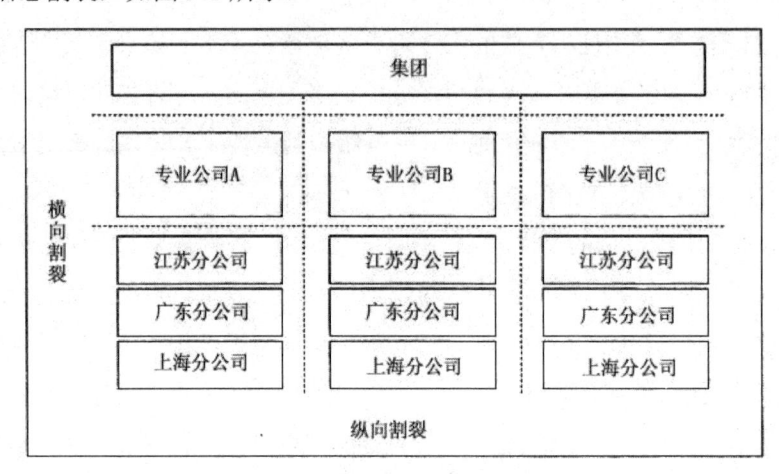

```
                        集团
    ┌─────────────┬─────────────┬─────────────┐
    │  专业公司A   │  专业公司B   │  专业公司C   │
横  ├─────────────┼─────────────┼─────────────┤
向  │  江苏分公司  │  江苏分公司  │  江苏分公司  │
割  ├─────────────┼─────────────┼─────────────┤
裂  │  广东分公司  │  广东分公司  │  广东分公司  │
    ├─────────────┼─────────────┼─────────────┤
    │  上海分公司  │  上海分公司  │  上海分公司  │
    └─────────────┴─────────────┴─────────────┘
                       纵向割裂
```

图 9-1　企业集团存在横纵信息割裂

从横向来看，企业集团内的各业务板块及板块下的分、子公司之间存在信息割裂，通常信息以烟囱状的形态存在。但这样会造成不同分、子公司之间的信息可比性差，财务结果的可比性也会存在问题，难以清晰地评价各公司间的协同财务效果。从纵向来看，企业集团和分、子公司、专业板块总部与下级机构间也都存在信息割裂，集团难以看清分、子公司内部的经营情况，而专业板块总部也可能会和机构层面存在信息不对称和不透明的情况。

进入智能化时代，在大数据、云计算等智能技术的支持下，能够有条件实现对数据进行更广范围的集中化管理。通过建立数据中心，可以有效帮助打破企业集团内部的横向和纵向信息割裂，从而有可能进一步打破管理视角信息穿透的障碍，实现集团财务全局管控的新模式。这对于企业集团财务转型来说，具有非常重要的突破意义。

（二）集团流程管理向敏捷化的转变

企业集团财务信息化迈向智能化的进程其本质也是流程再造的过程，对很多企业来说，在管理制度化、制度流程化、流程系统化的过程中，实现了流程与系统的紧密结合。比如，费用控制和预算管理等系统的出现就很好地诠释了这种改变，在传统费用管理模式下，先由员工填写纸质单据交由领导审批，再到财务人员记账付款。而在费用控制系统下，信息流转由原来依托纸质单据转为实物流和信息流双线程流转的模式，整个流程全面线上化。预算管理系统建立后，使得原来在核算完成后的控制转变为事中控制，强调过程管理，大大提升了整个预算流程的效率。但不论是费用控制系统还是预算管理系统等信息系统自动化的流程再造，都是一套新的固化流程，是人工向自动化升级后的管理思维的固化。进入智能时代，流程与系统的结合还将发生进一步的升级和跃迁，从固化转向敏捷化。

在智能化阶段，系统能够更为灵活地根据管理模板设定流程流转的路径和复杂度。如针对不同的风险程度，系统便可灵活地决策单据是否需要更高级别的领导或专业财务人员进一步审批、审核。再如在管理决策的过程中，依据不同的紧急程度，系统可以灵活判定并决策发出不同的后续信息反馈流程。换句话说，在这里流程不再是固化的模式而是灵活可变的，在目标管理下更具弹性和敏捷，这也意味着管理开始向机器决策赋予了更大程度的授权。

（三）集团财务运营向自动化、智能化的转变

在智能化过程中，财务向自动化和智能化的转变还是相对容易实现的。此前，大量财务信息系统的建设已经为实现财务运营自动化发挥了重要作用。通过简单的会计引擎，有效地实现从人工记账到自动化记账的转变。

企业集团实现财务运营领域的智能化的前提条件是要实现所有财务作业输入信息的数字化。而随着电子发票、电子合同的应用和普及，也将从源头上实现数字化，进而通过建立相关规则和模型，把财务人员的思考、分析、判断等动作进行系统化，推动实现复杂财务运营业务的自动化、智能化发展。在实践应用中，财务共享服务中心就是实施财务运营智能化的重要组织，当然，在企业各级机构的经营过程中也同样存在大量的财务运营自动化和智能化的机

会。随着智能技术的进一步发展和应用，未来也将释放更多人力，使集团财务运营变得更智能。

第四节　智能财务未来发展展望

基于当前信息技术的发展趋势，未来财务将呈现出以下发展趋势：

一、管理会计平台的智能化

随着大数据技术的不断进化，智能财务模式推进数字战略的实践，未来的财务转型的方向由财务会计领域扩展到管理会计领域。借助数据挖掘、人工智能等智能技术，搭建智能管理会计共享平台，适应数字化管理会计平台整体框架与发展趋势，实现智能管理仓和驾驶舱。重塑管理会计智能化的流程框架，分析管理会计智能化的关键要素，推动管理会计范围的升级。借助商业智能建立智能管理会计模型，进行智能决策分析和经营分析，将多维业务信息、财务决策、管理报告进行智能分析，通过可视化的设计展现经营结果[①]。构建智能管理会计体系，以信息化的视角展示财务决策和经营分析，提供企业管理者和决策者有效的信息。运用管理会计数据要素，为管理会计提供数据基础，为数据需求者提供可视化，标准化的数据信息，为业务管理部门形成管理基础意见和建议。根据不同企业的战略定位建立智能管理会计平台，依据不同企业的经营模式设置智能财务共享平台，适应不同企业智能管理模式和财务管理模式实

---

① 张庆龙：《智能财务研究述评》，《财会月刊》2021年第3期。

施业财融合管理。

二、智能财务机器人推动管理模式扁平化

在新技术革命和经济全球化共同进步的时代,智能财务机器人推动"人机协作"模式的产生,促进企业赋能智能管理模式的形成,财务将更加智慧化。智能财务机器人根据预先设定的财务处理规则和操作程序,模拟财务人员意识,实现业务流程和财务信息的高效集成,形成管理模式的扁平化。拓展人机交互技术对人类的决策和管理,自动完成系列化的工作流程和预期任务,提高财务工作质量和管理效率。研究机器人来模仿和执行人脑的某些智能功能,根据企业提出的具体需求,设置企业必要的财务参数和工作程序,取代财会活动的数据采集,处理分析动作,实现全流程的自动化和一体化[①]。智能机器人技术的实施,让财务人员以全新的方式开展财务管理和分析工作,为企业提供更好的财务服务和决策支持,实现财务全面流程自动化,业务处理智能化,让会计语言和机器人程序语言进入扁平化管理模式,重塑智能财务管理价值。

三、智能财务建设的生态化

生态发展是新发展理念之一,通过构建数字化生态平台,聚集资源创新要素,解决好人类与自然和谐共生的问题。借助于产业数字化,通过产业链协同引导,实时为企业的数据预测与决策提供管理支持,加快推进企业数字化转型步伐,依靠数字产业化,优化数字化改革的政策行为,为财务的管理和决策提供政策理论支持,形成最为有效的智能管理决策。提升产业互联网的应用优势,收集对企业价值链上客户与市场的各种信息,帮助企业更好地预测市场和把握

---

① 程平、邓湘煜:《RPA 财务数据分析机器人:理论框架与研发策略》,《会计之友》2022 年第 13 期。

经济发展规律。重塑企业数字化转型中的财务关系，拓展企业财务转型的新空间，赋能智能生态转型升级，促进产业链的协同发展，推动财务变革与财务转型的双向融合。

四、智慧财务建设的高端引领

国家发改委发布"数字化转型伙伴行动"倡议，重新赋予企业价值创造的新内涵，为产业或企业数字化转型提供了政策依据。借助"大智移云物区"等新技术的发展，智能化技术呈现立体网状结构，未来的智能财务实践迈进智慧智能的高级阶段。基于新时代的商业模式，搭建产业链的共荣圈，以数据赋能为主线，利用智慧财务工具探索财务领域的发展方向，为企业智慧化转型提供支撑。基于全业务价值链智慧管理理念，以智慧共享为基础探索智慧社会的新问题，以财务共享为驱动拓展智慧体系的新构建，全面实现全社会的智能采集、智慧处理，智慧共创的局面。基于智联网技术，建设全流程智慧平台系统，提高企业价值链攀升的能力，双向实现全社会智慧共享管理的目标。整合智联网收集企业在整个市场的数据，加强智慧信息系统的建设，创新财务数智化发展的新思路。聚焦财务共享和智能财务建设，实现社会整体的智慧化水平，全面落实世界一流财务管理体系的建设目标，加快建设智慧信息综合数据管理平台，实现中国特色管理体系的宏伟目标蓝图。

参考文献

[1]白万纲．集团财务管控实操全解[M]．北京：中国经济出版社，2014．

[2]白晓花．智能财务创新实践研究：以A集团为例[J]．中国注册会计师，2021（09）：87-91．

[3]包全磊．企业智能财务决策支持系统的开发及构建思路研究[J]．电脑知识与技术，2015，11（31）：43-44．

[4]蔡静．基于智能财务背景的企业财务管理优化研究[D]．北京：对外经济贸易大学，2021．

[5]蔡姗玲．基于机器人流程自动化的企业智能财务的实际运用[J]．全国流通经济，2022（09）：51-53．

[6]柴晓星．智能时代下财务信息化概念框架的构建[J]．生产力研究，2019（10）：145-149+155．

[7]陈红军．会计核算自动化、智能化[J]．财会学习，2020（03）：104+106．

[8]陈奚疑．数字经济时代智能财务体系构建研究[J]．财会学习，2021（19）：13-15．

[9]陈旭，郑佳雪．智能财务视角下集团型企业财务转型策略研究[J]．商业会计，2021（03）：23-28．

[10]程婉夏．高校智能财务建设应用实践探索[J]．中国乡镇企业会计，2023（05）：165-167．

[11]仇丹丹．云技术及大数据在高校生活中的应用[M]．天津：天津科学技术出版社，2020．

[12]邓超敏．XX集团财务共享模式下内部控制研究[D]．南昌：东华理工大学，2021．

[13]邓佳红.智能技术助力企业资金管理更加高效[N].中国会计报,2021-09-03（013）.

[14]董文娜.智能财务背景下企业内部控制体系建设探索[J].会计师,2022（21）：89-91.

[15]董艳丽.新时代背景下的财务管理研究[M].长春：吉林人民出版社,2019.

[16]段磊,张宏波.汉哲管理论丛企业集团管控理论、实践及案例[M].北京：中国发展出版社,2012.

[17]方宇亮.基于三级管控的智能财务建设思路和架构[J].中国管理信息化,2021,24（21）：94-97.

[18]冯兴登.大数据时代下会计转型与智能财务的探究[J].财会学习,2021（24）：84-86.

[19]冯兴登.智能财务共享服务中心运营管理研究[J].当代会计,2021（13）：4-6.

[20]高晓瑜.陕西高新技术上市公司资本结构评价研究[D].西安：西安工业大学,2014.

[21]谷超.基于RPA的财务共享中心业务流程优化研究[D].沈阳：沈阳建筑大学,2022.

[22]韩凤英.基于区块链技术的S大学财务共享服务模式优化研究[D].济南：山东大学,2020.

[23]韩军喜,吴复晓,赫丛喜.智能化财务管理与经济发展[M].长春：吉林人民出版社,2021.

[24]何韧.财务报表分析[M].第3版.上海：上海财经大学出版社,2015.

[25]黄长胤,罗倩,唐旭,等.云南烟草商业智能财务建设之集中结算[J].财务与会计,2020（21）：32-36.

[26]黄长胤.智能财务的特征及其关系研究[J].中国管理信息化,2020,23（19）：72-74.

[27]亢翠珠．浅谈智能化时代管理会计人才的培养策略[J]．财经界，2021（16）：93-94．

[28]黎燕燕．BW集团财务智能化建设研究[D]．桂林：桂林电子科技大学，2021．

[29]李波．数字经济条件下智能财务体系建设的探讨[J]．现代商业，2022（08）：184-186．

[30]李华．财务智能化管理变革路径及新运作方式探索[J]．财政监督，2022（13）：100-104．

[31]李茜．新形势下的企业预算管理与业绩评价体系研究[J]．商场现代化，2022（11）：71-73．

[32]李仁涵．智能时代高等教育模式研究[M]．上海：上海大学出版社，2019．

[33]李彤，屈涛．构建智能财务共享平台助力企业管理转型[J]．财务与会计，2018（17）：16-17．

[34]李心武．基于智能财务的企业资金管控体系优化研究：以电力企业为例[J]．中国林业经济，2020（04）：142-144．

[35]李秀萍，金永吉．新信息技术对企业财务管理的影响分析[J]．山东农业工程学院学报，2021，38（11）：44-48．

[36]梁彦霞，金蓉，张新社．新编通信技术概论[M]．武汉：华中科技大学出版社，2021．

[37]林自军，刘辉，马晶宏．财务管理实践[M]．长春：吉林人民出版社，2019．

[38]刘策．人工智能技术在通信企业财务稽核中的应用探讨：以A通信企业为例[J]．企业改革与管理，2022（12）：30-32．

[39]刘芬．数据挖掘中的核心技术研究[M]．北京：地质出版社，2019．

[40]刘虹．基于RPA技术的财务机器人应用研究[J]．河北青年管理干部学院学报，2023，35（02）：74-77．

[41]刘洪胜.海王生物公司资金链风险问题研究[D].阜阳:阜阳师范大学,2020.

[42]刘华.财务分析方法与财务分析中存在的问题[J].财经界,2020(23):151-152.

[43]刘梅玲,胡家煜,王纪平,等.企业智能财务建设的逻辑、要素与发展趋势[J].财务与会计,2020(21):18-21.

[44]刘勤,尚惠红.智能财务打造数字时代财务管理新世界[M].北京:中国财政经济出版社,2021.

[45]刘勤,吴忠生.智能财务研究蓝皮书[M].上海:立信会计出版社,2020.

[46]刘勤,杨寅.智能财务的体系架构、实现路径和应用趋势探讨[J].管理会计研究,2018,1(01):84-90+96.

[47]刘赛,刘小海.智能时代财务管理转型研究[M].长春:吉林人民出版社,2020.

[48]马利,王振宇.中医药卫生经济学[M].北京:中国中医药出版社,2018.

[49]聂润朴.财务共享模式下的RPA应用研究[D].开封:河南大学,2022.

[50]聂长海,曲熠.智能化软件质量保证的概念与方法[M].北京:机械工业出版社,2020.

[51]潘松剑,李春友,易金翠.智能财务人才培养变革动因、初始条件与实现路径:基于后发达地区视角[J].财会通讯,2022(11):161-166.

[52]彭兰雅.智能财务共享服务中心的功能评价与实现路径研究[D].重庆:重庆理工大学,2021.

[53]亓秀亮.公司财务分析方法局限性及其改进措施[J].全国流通经济,2021(05):190-192.

[54]乔宏丽.新技术环境下的企业财务智能化转型[J].商场现代化,2021(24):171-173.

[55]乔治.H.索特．张敏译．基本会计理论中的"事项法"[J]经济资料译丛，2005（1）：35-40．

[56]秦韵．企业技术创新财务风险研究[D]．镇江：江苏科技大学，2018．

[57]阮再．企业智能财务模式构建研究[D]．天津：天津财经大学，2021．

[58]上官立波，刘洋洋．智能财务背景下财务机器人流程自动化应用研究[J]．活力，2022（10）：106-108．

[59]上海市财政局．管理会计的上海实践[M]．上海：上海财经大学出版社，2016．

[60]时远大．ZT公司财务共享中心建设应用研究[D]．桂林：广西师范大学，2019．

[61]宋世婕．知识图谱在企业财务工作中的构建与应用研究[D]．上海：上海国家会计学院，2020．

[62]苏博．集团企业智能化财务共享中心建设研究[J]．财会学习，2022（27）：4-7．

[63]孙慧．运营管理[M]．上海：复旦大学出版社，2016．

[64]田高良，张晓涛．数字经济时代智能财务理论与发展路径研究[J]．财会月刊，2022（22）：21-28．

[65]田高良，赵栓文．高级财务管理[M]．2版．西安：西安交通大学出版社，2015．

[66]汪诗怀．企业智能财务决策支持系统构建探讨[J]．中国管理信息化，2009，12（05）：26-28．

[67]王刚，李宗祥．集团信息化环境下的智能财务稽核初探[J]．财务与会计，2014（11）：59-61．

[68]王浩．区块链技术对财务智能数字化转型的探究与思考[J]．科技经济市场，2021（04）：1-2．

[69]王欢．智能制造业H公司财务风险与防范研究[D]．武汉：武汉工程大学，2020．

[70]王景,任道纹.发达国家智能税务发展趋势对中国的启示[J].现代营销(下旬刊),2022(07):144-147.

[71]王奎.基于人工智能的财务机器人流程自动化应用[J].造纸装备及材料,2020,49(03):25-26.

[72]王蕾,桂学文.电子支付原理与应用[M].武汉:华中科技大学出版社,2015.

[73]王培,高祥,郑楠.财务管理[M].北京:北京理工大学出版社,2018.

[74]王倩倩.市政园林绿化企业资金链风险防控研究[D].郑州:河南工业大学,2022.

[75]王小沐,高玲.大数据时代我国企业的财务管理发展与变革[M].长春:东北师范大学出版社,2017.

[76]王雪.企业业绩评价体系与预算管理的结合运用研究[J].中小企业管理与科技,2022(10):79-81.

[77]王雁滨,苏巧,陈晓丽.财务管理智能化与内部审计[M].汕头:汕头大学出版社,2021.

[78]王一帆,张文译,周海滨,等.图像识别技术的应用与发展[J].信息与电脑(理论版),2021,33(23):170-172.

[79]王毅飞.财务智能化下的企业财务内部控制研究[J].商场现代化,2022(20):144-146.

[80]魏厚寨.自由现金流量对企业价值评估的影响分析[J].财会学习,2020(28):162-163.

[81]吴昊繁,邹澍华,陆群.基于RPA技术的智能财务共享平台设计:以代理记账公司为例[J].国际商务财会,2022(08):56-59.

[82]吴践志,刘勤.智能财务及其建设研究[M].上海:立信会计出版社,2020.

[83]伍健康.企业运营管理实用手册系列财务管理实用必备全书[M].石家庄:河北科学技术出版社,2014.

[84]肖聪．智能财务决策支持系统构建及应用研究[D]．赣州：江西理工大学，2020．

[85]熊楚熊．立信会计丛书财务报表分析原理与技术[M]．上海：立信会计出版社，2015．

[86]徐雅卿．电子商务导论[M]．西安：西安电子科技大学出版社，2017．

[87]徐增林，盛泳潘，贺丽荣，等．知识图谱技术综述[J]．电子科技大学学报，2016，45（04）：589-606．

[88]许杰．智能时代财务共享中心数字化转型之路[J]．现代营销（学苑版），2021（05）：192-193．

[89]许小春．关于智能语音识别技术的应用与发展研究[J]．科技风，2022（25）：1-3．

[90]许馨予，张娆．财务机器人背景下高校会计教育改革方向[J]．会计师，2019（11）：65-66．

[91]严崇锋．论企业财务资金管理问题及对策[J]．商讯，2022（22）：64-67．

[92]杨建立，梁山．对虚拟企业经营及其协调管理的探讨[J]．宁波职业技术学院学报，2003（05）：23-25+30．

[93]杨克泉．财务分析学[M]．上海：立信会计出版社，2011．

[94]杨路明，崔睿，陈文捷．客户关系管理[M]．3版．重庆：重庆大学出版社，2020．

[95]杨律青，赵江声．超高频RFID定位和防碰撞算法研究与应用[M]．厦门：厦门大学出版社，2021．

[96]杨敏．如何加强企业财务团队建设[J]．中国商论，2019（04）：129-130．

[97]杨倩．智能税务创新模式研究[J]．中小企业管理与科技，2022（21）：122-124．

[98]杨燕民．视点：企业集团资金集中结算系统安全应用[J]．营销界，

2019（26）：38-39．

[99]杨寅，刘勤，黄虎，等．智能财务共享服务中心运营管理研究[J]．会计之友，2020（19）：143-147．

[100]杨玉稳．智能化财务与内部控制建设研究[J]．中国管理信息化，2022，25（11）：121-124．

[101]叶良，刘维岗．大数据支撑下的区块链技术研究[M]．西安：西北工业大学出版社，2019．

[102]叶怡雄，刘中华．集团企业智能化财务共享中心建设研究：基于智慧财务的视角[J]．国际商务财会，2019（10）：35-38．

[103]袁劭．会计核算自动化在会计领域中的重要作用分析[J]．农家参谋，2020（23）：104．

[104]张家霖．区块链技术对中小企业财务管理的影响及对策研究[J]．商业会计，2023（02）：95-98．

[105]张健．基于资金管理的指数化交易系统优化研究[D]．昆明：云南财经大学，2016．

[106]张金昌，张英，董娜．智能财务报表分析：应用技巧与案例解析[M]．北京：机械工业出版社，2021．

[107]张鹏．加强企业财务团队建设的路径探讨[J]．活力，2022（10）：160-162．

[108]张庆华．财务决策支持系统中人工智能的应用[J]．全国流通经济，2019（08）：66-67．

[109]张小平．智能财务的基本框架与建设思路分析[J]．当代会计，2021（09）：6-8．

[110]张晓涛，田高良．基于数字经济时代智能财务的发展思路[J]．财会通讯，2023（06）：3-8．

[111]张一兰．智能财务时代[M]．桂林：吉林大学出版社，2020．

[112]张宇．财务共享平台下中国移动公司业财融合管控体系及效果研究

[D]．济南：山东师范大学，2021．

[113]张泽飚．智能财务建设的制度设计与管理分析[J]．纳税，2020，14（30）：99-100．

[114]张志兵．人工智能背景下的企业集团财务共享中心建设[J]．财经界，2023（07）：141-143．

[115]赵晓玲，王志扬，张平竺，等．智慧税务建设过程中人工智能的应用：实践与路径[J]．税务研究，2022（12）：138-141．

[116]郑佳雪．集团型企业智能财务转型的策略与路径研究[D]．哈尔滨：哈尔滨商业大学，2021．

[117]周兵，胡玉玲，张立焕．管理会计[M]．北京：中国商业出版社，2018．

[118]朱华建．企业财务管理能力与集团财务管控[M]．成都：西南交通大学出版社，2015．

[119]朱力维，李想，宋航．RPA机器人流程自动化在财会领域的应用探析[J]．中国集体经济，2022（03）：165-166．

[120]朱晓悦．新时代企业财务的管理与风险控制[J]．商场现代化，2022（07）：171-173．